J. M. Coetzee, né en 1940 au Cap, a fait ses études en [illegible]

J. M. Coetzee, né en 1940 au Cap, a fait ses études en Afrique du Sud et aux États-Unis. Professeur de littérature américaine, il est également traducteur, critique littéraire et spécialiste de linguistique. Il est l'auteur de nouvelles et de romans dont *Au cœur de ce pays*, *En attendant les barbares*, *Michael K., sa vie, son temps*, *Foe*, *L'Âge de fer*, *Le Maître de Pétersbourg*, *Disgrâce*, *L'Homme ralenti*, *Journal d'une année noire*, et de deux récits autobiographiques, *Scènes de la vie d'un jeune garçon* et *Vers l'âge d'homme*, traduits dans vingt-cinq langues et abondamment primés. Deux de ces romans, *Michael K., sa vie, son temps* et *Disgrâce*, ont été couronnés par le prestigieux Booker Prize et qualifiés de chefs-d'œuvre par la critique internationale. J. M. Coetzee a reçu le prix Nobel de littérature en 2003.

J.M. Coetzee

PRIX NOBEL DE LITTÉRATURE

L'ÉDUCATION DE JÉSUS

ROMAN

Traduit de l'anglais (Afrique du Sud)
par Georges Lory

Éditions du Seuil

TEXTE INTÉGRAL

TITRE ORIGINAL
The Schooldays of Jesus
ÉDITEUR ORIGINAL
Harvill Secker, Londres

Cette traduction est publiée en accord avec
Peter Lampack Agency, New York.

ISBN 978-2-7578-7177-5
(ISBN 978-2-02-135111-8, 1re publication)

D'aucuns disent : Jamais seconde partie ne fut bonne.

Cervantès, *Don Quichotte*, II, 4

Chapitre 1

Il s'attendait à ce qu'Estrella soit plus vaste. Elle figure sur la carte comme un point de la même taille que Novilla. Mais alors que Novilla s'affirme comme une métropole, Estrella n'est qu'une ville de province s'étalant dans un paysage de collines, de champs et de vergers, traversée par les méandres d'une rivière paresseuse.

Une nouvelle vie est-elle possible à Estrella ? À Novilla, il s'est appuyé sur le Bureau des relocalisations pour dénicher un logement. Inés, l'enfant et lui trouveront-ils un toit par ici ? Le Bureau des relocalisations est un organisme de bienfaisance, la quintessence de la bienfaisance sur un mode impersonnel. Mais sa générosité s'étend-elle à ceux qui se soustraient à la loi ?

Juan, l'autostoppeur qui s'est joint à eux sur la route d'Estrella, leur suggère de chercher du travail dans une ferme alentour. Les agriculteurs ont toujours besoin de bras, dit-il. Les grandes exploitations disposent de dortoirs pour les saisonniers. Quand ce n'est pas la récolte des oranges, c'est celle des pommes. Quand ce n'est pas la saison des pommes, ce sont les vendanges. Estrella et sa région sont une corne d'abondance. Il peut les aiguiller, s'ils le souhaitent, vers un domaine qui a jadis employé des amis à lui.

Il échange un regard avec Inés. Doivent-ils suivre l'avis de Juan ? Ce n'est pas une question d'argent, il en a plein les poches, ils peuvent facilement se loger à l'hôtel. Mais si les autorités de Novilla sont vraiment à leurs trousses, ils feraient sans doute mieux de se fondre dans la foule anonyme des voyageurs de passage.

« Oui, dit Inés. Allons voir cette exploitation. Nous sommes restés trop longtemps enfermés dans cette voiture. Bolívar a besoin de courir.

– Je ressens la même chose, dit-il, lui, Simón. Cependant, une ferme, ce n'est pas un camp de vacances. Êtes-vous disposée, Inés, à passer vos journées à cueillir des fruits sous le soleil tapant ?

– Je ferai ma part, répond Inés. Ni plus, ni moins.

– Je pourrai cueillir des fruits moi aussi ? demande le garçon.

– Malheureusement non, pas toi, objecte Juan. C'est illégal. Ce serait de l'exploitation d'enfant.

– Ça m'est égal d'être un enfant exploité.

– Je suis certain que le patron te laissera récolter quelques fruits, dit Simón. Mais pas trop. Pour que ce ne soit pas considéré comme un travail. »

Ils traversent Estrella par sa rue principale. Juan indique la place du marché, les bâtiments administratifs, le modeste musée et la galerie d'art. Ils passent un pont, laissent la ville derrière eux et suivent le tracé de la rivière jusqu'à l'apparition d'une imposante maison à flanc de colline.

« C'est le domaine auquel je pensais, dit Juan. Le *refugio* se trouve derrière. Il paraît lugubre, mais il est, en fait, assez confortable. »

Le *refugio* consiste en deux hangars en fer galvanisé reliés par un passage couvert, avec un bloc sanitaire sur un côté. Il gare la voiture. Personne ne vient les saluer, sauf un chien grisonnant aux pattes raides qui, au bout de sa chaîne, grogne en montrant des crocs jaunis.

Bolívar se déplie et sort de la voiture. Il inspecte à distance le chien étranger, puis décide de l'ignorer.

Le garçon se précipite dans les hangars et revient.

« Ils ont des lits superposés ! crie-t-il. Je peux avoir un lit d'en haut ? S'il te plaît… »

Une grande femme, portant un tablier rouge sur une ample robe en coton, sort du corps de ferme et se dandine vers eux en descendant le sentier.

« Bonjour, bonjour ! » crie-t-elle. Elle examine la voiture chargée. « Vous venez de loin ?

– Oui, de loin. Nous nous demandions si vous aviez besoin de bras supplémentaires.

– On en a toujours besoin. Bras multipliés, travail allégé – c'est ce que disent les livres, pas vrai ?

– Ce serait juste nous deux, ma femme et moi. Notre ami ici présent a d'autres engagements. Voici notre garçon, son prénom est David. Et voilà Bolívar. Avez-vous un coin pour Bolívar ? Il fait partie de la famille. Nous ne nous séparons pas de lui.

– Bolívar, c'est son vrai nom, dit le garçon. C'est un berger allemand.

– Bolívar… Un joli nom, opine la femme. Inhabituel. Je suis sûre qu'il y a de la place pour lui tant qu'il se conduit bien, qu'il se satisfait des restes, qu'il ne se bagarre pas et ne pourchasse pas les poulets. Les ouvriers sont aux vergers à l'heure actuelle, laissez-moi vous montrer les dortoirs. Les messieurs à gauche, les dames à droite. Pas de chambre pour les couples, désolée.

– Je vais aller avec les messieurs ! clame l'enfant. Simón dit que je peux prendre un lit d'en haut. Simón n'est pas mon père.

– Comme tu veux, jeune homme. Il y a plein de place. Les autres vont revenir…

– Simón n'est pas mon vrai père et David n'est pas mon vrai prénom. Voulez-vous connaître mon vrai prénom ? »

La femme jette à Inés un coup d'œil interloqué que celle-ci fait mine d'ignorer. Lui, Simón, intervient :

« Dans la voiture on jouait. Pour passer le temps. On s'essayait à de nouveaux prénoms. »

La femme hausse les épaules.

« Les autres seront bientôt de retour pour le déjeuner, vous pourrez vous présenter. Le salaire est de vingt *reales* par jour, pour les hommes comme pour les femmes. La journée court du lever au coucher du soleil, avec une coupure de deux heures à midi. Nous nous reposons le septième jour. C'est l'ordre naturel, c'est l'ordre que nous suivons. Pour les repas, nous fournissons la nourriture et vous faites la cuisine. Cela vous convient ? Vous pensez que vous y arriverez ? Vous avez déjà fait des récoltes ?… Non ? Vous apprendrez vite, ce n'est pas du grand art. Avez-vous des chapeaux ? Vous en aurez besoin, le soleil peut se montrer mordant. Que puis-je vous dire d'autre ?… Vous me trouverez toujours dans la grande maison. Je m'appelle Roberta.

– Roberta, ravi de faire votre connaissance. Je m'appelle Simón, voici Inés, et Juan, notre guide que je vais reconduire en ville.

– Bienvenue à la ferme. Je suis certaine que nous nous entendrons bien. C'est une bonne chose que vous ayez votre voiture.

– On a fait un long chemin avec elle. C'est une auto fidèle. C'est tout ce qu'on demande à une voiture – de la fidélité. »

Le temps de décharger le véhicule, les ouvriers arrivent des vergers en ordre dispersé. Chacun se présente à la ronde, on leur offre à déjeuner, y compris à Juan : du pain fait maison, du fromage, des olives, de grands saladiers de fruits. Ils sont une vingtaine de compagnons, dont une famille de cinq enfants, observés avec circonspection par David depuis son bout de table.

Avant de ramener Juan à Estrella, lui, Simón, prend Inés à part.

« Qu'en pensez-vous ? murmure-t-il. Nous restons ici ?

– L'endroit me paraît bien. Je suis prête à rester ici le temps de chercher autre chose. Mais il nous faut un plan. Je n'ai pas fait tout ce trajet pour me couler dans la peau d'une ouvrière agricole. »

Inés et lui en ont parlé cent fois. S'ils sont poursuivis pénalement, il leur faut demeurer prudents. Mais va-t-on les traquer ? Ont-ils raison de craindre des poursuites ? L'autorité judiciaire dispose-t-elle de tant de moyens qu'elle puisse dépêcher des agents dans les coins les plus reculés du pays pour retrouver un élève absentéiste de six ans ? Les autorités de Novilla prennent-elles véritablement à cœur le fait qu'un enfant aille ou n'aille pas en classe, du moment qu'il ne reste pas analphabète ? Lui, Simón, en doute. Mais que se passera-t-il si l'on recherche non pas l'élève absentéiste, mais plutôt l'homme et la femme qui, se prétendant indûment ses parents, l'incitent à l'école buissonnière ? Si l'on recherche plutôt Inés et lui, ils doivent se montrer discrets jusqu'à ce que leurs poursuivants, exténués, abandonnent la chasse.

Il propose :

« Une semaine. Soyons ouvriers agricoles pendant une semaine. On verra par la suite. »

Il file à Estrella et dépose Juan chez ses amis qui gèrent une imprimerie. De retour au domaine, il se joint à Inés et au garçon dans l'exploration de leur nouvel environnement. Ils gagnent les vergers et se font initier aux mystères du sécateur et de la serpette. David est débauché par les autres enfants et disparaît, on ne sait où. Il revient à l'heure du dîner avec des griffures sur les bras et les jambes.

« On a grimpé aux arbres », dit-il.

Inés veut mettre de l'iode sur les écorchures, mais il ne le lui permet pas. Ils vont se coucher tôt, comme tout le monde ; David dans son lit du haut tant désiré.

À l'heure où le camion paraît, le lendemain matin, Inés et lui achèvent à la hâte leur petit déjeuner auquel David, effaçant le sommeil de ses yeux, ne prend pas part. Ils grimpent à bord en compagnie de leurs nouveaux camarades, on les dépose dans les vignobles ; suivant le mouvement, Inés et lui s'accrochent une hotte sur le dos et se mettent à l'ouvrage.

Pendant que les adultes peinent, les enfants sont libres d'agir à leur guise. Emmenés par le plus âgé de la tribu de cinq, un grand garçon maigre avec une masse de cheveux noirs et bouclés, prénommé Bengi, ils escaladent la colline à toute allure en direction du barrage en terre qui permet l'irrigation des vignobles. Les canards qui barbotent, effrayés, s'envolent, sauf un couple avec des canetons trop jeunes pour voler. Cherchant à s'échapper, la nichée se presse vers la berge la plus éloignée. Les canards sont trop lents : les enfants les forcent à rebrousser chemin vers le milieu du réservoir. Bengi commence à jeter des pierres ; les plus jeunes l'imitent. Coupés dans leur retraite, les oiseaux tournent en rond avec force cancanages. Une pierre atteint le mâle aux belles couleurs. Il s'élève à moitié hors de l'eau, retombe, s'éclabousse en traînant son aile brisée. Bengi lance un cri de triomphe. Le torrent de pierres et de mottes de terre redouble.

Inés et lui tendent une oreille dubitative à la clameur ; les autres vendangeurs n'y prêtent pas attention.

« Que se passe-t-il, à votre avis ? demande Inés. Pensez-vous que David soit en sécurité ? »

Il laisse tomber sa hotte, gravit la colline et parvient au barrage à temps pour voir David bousculer si furieusement l'aîné des garçons qu'il chancelle. Il l'entend crier : « Arrête ! » Le garnement, tout étonné, contemple son assaillant, puis se retourne et lance encore une pierre vers les canards. Du coup David se jette à l'eau, avec ses chaussures et le reste, et se dirige à grandes giclées vers les oiseaux.

Lui, Simón, appelle :

« David ! »

L'enfant l'ignore.

Dans le vignoble en contrebas, Inés balance sa hotte et se met à courir. Depuis le match de tennis de l'année passée, il ne l'a plus vue faire de l'exercice. Elle est lente ; elle a pris du poids.

Surgi de nulle part, le grand chien la dépasse et file comme une flèche. L'espace d'un instant, il a sauté dans le réservoir et se retrouve aux côtés de David. Il agrippe sa chemise avec ses crocs et tire vers la berge l'enfant qui donne des coups et proteste.

Inés arrive. Le chien se couche, les oreilles dressées, les yeux fixés sur elle, attendant un signe, tandis que David, les vêtements trempés, se lamente et le bourre de coups de poing.

« Je te déteste, Bolívar ! hurle-t-il. Ce garçon lançait des pierres, Inés ! Il voulait tuer le canard. »

Lui, Simón, prend dans ses bras l'enfant qui s'agite.

« Calme-toi, calme-toi. Le canard n'a pas été tué – regarde –, il a juste pris un coup. Bientôt il ira mieux. Les enfants, je pense que vous devriez vous en aller et laisser les canards se calmer et poursuivre leur vie. Et toi, tu ne dois pas dire que tu détestes Bolívar. Tu aimes Bolívar, nous le savons tous. Et Bolívar t'aime. Il a pensé que tu étais en train de te noyer. Il a voulu te sauver. »

En colère, David se tortille pour se dégager.

« J'allais sauver le canard, dit-il. Je n'ai pas demandé à Bolívar de venir. Bolívar est stupide ! C'est un chien stupide ! Maintenant, c'est à toi de le sauver, Simón. Vas-y, va le secourir. »

Lui, Simón, ôte ses chaussures et sa chemise.

« Puisque tu insistes, je vais essayer. Permets-moi cependant de suggérer que, chez un canard, l'idée d'être secouru risque d'être différente de ta façon de penser. Elle peut impliquer le souhait que les humains le laissent en paix. »

D'autres vendangeurs sont arrivés.

« Restez – je vais y aller, propose un jeune homme.

– Non. C'est gentil de votre part, mais il s'agit de mon enfant. »

Il ôte son pantalon et pénètre en slip dans l'eau brune. Presque sans éclaboussures le chien se glisse à côté de lui.

« Va-t'en, Bolívar, murmure-t-il. Je n'ai pas besoin d'être secouru. »

Rassemblés sur le bord, les vendangeurs regardent le monsieur, plus vraiment jeune, moins costaud qu'au temps où il était docker, se préparer à exécuter l'ordre de l'enfant.

L'eau n'est pas profonde. Au point le plus creux, elle ne dépasse pas sa poitrine. Mais il peut à peine bouger les pieds dans la vase douce. Il n'a aucune chance d'attraper le canard à l'aile cassée qui bat la surface en cercles inégaux, sans parler de la cane qui à présent a atteint la berge la plus éloignée et se précipite dans le sous-bois, suivie de ses rejetons.

C'est Bolívar qui fait le travail à sa place. Filant tel un fantôme, la gueule à peine hors de l'eau, il traque l'oiseau blessé, referme ses mâchoires comme un étau sur l'aile à la traîne et le tire vers la berge. Au début l'oiseau résiste avec agitation, éclaboussures et coups de bec ; puis, soudain, il semble abandonner et accepter son sort. Le temps que lui, Simón, émerge des eaux, le canard se retrouve dans les bras du jeune homme qui s'était proposé d'aller le chercher, scruté avec curiosité par les enfants.

Le soleil pourtant bien au-dessus de l'horizon ne le réchauffe guère. Il renfile ses vêtements en frissonnant.

Bengi, celui dont la pierre a causé l'incident, caresse la tête de l'oiseau complètement passif.

« Dis-lui que tu regrettes ce que tu as fait, dit le jeune homme.

– Je suis désolé, marmonne Bengi. Peut-on réparer son aile ? Peut-on lui mettre une attelle ? »

Le jeune homme hoche la tête.

« C'est une espèce sauvage. Il n'acceptera pas de porter une attelle. Tout va bien. Il est prêt à mourir. Il l'a accepté. Regarde. Regarde ses yeux. Il est déjà mort.

– Il peut rester sur ma couchette, dit Bengi. Je le nourrirai jusqu'à ce qu'il aille mieux.

– Tourne-toi », ordonne le jeune homme.

Bengi ne comprend pas.

« Tourne-toi », répète le jeune homme.

Lui, Simón, chuchote à Inés qui entre-temps s'est mise à sécher le garçon :

« Faites en sorte qu'il ne regarde pas. »

Elle presse la tête du garçon dans ses jupes. Il résiste, mais elle tient bon.

Le jeune homme coince l'oiseau entre ses genoux. Un geste rapide, et c'est fini. La tête pendouille, disgracieuse ; un film couvre les yeux. Il tend la carcasse emplumée à Bengi.

« Va l'enterrer, ordonne-t-il. Allez ! »

Inés relâche le garçon.

« Va avec ton ami, conseille Simón. Va l'aider à enterrer l'oiseau. Assure-toi qu'il le fasse correctement. »

Plus tard le garçon les cherche, Inés et lui, parmi les vignes où ils s'affairent.

« Alors, vous avez enterré le pauvre canard ? »

Le garçon secoue la tête.

« On n'a pas pu creuser de trou. On n'avait pas de pelle. Bengi l'a caché dans les buissons.

– Ce n'est pas bien. Quand j'aurai fini ma journée, j'irai l'enterrer. Tu pourras me montrer l'endroit.

– Pourquoi a-t-il fait ça ?

– Pourquoi le jeune homme a-t-il mis fin à son triste état ? Je te l'ai dit. Parce que le canard aurait été sans défense avec une aile brisée. Il aurait refusé de manger. Il aurait dépéri.

– Non. Je veux dire, pourquoi Bengi a fait ça ?

– Je suis certain qu'il ne voulait pas faire de mal. Il lançait des pierres tout bêtement, et les choses se sont enchaînées.

– Les bébés canards vont-ils mourir, eux aussi ?

– Bien sûr que non. Ils ont une mère qui prend soin d'eux.

– Mais qui va leur donner du lait ?

– Les oiseaux ne sont pas comme nous. Ils ne boivent pas de lait. De toute façon, ce sont les mères qui donnent du lait, pas les pères.

– Trouveront-ils un *padrino* ?

– Je ne pense pas. Je ne pense pas qu'il y ait des *padrinos* chez les oiseaux, pas plus que du lait. Les *padrinos*, c'est une institution humaine.

– Il ne regrette pas. Bengi. Il dit qu'il est désolé, mais il ne l'est pas vraiment.

– Pourquoi tu crois ça ?

– Parce qu'il voulait tuer le canard.

– Je ne suis pas d'accord, mon garçon. Je pense qu'il ne savait pas ce qu'il faisait. Il jetait des pierres comme tous les garçons jettent des pierres. Au fond de lui, il ne voulait tuer personne. Après, quand il a vu comme l'oiseau était beau, quand il a compris l'horrible chose qu'il avait faite, il s'est repenti et il a regretté.

– Il ne regrette pas vraiment. Il me l'a dit.

– S'il n'est pas désolé maintenant, il le sera bientôt. Sa conscience ne le laissera pas en repos. C'est ainsi que fonctionnent les humains. Si nous faisons une mauvaise action, nous n'en tirons aucune joie. Notre conscience y veille.

– Mais il était rayonnant ! Je l'ai vu ! Il était rayonnant et jetait des pierres de toutes ses forces ! Il voulait les tuer tous !

– Je ne sais pas ce que tu veux dire par “rayonnant”, mais même s’il l’était, même s’il lançait des pierres, cela ne prouve pas qu’au fond de son cœur il essayait de les tuer. Nous ne pouvons pas toujours prévoir les conséquences de nos actes – particulièrement quand nous sommes jeunes. N’oublie pas qu’il a proposé de soigner l’oiseau à l’aile cassée, de l’héberger sur sa couchette. Que pouvait-il faire de plus ? Revenir sur son geste ? C’est impossible. On ne peut pas défaire le passé. Ce qui est fait est fait.

– Il ne l’a pas enterré. Il l’a juste lancé dans les broussailles.

– Cela me désole, mais le canard est bel et bien mort. On ne peut pas le ramener à la vie. Toi et moi, nous irons l’enterrer dès la fin de mon travail.

– J’ai voulu l’embrasser, mais Bengi m’en a empêché. Il a dit qu’il était sale. Mais je l’ai embrassé quand même. Je suis entré dans les broussailles et je l’ai embrassé.

– C’est bien, cela me fait plaisir de l’entendre. C’est important pour lui qu’il sache que quelqu’un l’a aimé et l’a embrassé après sa mort. C’est important pour lui qu’il sache qu’il a été enterré correctement.

– Tu peux l’enterrer, toi. Je ne veux pas l’enterrer.

– Très bien, je le ferai. Et si demain matin nous retournons sur sa tombe et la trouvons vide, et si la famille canard au grand complet nage dans le réservoir, le père, la mère et les enfants, nous saurons qu’embrasser permet de ressusciter des morts. Mais si nous le voyons pas, si nous ne voyons pas la famille canard…

– Je ne veux pas qu’ils reviennent. S’ils reviennent, Bengi recommencera à leur jeter des pierres. Il ne regrette rien. Il fait semblant. Je sais qu'il fait semblant, mais tu ne me crois pas. Tu ne me crois jamais. »

Nulle part il ne trouve de pelle ou de pioche, il emprunte alors le démonte-pneu du camion. Le garçon le mène à la dépouille dans les buissons. Les plumes ont déjà perdu de leur éclat et les fourmis sont entrées dans les yeux. Avec le démonte-pneu il creuse un trou dans le sol dur. Il n'est pas assez profond, il ne peut pas prétendre qu'il s'agit d'un enterrement correct, il y dépose cependant l'oiseau mort et le recouvre. Une patte palmée toute raide dépasse. Il ramasse des pierres et les dispose sur la tombe.

« Voilà, dit-il à l'enfant. C'est le mieux que je puisse faire. »

Quand ils reviennent, le lendemain matin, les pierres sont dispersées, le canard a disparu. Il y a des plumes partout. Ils cherchent mais ne trouvent que la tête aux orbites vides et une patte.

« Je suis désolé », dit-il.

Et à pas lourds il s'en va rejoindre son équipe de travail.

Chapitre 2

Les vendanges s'achèvent deux jours plus tard ; le camion évacue les dernières cagettes.

« Qui va manger tout ce raisin ? demande David.

– On ne va pas le manger. Il va être pressé dans un pressoir, son jus sera transformé en vin.

– Je n'aime pas le vin. C'est acide.

– Le goût du vin s'acquiert. Quand on est jeune on ne l'aime pas, mais, plus âgé, on se met à l'apprécier.

– Je ne vais jamais l'apprécier.

– C'est ce que tu dis. Attendons de voir. »

Les vignes désormais dénudées, ils passent aux oliveraies. Ils tendent des filets et utilisent des gaules crochues pour faire tomber les olives. Ce travail est plus éprouvant que les vendanges. Il aspire à la pause de midi ; il trouve la chaleur des longs après-midi difficile à supporter, il s'arrête souvent pour boire ou simplement pour reprendre des forces. Il n'en revient pas à l'idée qu'il travaillait encore comme docker quelques mois plus tôt, portant des charges lourdes sur les quais, pratiquement sans suer. Son dos et ses bras ont perdu en puissance, son cœur bat sans vigueur, la douleur provenant de sa côte jadis cassée le harcèle.

De la part d'Inés, peu habituée qu'elle est aux travaux physiques, il s'attendait à des plaintes et de la grogne. Mais non : elle travaille toute la journée à ses côtés, sans joie mais sans murmures. Nul besoin de lui rappeler que c'est elle qui a décidé de fuir Novilla et de mener une vie de gitans. Bon, maintenant elle a découvert comment vivent les gitans : en peinant du lever au coucher du soleil sur les champs des autres, tout ça pour leur pain quotidien et quelques *reales* en poche.

Mais au moins le garçon s'amuse, ce garçon pour le salut duquel ils ont fui la métropole. Après une brève période d'éloignement hautain, il a rallié Bengi et sa tribu – et même, semble-t-il, en a pris le commandement. Parce que, à présent, c'est lui, et non Bengi, qui donne les ordres, docilement suivis par les autres.

Bengi a trois sœurs plus jeunes que lui. Elles portent des robes à smocks identiques, des nattes identiques nouées de rubans rouges identiques ; elles participent à tous les jeux des garçons. Dans son école à Novilla, David refusait de faire quoi que ce soit avec les filles. « Elles passent leur temps à chuchoter et à pouffer de rire, expliquait-il à Inés. Elles sont bêtes. » Maintenant pour la première fois il joue avec des filles, sans paraître les trouver bêtes. Il a inventé un jeu qui consiste à escalader le toit d'un hangar situé le long de l'oliveraie et à se jeter en bas sur un tas de sable bien pratique. Parfois, la plus jeune des sœurs et lui sautent main dans la main, roulent dans un enchevêtrement de bras et de jambes et se remettent sur pied dans un éclat de rire.

La petite fille, dont le prénom est Florita, suit David comme son ombre où qu'il aille ; il ne fait rien pour la décourager.

Lors d'une pause à midi, une des cueilleuses d'olives la taquine :

« Je vois que tu as un *novio.* »

Florita la toise de façon solennelle. Peut-être ne connaît-elle pas le mot.

« Quel est son nom ? Quel est le nom de ton *novio* ? »

Florita rougit et détale.

Lorsque les filles sautent du toit, leurs robes à smocks s'ouvrent comme des pétales de fleurs, révélant des culottes roses identiques.

Il reste énormément de raisins après les vendanges. Des cageots entiers. Les enfants s'en fourrent plein la bouche ; leurs mains et leur visage collent de jus sucré. Seul David mange un grain à la fois, crache les pépins et se lave ensuite les mains méticuleusement.

« Les autres pourraient apprendre les bonnes manières grâce à lui », remarque Inés.

Mon garçon, a-t-elle envie d'ajouter – lui, Simón, le voit bien –, *mon garçon futé, bien élevé. Si différent de ces galopins.*

« Il grandit vite, concède-t-il. Peut-être trop vite. Il y a des moments où je trouve son comportement un peu trop... » il hésite sur le mot « ... trop *magistral*, trop impérieux. C'est ce qu'il me semble.

– C'est un garçon. Il a un caractère affirmé. »

La vie de bohémiens ne convient peut-être pas à Inés, ni à lui, mais elle convient certainement au garçon. Jamais il ne l'a vu aussi actif, autant débordant d'énergie. Il se lève tôt, mange avec voracité, galope avec ses amis toute la journée. Inés veut lui faire porter une casquette, mais la casquette est vite perdue, jamais retrouvée. Avant, il était plutôt pâle, à présent le voilà très bronzé.

Ce n'est pas de la petite Florita qu'il est le plus proche, mais de Maite, sa sœur. Maite a sept ans, quelques mois de plus que lui. C'est la plus jolie des trois sœurs, la plus réfléchie.

Un soir il se confie à Inés :

« Maite voudrait que je lui montre mon pénis.

– Et alors ? demande Inés.

– Elle dit que si je lui montre mon pénis elle me montrera son truc.

– Tu devrais t'amuser plus souvent avec Bengi, dit Inés. Tu ne devrais pas jouer tout le temps avec des filles.

– On n'était pas en train de jouer, on parlait. Elle dit que si je mets mon pénis dans son truc elle aura un bébé. C'est vrai ?

– Non, ce n'est pas vrai. Quelqu'un devrait surveiller le langage de cette fille.

– Elle dit que Roberto vient dans le dortoir des femmes quand elles dorment et qu'il met son pénis dans le truc de sa mère. »

Inés jette un regard impuissant à lui, Simón.

« Ce que font les adultes semble parfois étrange, intervient-il. Quand tu seras plus grand, tu comprendras mieux.

– Maite dit que sa mère lui fait mettre un ballon sur son pénis afin qu'elle n'ait pas un enfant.

– Oui, c'est exact, certaines personnes font cela.

– Tu mets un ballon sur ton pénis, Simón ? »

Inés se lève et s'en va.

« Moi ? Un ballon ? Non, bien sûr que non.

– Si tu n'en mets pas, Inés peut donc avoir un enfant ?

– Mon garçon, tu parles de relations sexuelles, et ça c'est pour les personnes mariées. Inés et moi ne sommes pas mariés.

– Mais on peut faire des relations sexuelles même si on n'est pas mariés.

– C'est vrai, on peut avoir des relations sexuelles sans être mariés. Mais avoir des bébés quand on n'est pas mariés, ce n'est pas une bonne idée. En général.

– Pourquoi ? Parce que ces bébés sont des bébés *huérfanos* ?

– Non, un bébé né d'une mère non mariée n'est pas un *huérfano*. Un *huérfano* c'est assez différent. Où as-tu entendu ce mot ?

– À Punta Arenas. Beaucoup de garçons à Punta Arenas sont des *huérfanos*. Suis-je un *huérfano* ?

– Non, bien sûr que non. Tu as une mère. Inés est ta mère. Un *huérfano* est un enfant sans aucun parent.

– D'où viennent les *huérfanos* s'ils n'ont pas de parents ?

– Un *huérfano* est un enfant dont les parents sont morts et l'ont laissé seul au monde. Ou parfois la mère n'a pas d'argent pour acheter à manger et le donne à d'autres gens pour qu'ils s'occupent de lui. Ou d'elle. Voilà les façons de devenir un *huérfano*. Tu n'es pas un *huérfano*. Tu as Inés. Tu m'as moi.

– Mais Inés et toi vous n'êtes pas mes vrais parents, je suis donc un *huérfano*.

– David, tu es arrivé dans un bateau, tout comme moi, tout comme les gens autour de nous qui n'ont pas eu la chance d'être nés ici. Très certainement, Bengi, son frère et ses sœurs sont arrivés sur un bateau eux aussi. Quand on traverse l'océan sur un bateau, tous nos souvenirs sont balayés et on commence une vie complètement différente. C'est comme ça. Il n'y a pas d'avant. Il n'y a pas d'histoire. Le bateau accoste au port, nous descendons la passerelle et nous plongeons dans l'ici et le maintenant. Le temps commence.

L'horloge se met en marche. Tu n'es pas un *huérfano*. Bengi n'est pas un *huérfano*.

– Bengi est né à Novilla. Il me l'a dit. Il n'est jamais monté sur un bateau.

– Très bien. Si Bengi, son frère et ses sœurs sont nés ici, leur histoire commence ici et ce ne sont pas des *huérfanos*.

– J'arrive à me souvenir de l'époque avant le bateau.

– Tu me l'as déjà dit. Il y a une foule de gens qui disent se rappeler leur vie avant d'avoir traversé l'océan. Mais il y a un problème avec ce genre de souvenirs, et, comme tu es futé, je pense que tu peux comprendre ce problème. Le problème, c'est qu'on n'a aucun moyen de savoir si ce que se remémorent ces gens sont de vrais souvenirs ou des souvenirs fabriqués. Parce que, parfois, un souvenir fabriqué sonne aussi vrai qu'un souvenir véritable, surtout si on veut que ce souvenir soit vrai. Par exemple, quelqu'un qui, avant de traverser l'océan, aurait souhaité être un roi ou un seigneur finit par se convaincre sincèrement qu'il était un roi ou un seigneur, tellement il le désire. Pourtant ce souvenir n'est probablement pas un vrai souvenir. Pourquoi ? Parce qu'être roi est une chose très rare. Seule une personne sur un million devient un roi. Donc, tout porte à croire que cette personne se souvenant d'avoir été roi s'est raconté une histoire et a oublié qu'elle l'avait inventée. De même avec les autres souvenirs. On n'a aucun moyen de savoir avec certitude si un souvenir est vrai ou faux.

– Mais est-ce que je suis né du ventre d'Inés ?

– Tu m'obliges à me répéter. Je peux répondre soit : "Oui, tu es né du ventre d'Inés", soit : "Non, tu n'es pas né du ventre d'Inés." Mais aucune de ces réponses ne nous amènera plus près de la vérité. Pourquoi ? Parce que, comme tous les autres gens arrivés par bateau, tu ne peux te le rappeler, pas plus qu'Inés. Incapable de te souvenir, tout ce que tu peux faire, tout ce qu'Inés peut faire, tout ce que chacun d'entre nous peut faire, c'est inventer des histoires. Ainsi, je peux te raconter que le dernier jour dans mon autre vie je me trouvais au cœur d'une foule énorme qui attendait d'embarquer, tellement énorme qu'on a dû appeler des pilotes et des capitaines à la retraite pour venir donner un coup de main sur les quais. Dans cette foule, je pourrais dire : je vous ai vus, toi et ta mère – je t'ai vu de mes propres yeux. Ta mère te serrait la main, inquiète, ne sachant pas où aller. Puis je pourrais dire : je vous ai perdus de vue dans la foule. Quand enfin ç'a été mon tour de monter à bord, je t'ai revu, tout seul, accroché à une rampe, appelant : "Maman, maman, où es-tu ?" J'ai traversé la cohue, je t'ai pris par la main et j'ai dit : "Viens, mon petit ami, je vais t'aider à retrouver ta mère." C'est ainsi que nous nous sommes rencontrés. Voilà une histoire que je pourrais raconter sur la première image que j'ai de toi et de ta mère, telle que je me la rappelle.

– Mais est-ce vrai ? Est-ce une histoire vraie ?

– Est-ce vrai ? Je ne sais pas. Elle semble vraie à mes yeux. Plus je me la raconte, plus elle me semble vraie. Tu as l'air vrai, si fermement accroché à la rampe que j'ai dû détacher tes doigts ; la foule sur le quai semble vraie – des centaines de milliers de gens, tous perdus, comme toi, comme moi, les mains vides et le regard anxieux. Le bus semble vrai – le bus qui a déposé les pilotes et les capitaines retraités, portant des uniformes bleu marine qu'ils avaient récupérés dans une malle de leur grenier, puant la naphtaline. Cela semble vrai du début jusqu'à la fin. Mais peut-être cela semble-t-il vrai parce que je me suis répété la scène tellement souvent. Est-ce qu'elle te semble vraie ? Tu te souviens comment tu as été séparé de ta mère ?

– Non.

– Non, bien sûr. Mais tu ne t'en souviens pas parce que ce n'est pas arrivé ou parce que tu as oublié ? On ne le saura jamais avec certitude. C'est comme ça. Il nous faut vivre avec.

– Je pense que je suis un *huérfano*.

– Et moi je pense que tu dis ça parce que cela te paraît romantique d'être seul au monde, sans parents. Eh bien, laisse-moi te dire qu'avec Inés tu as la meilleure mère au monde, et que si tu as la meilleure mère au monde tu n'es certainement pas un *huérfano*.

– Si Inés a un bébé, ce sera mon frère ?

– Ton frère ou ta sœur. Mais Inés n'aura pas de bébé, parce que Inés et moi ne sommes pas mariés.

– Mais si je mets mon pénis dans le truc de Maite et qu'elle a un bébé, ce sera un *huérfano* ?

– Non. Maite n'aura de bébé en aucune façon. Elle et toi, vous êtes trop jeunes pour faire des bébés, de même qu'elle et toi êtes trop jeunes pour comprendre pourquoi les adultes se marient et ont des relations sexuelles. Les adultes se marient parce qu'ils ont des sentiments passionnés l'un pour l'autre, d'une manière que Maite et toi n'avez pas. Elle et toi, vous ne pouvez pas ressentir de passion parce que vous êtes encore trop jeunes. Accepte ce fait et ne me demande pas de t'expliquer pourquoi. La passion ne s'explique pas, on ne peut que l'éprouver. Plus précisément, il faut l'éprouver de l'intérieur avant de la comprendre comme un phénomène. Ce qui compte, c'est que Maite et toi n'ayez pas de relations sexuelles, parce qu'une relation sexuelle sans passion n'a pas de sens.

– Mais est-ce horrible ?

– Non, ce n'est pas horrible, c'est simplement une chose déraisonnable – déraisonnable et frivole. D'autres questions ?

– Maite dit qu'elle veut m'épouser.

– Et toi ? Tu veux épouser Maite ?

– Non. Je ne veux pas me marier. Jamais.

– Eh bien, tu pourrais changer d'avis si la passion survenait.

– Inés et toi, vous allez vous marier ? »

Il ne répond pas. Le garçon court vers la porte.

« Inés ! crie-t-il. Simón et toi, vous allez vous marier ? »

La réplique furieuse d'Inés fuse :

« Chut ! » Elle rentre dans le dortoir. « Assez parlé. C'est l'heure d'aller au lit.

– Tu as des passions, Inés ? demande le garçon.

– Ce ne sont pas tes affaires, rétorque Inés.

– Pourquoi tu ne me parles jamais ? Simón me parle.

– Mais si, je te parle, lâche Inés. Mais pas de choses intimes. Va te brosser les dents.

– Je n'aurai pas de passions, annonce le garçon.

– C'est ce que tu dis aujourd'hui, glisse-t-il, lui, Simón. Mais en grandissant tu trouveras que les passions mènent leur vie propre. Maintenant, dépêche-toi de te brosser les dents, et ta mère te lira peut-être une histoire pour que tu t'endormes bien. »

Chapitre 3

Roberta, qu'ils ont pris le premier jour pour la propriétaire de l'exploitation, est en fait une employée, comme eux, chargée de superviser les ouvriers agricoles, de leur fournir les vivres et de régler leur salaire. Personnalité joviale, elle est appréciée de tous. Elle s'intéresse à la vie privée des journaliers, apporte de petites friandises aux enfants : bonbons, biscuits, limonade. Le domaine appartient, apprennent-ils, à trois sœurs, bien connues dans la région comme les Trois Sœurs, âgées et sans enfants, qui partagent leur temps entre le domaine et leur résidence d'Estrella.

Roberta entame une longue conversation avec Inés.

« Que vas-tu faire pour la scolarisation de ton fils ? demande-t-elle. Je vois que c'est un gamin brillant. Ce serait dommage qu'il finisse comme Bengi, qui n'a jamais fréquenté de bonne école. Bengi n'a pas de problèmes particuliers. C'est un gentil garçon, mais il n'a pas d'avenir. Il sera simplement ouvrier agricole comme ses parents. À quoi mène ce genre de vie, à long terme ?

– David est allé en classe à Novilla, répond Inés. Cela n'a pas marché. Il n'avait pas de bons instituteurs. C'est un enfant doué. Il trouvait trop lent le rythme de la classe. On a dû le retirer de l'école et assurer son enseignement à la maison. Je crains qu'il ne revive la même chose si nous le scolarisons ici. »

Le récit d'Inés sur leurs démêlés avec le système scolaire de Novilla n'est pas totalement exact. Inés et lui s'étaient mis d'accord pour passer sous silence leur brouille avec les autorités de Novilla, or, de toute évidence, Inés se sent libre de se confier à cette femme mûre et, du coup, il n'intervient pas.

« Veut-il aller à l'école ? demande Roberta.

– Non, il n'y tient pas, depuis son expérience à Novilla. Il est parfaitement heureux ici au domaine. Il aime la liberté.

– C'est une vie merveilleuse pour un enfant, mais la récolte touche à sa fin, vous savez. Passer son temps à courir dans une ferme comme un sauvageon, ça ne prépare pas à l'avenir. Avez-vous songé à des cours particuliers ? À une académie ? Une académie ne ressemble pas à une école ordinaire. Une académie pourrait peut-être convenir à un enfant comme lui. »

Inés garde le silence. Simón prend la parole pour la première fois :

« Nous ne pouvons pas nous offrir les services d'un précepteur. Quant aux académies, il n'y en avait pas à Novilla. Du moins, personne ne nous en a parlé. Qu'est-ce qu'une académie, exactement ? Un mot à la mode désignant une école pour enfants à problèmes, des enfants avec des idées bien à eux. Dans ce cas nous ne serions pas intéressés – n'est-ce pas, Inés ? »

Inés hoche la tête.

« Il y a deux académies à Estrella, dit Roberta. Elles ne sont pas du tout destinées aux enfants à problèmes. La première est l'Académie de chant, la seconde l'Académie de danse. Il existe aussi l'école Atom, mais c'est pour des écoliers plus âgés.

– David aime chanter. Il a une belle voix. Mais à part chanter et danser, que fait-on dans ces académies ? Y dispense-t-on aussi un enseignement correct ? Accepte-t-on des enfants aussi jeunes ?

– Je ne suis pas une experte en matière d'enseignement, Inés. Toutes les familles que je connais à Estrella envoient leurs enfants dans les écoles classiques. Mais je suis certaine que les académies enseignent les fondamentaux – vous savez, lire, écrire et le reste. Je peux demander aux sœurs, si vous voulez.

– Qu'en est-il de cette école Atom ? demande-t-il. Qu'enseigne-t-on là-bas ?

– Cela tourne autour des atomes. Ils observent les atomes au microscope et regardent ce qu'ils font. C'est tout ce que je sais. »

Inés et lui échangent un regard.

« Gardons à l'esprit les académies comme une possibilité, dit-il. Pour l'heure, nous sommes parfaitement heureux de la vie que nous menons au domaine. Pensez-vous que nous pourrions rester ici après la récolte si nous proposions aux sœurs un petit loyer ? Sinon il nous faudra repasser par les mesures compliquées de l'inscription à l'Asistencia, trouver un travail, chercher un autre logis. Nous ne sommes pas prêts à cela – pas vrai, Inés ? »

Inés approuve.

« Laissez-moi parler aux sœurs, dit Roberta. Laissez-moi parler à la señora Consuelo. Des trois, elle a l'esprit le plus pratique. Si elle dit que vous pouvez rester sur le domaine, ce sera peut-être judicieux de passer un coup de fil au señor Robles. Il donne des cours particuliers et ne demande pas trop cher. Il fait cela par amour.

– Qui est le señor Robles ?

– C'est l'ingénieur hydraulique du district. Il vit à quelques kilomètres d'ici, plus haut dans la vallée.

– Mais pourquoi un ingénieur hydraulique donne-t-il des cours particuliers ?

– Il fait toutes sortes de choses en dehors de son travail. C'est un homme aux talents multiples. Il est en train d'écrire une histoire du peuplement de la vallée.

– Une histoire ? Je ne savais pas que des endroits comme Estrella avaient une histoire. Si vous me donnez son numéro de téléphone, je prendrai contact avec le señor Robles. Vous n'oublierez pas de parler à la señora Consuelo ?

– Je le ferai. Je suis certaine qu'elle ne verra pas d'inconvénient à ce que vous restiez le temps de trouver un logement permanent. Vous devez aspirer à vous établir dans une maison.

– Pas vraiment. Nous prenons les choses comme elles viennent, avec bonheur. Pour nous, la vie de gitans reste encore une aventure – n'est-ce pas, Inés ? »

Inés opine.

« L'enfant est heureux lui aussi. Il apprend la vie, même s'il ne va pas à l'école. Y a-t-il des travaux que je puisse faire alentour, afin de vous rendre votre gentillesse ?

– Bien sûr. Il y a toujours des petits boulots. » Roberta s'arrête, pensive. « Autre chose : je suis certaine que vous le savez, c'est l'année du recensement. Les recenseurs sont très rigoureux. Ils se rendent dans toutes les fermes, même les plus reculées. Si vous essayez d'échapper au recensement – je ne suis pas en train de dire que c'est votre cas –, vous n'y arriverez pas en restant ici.

– Nous ne cherchons à échapper à rien du tout, dit-il, lui, Simón. Nous ne sommes pas des fugitifs. Nous voulons juste la meilleure vie pour notre enfant. »

Le lendemain en fin d'après-midi un camion freine devant le corps de ferme, un grand homme au visage rougeaud en descend. Roberta le salue et l'emmène au dortoir.

« Señor Simón, señora Inés, voici le señor Robles. Je vous laisse discuter votre affaire entre vous. »

Leur conversation est brève. Le señor Robles, les informe-t-il, aime les enfants et s'entend bien avec eux. Il serait heureux d'initier le jeune David, dont il a entendu de vibrants éloges par la señora Roberta, aux fondamentaux de mathématiques. S'ils en sont d'accord, il s'arrêtera au domaine deux fois par semaine pour donner sa leçon au garçon. Il n'acceptera aucun paiement d'aucune sorte. C'est assez gratifiant d'avoir un contact avec un jeune esprit brillant. Lui-même, hélas, n'a pas d'enfant. Son épouse est décédée, il est seul au monde. Si parmi les enfants des vendangeurs certains veulent se joindre à David, ils seront les bienvenus. Et les parents, la señora Inés, le señor Simón, peuvent suivre les cours – cela va sans dire.

« Vous ne trouvez pas ennuyeux d'enseigner l'arithmétique élémentaire ? demande-t-il, lui, le señor Simón, parent d'élève.

– Bien sûr que non, répond le señor Robles. Aux yeux d'un vrai mathématicien les fondamentaux de la science sont la partie la plus intéressante, et instiller ces éléments dans un jeune cerveau constitue la plus stimulante des entreprises – un défi gratifiant. »

Inés et lui transmettent l'offre du señor Robles aux quelques vendangeurs qui sont restés dans l'exploitation, mais quand arrive le jour de la première leçon David est le seul élève et lui, Simón, le seul parent à y assister.

« Nous savons ce qu'est le un, dit le señor Robles en commençant son cours, mais qu'est-ce que le deux ? Voici la question que nous allons aborder aujourd'hui. »

La journée est chaude, sans brise. Ils sont assis à l'ombre d'un arbre près du dortoir, le señor Robles et le garçon de part et d'autre de la table, lui, Simón, discrètement sur le côté, Bolívar à ses pieds.

De sa pochette le señor Robles sort deux stylos et les place côte à côte sur la table. D'une autre poche il extrait un petit flacon en verre et l'agite pour faire tomber deux pilules blanches ; il les dispose à côté des stylos.

« Qu'est-ce que ceux-ci » sa main voltige au-dessus des stylos « et ceux-là » sa main voltige au-dessus des pilules « ont en commun, jeune homme ? »

Le garçon demeure silencieux.

« Si l'on ignore leur utilité comme moyens d'écriture ou médicaments, si on les considère comme de simples objets, y a-t-il quelque propriété que ces objets », il pousse les stylos légèrement sur la droite, « et ces objets », il pousse les pilules légèrement sur la gauche, « ont en commun ? Une propriété qui les rend semblables.

– Il y a deux stylos et deux pilules, dit le garçon.

– Bien ! approuve le señor Robles.

– Les deux pilules sont pareilles mais les deux stylos ne le sont pas, car l'un est bleu et l'autre rouge.

– Mais il y en a toujours deux, n'est-ce pas ? Quelle est donc la propriété que les pilules et les stylos ont en commun ?

– Deux. Deux pour les stylos et deux pour les pilules. Mais les deux ne sont pas pareils. »

Le señor Robles lui jette, à lui, Simón, un regard irrité. De ses poches il sort un autre stylo et une autre pilule. Maintenant il y a trois stylos sur la table, et trois pilules.

« Qu'ont en commun ceux-ci », il passe une main sur les stylos, « et ceux-là ? » demande-t-il en passant la main au-dessus des pilules.

« Trois, dit l'enfant. Mais pas les trois pareils, car les stylos sont différents. »

Le señor Robles ignore la remarque.

« Ce n'est pas nécessaire qu'il s'agisse de stylos ou de pilules, n'est-ce pas ? Je pourrais tout aussi bien remplacer les stylos par des oranges et les pilules par des pommes, la réponse serait toujours la même : trois. Trois, c'est ce qu'ont en commun ces objets à gauche, les oranges, et ces objets à droite, les pommes. Il y en a trois dans chaque ensemble. Qu'avons-nous donc appris ? » Et, avant que le garçon puisse répondre, il l'avise de ce qu'ils ont appris : « Nous avons appris que trois ne dépend pas de ce qu'il y a dans les ensembles, que ce soient des pommes, des oranges, des stylos ou des pilules. Trois est le nom de la propriété que ces ensembles ont en commun. » Il escamote un des stylos, une des pilules. « Et trois n'est pas la même chose que deux, parce que » il ouvre la main qui abrite le stylo manquant, la pilule manquante « j'ai soustrait un objet de chaque ensemble. Qu'avons-nous donc appris ? Nous avons appris le deux et le trois, exactement de la même manière nous pouvons apprendre le quatre et le cinq, et ainsi de suite jusqu'à cent, jusqu'à mille, jusqu'à un million. Nous avons appris quelque chose à propos du nombre, à savoir que chaque nombre est le nom d'une propriété partagée par certains ensembles d'objets dans le monde.

– Jusqu'à un million de millions, dit le garçon.

– Jusqu'à un million de millions, approuve le señor Robles.

– Jusqu'aux étoiles.

– Jusqu'au nombre des étoiles, approuve le señor Robles, qui est probablement infini, nous ne le savons pas encore avec certitude. Où en sommes-nous donc arrivés au cours de cette première leçon ? Nous avons découvert ce qu'est un nombre et nous avons aussi découvert une façon de compter – un, deux, trois et ainsi de suite –, une façon de passer d'un nombre au suivant selon un ordre défini. Résumons-nous donc, David : qu'est-ce que deux ?

– Deux, c'est quand on a deux stylos sur la table, ou deux pilules ou deux oranges ou deux pommes.

– Oui, c'est presque juste, mais pas exactement. Deux, c'est ce qu'ont en commun ces pommes, ces oranges ou tout autre objet.

– Mais il faut que ce soit dur, dit le garçon. Ça ne peut pas être mou.

– Il peut s'agir d'un objet dur ou d'un objet mou. N'importe quel objet au monde, sans restriction, aussi longtemps qu'il en existe plus d'un. C'est un point important. Chaque objet dans le monde est sujet à l'arithmétique. En fait, chaque objet dans l'univers.

– Mais pas l'eau. Ou le vomi.

– L'eau n'est pas un objet. Un verre d'eau est un objet, mais l'eau en tant que telle n'est pas un objet. Une autre façon de présenter ça, c'est de dire que l'eau n'est pas dénombrable. Comme l'air ou la terre. L'air et la terre ne sont pas dénombrables. Mais on peut compter des seaux de terre et des cartouches d'air.

– Est-ce bien ? » demande le garçon.

Le señor Robles range ses stylos dans sa poche, remet les pilules dans leur flacon, se tourne vers lui, Simón.

« Je reviendrai jeudi. Nous verrons les additions et les soustractions – comment nous combinons deux ensembles pour avoir une somme, ou enlevons des éléments d'un ensemble pour avoir une différence. Dans l'intervalle, votre fils peut s'exercer à compter.

– Je sais déjà compter, dit le garçon. Je peux compter jusqu'à un million. J'ai appris tout seul. »

Le señor Robles se lève.

« Tout le monde peut compter jusqu'à un million, dit-il. Ce qui est important, c'est de saisir ce que sont vraiment les nombres. Afin d'avoir des bases solides.

– Vous êtes sûr de ne pas vouloir rester ? demande-t-il, lui, Simón. Inés prépare le thé.

– Hélas, je n'ai pas le temps », réplique le señor Robles.

Et il démarre dans un nuage de poussière.

Inés se pointe avec un plateau.

« Il est parti ? Je pensais qu'il resterait prendre le thé. C'était une leçon vraiment courte. Comment s'est-elle passée ?

– Il revient jeudi, dit l'enfant. On fera le quatre. On a fait deux et trois aujourd'hui.

– Cela va durer éternellement, si vous ne faites qu'un nombre à la fois, dit Inés. Il n'y a pas de méthode plus rapide ?

– Le señor Robles veut s'assurer que les bases sont solides, dit Simón. Une fois les fondements solidement installés, nous serons prêts à ériger notre édifice mathématique.

– Qu'est-ce qu'un édifice ? demande le garçon.

– Un édifice est un bâtiment. Cet édifice-là sera une tour, je présume, montant haut dans le ciel. Cela prend du temps de construire des tours. Nous devons nous armer de patience.

– Il a seulement besoin de savoir compter, considère Inés, pour être à l'aise dans la vie. Pourquoi faudrait-il qu'il devienne un mathématicien ? »

Un temps de silence.

« Qu'en penses-tu, David ? demande Simón. As-tu envie de poursuivre ces leçons ? Tu apprends quelque chose ?

– Je connais déjà le quatre, répond le garçon. Je connais tous les nombres. Je te l'ai dit, mais tu n'écoutes pas.

– Je pense qu'on devrait s'arrêter là, juge Inés. C'est une perte de temps. Nous pouvons trouver un autre précepteur, quelqu'un qui soit prêt à lui apprendre le calcul. »

Il annonce la nouvelle à Roberta (« Quel dommage ! dit-elle. Mais vous êtes les parents, vous voyez au mieux ») et téléphone au señor Robles.

« Nous vous sommes immensément reconnaissants pour votre générosité, señor Robles, et pour votre patience, mais Inés et moi avons l'impression que le garçon a besoin de quelque chose de plus simple, de plus pratique.

– Les mathématiques ne sont pas simples, dit le señor Robles.

– Les mathématiques ne sont pas simples, j'en conviens, mais notre objectif n'a jamais été de faire de David un mathématicien. Nous ne voulons pas qu'il souffre à cause de son absence de scolarisation. Nous voulons qu'il se sente à l'aise dans le maniement des nombres.

– Señor Simón, je n'ai rencontré votre fils qu'une seule fois. Je ne suis pas psychologue, je suis ingénieur de formation, mais il me faut vous dire une chose : je subodore que David souffre de ce qu'on appelle un déficit cognitif. Cela signifie qu'il lui manque une capacité mentale de base, dans son cas la capacité à classifier les objets sur fond de similarité. Cette capacité nous est tellement naturelle à nous, les humains ordinaires, que nous ne sommes pas conscients de la posséder. C'est l'aptitude à voir les objets comme partie d'une catégorie qui rend possible le langage. Nous n'avons pas besoin de voir chaque arbre comme une entité individuelle, comme le font les animaux, nous pouvons aussi le voir comme un exemple de la catégorie "arbre". C'est ce qui rend possibles les mathématiques. Pourquoi est-ce que j'aborde le sujet de la classification ? Je le fais parce que, dans certains cas rares, cette faculté est faible, voire inexistante. Ces gens-là auront toujours des difficultés avec les mathématiques et le langage abstrait en général. Je soupçonne que votre fils en fait partie.

– Pourquoi me dites-vous cela, señor Robles ?

– Parce que je pense que vous devez à votre fils de creuser plus profondément sa personnalité, d'adapter le type d'enseignement qu'il devrait suivre à l'avenir. Je vous conseille vivement de prendre un rendez-vous avec un psychologue, de préférence un spécialiste des désordres cognitifs. Le ministère de l'Éducation pourra vous fournir des noms.

– "Adapter le type d'enseignement" : que voulez-vous dire par là ?

– En termes simples, je pense que s'il continue à avoir des difficultés avec les nombres et les concepts abstraits il serait préférable qu'il se dirige, par exemple, vers une école professionnelle où il pourra apprendre un métier utile, manuel, comme la plomberie ou la menuiserie. C'est tout. Je prends note du fait que vous avez décidé d'annuler nos leçons de mathématiques et j'approuve votre décision. Elle est sage, je pense. Je vous souhaite, ainsi qu'à votre femme et à votre fils, un avenir heureux. Bonne nuit. »

« J'ai parlé au señor Robles, dit-il à Inés. J'ai ajourné les leçons. Il pense que David devrait aller dans une école professionnelle pour apprendre à devenir plombier.

– J'aimerais que le señor Robles soit ici pour le gifler. Je n'aime pas son regard. »

Le lendemain il remonte la vallée vers la maison du señor Robles et dépose sur le pas de la porte de derrière un litre d'huile d'olive provenant de l'exploitation avec une carte : *Merci de la part de David et de ses parents.*

Il a ensuite une discussion sérieuse avec le garçon.

« Si nous trouvons un autre professeur, quelqu'un qui t'apprenne juste les opérations simples, pas les mathématiques, est-ce que tu l'écouteras ? Feras-tu comme on te le dit ?

– J'ai vraiment écouté le señor Robles.

– Tu sais parfaitement que tu n'as pas écouté le señor Robles. Tu l'as déconsidéré. Tu t'es moqué de lui. Tu as dit exprès des sottises. Le señor Robles est un homme intelligent. Il a un diplôme universitaire d'ingénieur. Tu aurais pu apprendre beaucoup de choses avec lui, mais au contraire tu as décidé de faire le bêta.

– Je ne suis pas stupide, le señor Robles est stupide. Je sais déjà les additions. Sept et neuf font seize. Sept et seize font vingt-trois.

– Pourquoi ne lui as-tu pas montré que tu savais faire des opérations pendant qu'il était ici ?

– Parce que, selon lui, il faut d'abord se faire tout petit. Aussi petit qu'un pois, et puis aussi petit qu'un pois à l'intérieur d'un pois, puis qu'un pois dans un pois à l'intérieur d'un pois. On ne peut faire ses nombres qu'ainsi, en étant petit petit petit petit petit.

– Et pourquoi faut-il devenir si petit pour apprendre les nombres à sa façon ?

– Parce que ses nombres ne sont pas de vrais nombres.

– Eh bien, j'aurais aimé que tu lui expliques ça, plutôt que de te montrer stupide et irritant à son égard, au point de le chasser d'ici. »

Chapitre 4

Les jours passent, le vent d'hiver commence à souffler. Bengi et les siens prennent congé. Roberta a proposé de les emmener jusqu'à la gare routière, où ils pourront prendre un car qui monte vers le nord pour chercher du travail dans un ranch des grandes plaines. Maite et ses deux sœurs, habillées à l'identique, viennent dire au revoir. Maite offre un cadeau à David : une petite boîte qu'elle a fabriquée avec du carton rigide et décorée assez délicatement de fleurs et de feuilles de vigne.

« C'est pour toi », dit-elle.

D'un geste brusque et sans un mot de remerciement, David accepte la boîte. Maite tend sa joue pour être embrassée. Il fait mine de ne pas voir. Accablée de honte, Maite se détourne et s'enfuit. Même Inés, qui n'aime pas la fillette, est peinée de ce chagrin.

« Pourquoi traites-tu Maite avec tant de cruauté ? demande Simón. Pourquoi, puisque tu ne la verras plus jamais ? Pourquoi lui laisser un si mauvais souvenir de toi pour le restant de ses jours ?

– Je n'ai pas le droit de te poser des questions, alors tu n'as pas le droit de me poser des questions, dit le garçon.

– De te poser quelles questions ?

– De me demander pourquoi. »

Lui, Simón, hoche la tête en signe de perplexité.

Le soir, Inés trouve la boîte jetée dans la poubelle.

Ils attendent d'en savoir plus sur les académies, l'Académie de chant et l'Académie de danse, mais Roberta semble avoir oublié. De son côté le garçon paraît parfaitement heureux, se livrant aux quatre coins du domaine à des occupations de son cru, ou, assis sur sa couchette, absorbé dans un livre. Bolívar, qui au début l'accompagnait dans ses activités extérieures, préfère à présent rester dormir à la maison.

Le garçon se plaint de Bolívar.

« Bolívar ne m'aime plus, dit-il.

– Il t'aime toujours autant, rétorque Inés. Il n'est tout simplement plus aussi jeune qu'avant. Il ne trouve plus drôle de courir comme toi toute la journée. Il se fatigue.

– Une année pour un chien équivaut à sept années pour nous, dit Simón.

– Quand va-t-il mourir ?

– Pas tout de suite. Il a encore plusieurs années devant lui.

– Mais va-t-il mourir ?

– Oui, il mourra un jour. Les chiens meurent. Ils sont mortels, comme nous. Si tu veux un animal de compagnie qui vive plus longtemps que toi, il te faut chercher un éléphant ou une baleine. »

Plus tard dans la journée, alors qu'il scie du bois pour la cheminée – une des tâches qu'il a entreprises –, le garçon revient vers lui avec une idée nouvelle.

« Simón, tu vois la grande machine dans le hangar ?… On peut verser des olives dedans et fabriquer de l'huile d'olive ?

– Je ne pense pas que ça marcherait, mon garçon. Toi et moi ne sommes pas assez forts pour faire tourner la meule. Dans les temps anciens on se servait d'un bœuf. On attelait un bœuf au timon, il tournait en rond et cela activait la meule.

– Et on lui donnait de l'huile d'olive à boire ?

– S'il voulait de l'huile d'olive, on lui en donnait. Mais d'habitude les bœufs ne boivent pas d'huile d'olive. Ils n'aiment pas ça.

– Il donnait du lait ?

– Non, c'est la vache qui donne du lait, pas le bœuf. Le bœuf n'a rien d'autre à offrir que sa force de travail. Il tourne autour du pressoir à olives ou il tire la charrue. En retour nous lui accordons notre protection. Nous le protégeons contre ses ennemis, les lions et les tigres qui veulent le tuer.

– Et qui protège les lions et les tigres ?

– Personne. Les lions et les tigres refusent de travailler pour nous, nous ne les protégeons donc pas. Il faut qu'ils se protègent tous seuls.

– Il y a des lions et des tigres par ici ?

– Non. Ce n'est plus l'époque. Lions et tigres sont partis. Partis dans le passé. Si tu veux trouver des lions et des tigres, il faut regarder dans les livres. Pour les bœufs aussi. L'époque du bœuf est pratiquement finie. Aujourd'hui ce sont des machines qui travaillent pour nous.

– On devrait inventer une machine pour récolter les olives. Inés et toi, vous n'auriez plus à travailler.

– C'est vrai. Mais si on inventait une machine à cueillir les olives, les cueilleurs d'olives comme nous n'auraient plus de travail et donc plus d'argent. C'est un vieux débat. Certaines personnes sont du côté des machines, d'autres du côté des cueilleurs.

– Je n'aime pas le travail. Le travail est ennuyeux.

– Dans ce cas, tu as de la chance d'avoir des parents qui ne rechignent pas à travailler. Parce que sans nous tu mourrais de faim, et tu n'aimerais pas ça.

– Je ne mourrais pas de faim. Roberta me donnerait à manger.

– Oui, sans aucun doute – par bonté d'âme elle te donnerait à manger. Mais veux-tu vraiment vivre ainsi : de la charité des autres ?

– C'est quoi, la charité ?

– La charité c'est la bonté des autres, la gentillesse des autres. »

Le garçon le regarde de façon étrange.

« On ne peut pas se reposer indéfiniment sur la gentillesse des autres, poursuit-il. On doit donner autant qu'on prend, sinon il n'y a pas d'équilibre, pas de justice. Quel genre de personne veux-tu devenir : du genre qui donne ou du genre qui prend ? Qu'est-ce qu'il vaut mieux ?

– Le genre qui prend.

– Vraiment ? Tu crois vraiment ça ? Ne vaut-il pas mieux donner que prendre ?

– Les lions ne donnent pas. Les tigres ne donnent pas.

– Et tu veux être un tigre ?

– Je ne veux pas *être* un tigre. Je te fais seulement remarquer. Les tigres ne sont pas mauvais.

– Les tigres ne sont pas bons non plus. Ce ne sont pas des humains, ils échappent à la notion de bonté et de méchanceté.

– Eh bien, je ne veux pas être un humain non plus. »

Je ne veux pas être un humain non plus. Il rapporte la conversation à Inés.

« Cela me perturbe quand il parle de la sorte, dit-il. Avons-nous fait une grosse erreur en le retirant du système scolaire, en l'élevant en dehors de la société, en le laissant courir en liberté avec d'autres enfants ?

– Il adore les animaux, dit Inés. Il ne veut pas être comme nous à se soucier de l'avenir. Il veut être libre.

– Ce n'est pas ce qu'il a en tête quand il dit ne pas vouloir être humain, me semble-t-il. »

Mais Inés se désintéresse du propos.

Roberta arrive, porteuse d'un message : ils sont invités à prendre le thé chez les sœurs, à quatre heures, dans la grande maison. David aussi.

Inés sort de sa valise sa plus belle robe et les chaussures assorties. Elle s'inquiète de ses cheveux.

« Je n'ai pas vu de coiffeur depuis que nous avons quitté Novilla. Je ressemble à une folle. »

Elle oblige le garçon à mettre sa chemise à jabot et ses chaussures à boutons, bien qu'il se plaigne qu'elles soient trop petites et lui fassent mal aux pieds.

Ponctuels, ils se présentent à seize heures à la porte principale. Roberta les conduit à l'arrière de la maison par un long corridor vers une pièce encombrée de petites tables, de chaises et de bibelots.

« Il s'agit du petit salon d'hiver, dit Roberta. Il reçoit le soleil l'après-midi. Les sœurs ne vont pas tarder. Je vous en prie, pas un mot sur les canards – les canards que l'autre garçon a tués.

– Pourquoi ? demande l'enfant.

– Parce que ça va les contrarier. Elles ont le cœur fragile. Ce sont de bonnes personnes. Elles tiennent à ce que le domaine soit un refuge pour les animaux sauvages. »

Pendant qu'ils attendent, il scrute les images accrochées aux murs : aquarelles, scènes de la nature (il reconnaît le réservoir où nageaient les malheureux canards), travail d'amateur joliment exécuté.

Deux dames entrent, suivies par Roberta portant le plateau à thé.

« Les voici, psalmodie Roberta. La señora Inés, son mari le señor Simón et leur fils David. La señora Valentina et la señora Consuelo. »

Les dames, des sœurs de toute évidence, ont la soixantaine, estime-t-il. Elles sont grisonnantes et habillées sobrement.

« Nous sommes honorés de vous rencontrer, señora Valentina, señora Consuelo, dit-il en s'inclinant. Permettez-nous de vous remercier pour le toit que vous nous offrez dans votre magnifique domaine.

– Je ne suis pas leur fils, dit David d'une voix calme et plate.

– Oh ! s'exclame l'une des sœurs sur un ton de surprise feinte, Valentina ou Consuelo, il ne les distingue pas. De qui es-tu alors le fils ?

– De personne, répond-il fermement.

– Tu es donc le fils de personne, jeune homme, dit Valentina ou Consuelo. C'est intéressant. Une situation intéressante. Quel âge as-tu ?

– Six ans.

– Six ans. Et je comprends que tu ne vas pas à l'école. Tu aimerais aller à l'école ?

– J'ai été à l'école.

– Et alors ? »

Inés intervient :

« Nous l'avons envoyé à l'école là où nous habitions précédemment, mais les instituteurs n'étaient pas à la hauteur, nous avons donc décidé de l'éduquer à la maison. Pour le moment.

– On faisait faire des contrôles aux enfants, ajoute-t-il, lui, Simón, des contrôles mensuels afin de mesurer leurs progrès. David n'aime pas être évalué, il a répondu des sottises lors du contrôle, ce qui lui a causé des problèmes. Et nous a causé des problèmes. »

La sœur l'ignore.

« Tu n'aimerais pas aller à l'école, David, rencontrer d'autres enfants ?

– Je préfère qu'on m'éduque à la maison », répond David d'un ton contraint.

Entre-temps l'autre sœur a rempli les tasses.

« Vous prenez du sucre, Inés ? »

Inés hoche la tête.

« Et vous, Simón ?

– C'est du thé ? demande le garçon. Je n'aime pas le thé.

– Alors, ce n'est pas la peine d'en prendre, répond la sœur.

– Vous vous demandez, Inés, Simón, dit la première sœur, pourquoi vous avez été invités. Eh bien, Roberta nous a souvent parlé de votre fils, un garçon tellement intelligent, intelligent et s'exprimant bien, qui perd son temps avec les enfants des vendangeurs alors qu'il devrait étudier. Nous en avons discuté, mes sœurs et moi, et nous souhaitons vous faire une proposition. Et d'ailleurs, si vous vous demandez où est la troisième sœur, puisque nous sommes connues dans le district comme les Trois Sœurs, je vous dirai que la señora Alma est malheureusement indisposée. Elle souffre de mélancolie, aujourd'hui est un de ces jours où la mélancolie a pris le dessus. Un de ses “jours noirs", comme elle les appelle. Mais elle est entièrement d'accord avec notre proposition.

» Notre proposition, c'est que vous inscriviez votre fils dans l'une des académies privées d'Estrella. Roberta vous a brièvement parlé des académies, me semble-t-il : l'Académie de chant et l'Académie de danse. Nous recommandons l'Académie de danse. Nous connaissons son directeur, le señor Arroyo, et sa femme, nous pouvons nous en porter garantes. En même temps que les cours de danse, ils offrent un excellent enseignement général. Nous, mes sœurs et moi, prendrons en charge les frais de scolarité de votre fils aussi longtemps qu'il y sera élève.

– Je n'aime pas danser, dit David. J'aime chanter. »

Les deux sœurs échangent un regard.

« Nous n'avons pas de contact personnel avec l'Académie de chant, dit Valentina ou Consuelo, mais je ne pense pas me tromper en disant qu'elle n'offre pas d'enseignement général. Sa tâche est de former des chanteurs professionnels. Tu veux devenir chanteur professionnel, David, quand tu seras grand ?

– Je ne sais pas. Je ne sais pas encore ce que je veux faire.

– Tu ne veux pas être pompier ou conducteur de train comme les autres petits garçons ?

– Non. Je voulais devenir maître-nageur, mais on n'a pas voulu.

– Qui n'a pas voulu ?

– Simón.

– Et pourquoi Simón s'oppose-t-il à ce que tu deviennes maître-nageur ? »

Lui, Simón, prend la parole :

« Je ne m'oppose pas à ce qu'il devienne maître-nageur. Je ne m'oppose à aucun de ses plans ni de ses rêves. Pour ma part – sa mère est peut-être d'un autre avis –, il peut devenir maître-nageur, pompier, chanteur, Martien, ce qu'il voudra. Je ne pilote pas sa vie. Je ne prétends même plus lui donner des conseils. La vérité, c'est qu'il nous épuise, sa mère et moi, avec son obstination. Il agit comme un bulldozer. Il nous a écrasés. Nous sommes aplatis. Nous n'offrons plus de résistance. »

Inés l'écoute bouche bée. David se sourit à lui-même.

« Quelle étrange sortie ! dit Valentina. Je n'ai rien entendu de tel depuis des années. Et toi, Consuelo ?

– Depuis belle lurette, opine Consuelo. Théâtrale, cette sortie ! Merci, Simón. Bien, que répondez-vous à notre proposition d'inscrire le jeune David à l'Académie de danse ?

– Où se trouve cette académie ? demande Inés.

– En ville, au cœur de la ville, dans le même bâtiment que le musée. Vous ne pourriez malheureusement pas demeurer ici à la ferme. C'est bien trop loin, le trajet est trop long. Il vous faudrait vous loger en ville. De toute façon, vous ne pouvez pas rester au domaine maintenant que les vendanges sont finies. Vous trouveriez la vie trop solitaire, trop ennuyeuse.

– Nous ne l'avons pas trouvée ennuyeuse du tout, dit Simón. Au contraire, nous nous sommes épanouis. Nous avons apprécié chaque instant. En fait je suis parvenu à un accord avec Roberta : je fais des petits boulots en échange de notre hébergement dans les baraquements. Il y a toujours des petits boulots, même hors saison. Élaguer, par exemple, nettoyer. »

Il cherche le soutien de Roberta. Elle regarde fixement au loin.

« Par “baraquements”, vous voulez dire les dortoirs, je suppose, dit Valentina. Les dortoirs sont fermés pendant l’hiver, vous ne pouvez donc pas rester ici. Mais Roberta peut vous aider dans la recherche d’un logement. Et si vous ne trouvez rien, il y a toujours l’Asistencia. »

Inés se lève. Il fait de même.

« Vous ne nous avez pas donné votre réponse, dit Consuelo. Avez-vous besoin de temps pour en discuter ? Qu’en penses-tu, jeune homme ? Tu ne veux pas aller à l’Académie de danse ? Tu y rencontrerais d’autres enfants.

– Je veux rester ici, dit le garçon. Je n’aime pas la danse.

– Malheureusement, dit la señora Valentina, tu ne peux pas rester ici. En outre, comme tu es très jeune et que tu n’as aucune connaissance du monde, mais seulement des préjugés, tu n’es pas en mesure de prendre des décisions pour ton avenir. Ma suggestion… » elle tend le doigt, le harponne sous le menton, lève sa tête pour qu’il la regarde dans les yeux « … ma suggestion, c’est que tu laisses du temps à tes parents, Inés et Simón, pour discuter de notre offre et que tu te conformes ensuite à la décision qu’ils prendront, dans un esprit d’obéissance filiale. Compris ? »

David lui retourne calmement son regard.

« C’est quoi, l’obéissance filiale ? » demande-t-il.

Chapitre 5

Flanqué d'une longue colonnade en grès, le musée se situe sur le côté nord de la grand-place d'Estrella. Suivant les instructions, ils contournent l'entrée principale et prennent l'allée latérale vers une porte étroite surmontée d'un panneau où figure en lettres d'or et tout en fioritures : *Academia de la Danza*. Une flèche indique l'escalier. Ils montent à l'étage, passent par des portes battantes et se retrouvent dans une vaste salle de danse, bien éclairée, vide hormis un piano droit.

Une femme entre, grande, mince, toute de noir vêtue.

« Puis-je vous aider ?

– Je souhaiterais rencontrer quelqu'un pour inscrire mon fils, dit Inés.

– Inscrire votre fils à… ?

– L'inscrire dans votre académie. Je pense que la señora Valentina en a parlé à votre directeur. Mon fils s'appelle David. Elle nous a assuré que les enfants inscrits dans votre académie reçoivent un enseignement général. Je veux dire, ils ne font pas que danser. » Elle prononce le mot « danser » avec une pointe de mépris. « C'est l'enseignement général qui nous intéresse – pas tellement la danse.

– La señora Valentina nous a parlé en effet de votre fils. J'ai été claire avec elle et il me faut l'être avec vous, *señora* : il ne s'agit pas d'une école ordinaire ou d'un substitut d'école ordinaire. C'est une académie dédiée à l'éducation de l'âme à travers la musique et la danse. Si vous cherchez un enseignement classique pour votre enfant, vous aurez un meilleur choix dans le système public. »

L'éducation de l'âme. Il touche le bras d'Inés.

« Si vous me le permettez », dit-il en s'adressant à la jeune femme pâle, si pâle qu'elle semble exsangue – *alabastra* est le mot qui lui vient à l'esprit –, belle néanmoins, étonnamment belle – c'est peut-être ce qui a provoqué l'hostilité d'Inés, cette beauté, comme si une statue du musée était venue à la vie –, « si vous me le permettez… Nous sommes étrangers à Estrella, de nouveaux arrivants. Nous avons travaillé dans l'exploitation appartenant à la señora Valentina et à ses sœurs, de façon provisoire, le temps de prendre pied. Gentiment, les sœurs ont manifesté leur intérêt pour David et ont proposé leur aide financière pour son inscription à votre académie. Elles tiennent l'Académie en haute estime. Elle a la réputation, disent-elles, de dispenser un excellent enseignement général. Votre directeur, le señor Arroyo, est un éducateur respecté. Pouvons-nous prendre un rendez-vous avec le señor Arroyo ?

– Le señor Arroyo, mon mari, n'est pas disponible. Il n'y a pas cours cette semaine, ils reprennent lundi, après les congés. Mais si vous voulez aborder les questions pratiques, vous pouvez le faire avec moi. Tout d'abord, votre fils viendrait-il chez nous comme pensionnaire ?

– Pensionnaire ? On ne nous a pas dit que vous en preniez.

– Nous avons un nombre limité de pensionnaires.

– Non, David logera à la maison – n'est-ce pas, Inés ? »

Inés approuve.

« Très bien. Ensuite, les chaussures. Votre fils a-t-il des chaussons de danse ?… Non ? Il lui en faudra. Je vais vous mettre par écrit l'adresse du magasin où vous pouvez en acheter. Il faut également des vêtements légers, confortables. Il est important que le corps soit libre.

– Des chaussons de danse. Nous nous en occupons. Vous parliez à l'instant de l'âme, de l'éducation de l'âme. Vers quel objectif éduquez-vous les âmes ?

– Vers le bien. L'obéissance au bien. Pourquoi posez-vous cette question ?

– Comme ça. Et le reste du programme, à part la danse ? Nous faut-il acheter certains livres ? »

Il y a dans l'apparence de cette femme quelque chose de perturbant. Il n'arrivait pas à le définir, il voit à présent de quoi il s'agit. Elle n'a pas de sourcils. Ses sourcils ont été épilés ou rasés ; peut-être n'ont-ils jamais poussé. Sous ses cheveux blonds plutôt clairsemés, tirés bien en arrière sur le crâne, s'étend un immense front nu, grand comme sa main. Les yeux, bleu foncé plus que bleu marine, soutiennent son regard avec calme et assurance. Elle voit en moi, pense-t-il, à travers cette conversation elle me perce. Moins jeune qu'à première vue. Trente, trente-cinq ans ?

« Des livres ? » Elle esquisse un geste dédaigneux. « Les livres viendront plus tard. Chaque chose en son temps.

– Et les salles de classe, dit Inés. Puis-je voir les classes ?

– Voici notre unique salle de classe. » Son regard balaie la pièce. « C'est ici que dansent les enfants. » S'approchant, elle prend Inés par la main. « *Señora*, comprenez-moi bien, c'est une académie de danse. La danse prime sur tout. Le reste est secondaire. Tout le reste suit. »

Inés s'est visiblement raidie à son contact. Il ne le sait que trop, Inés résiste ou se dérobe à toute forme de toucher.

La señora Arroyo se tourne vers le garçon.

« David – c'est ton prénom ? »

Il s'attend à la rébellion habituelle, à la dénégation classique (« Il ne s'agit pas de mon vrai prénom »). Mais non : le garçon tend vers elle sa frimousse comme une fleur épanouie.

« Bienvenue dans notre académie, David. Je suis certaine que tu t'y plairas. Je suis la señora Arroyo et je m'occuperai de toi. Bien, tu as entendu ce que j'ai dit à tes parents à propos des chaussons de danse et des vêtements trop serrés ?... Je t'attendrai lundi matin à huit heures précises. Ce sera la rentrée du nouveau trimestre. Viens par ici. Sens le parquet. Il est agréable, n'est-ce pas ? Il est en bois de cèdre, qui pousse haut dans la montagne, et a été installé spécialement pour la danse par des menuisiers, de véritables artisans, qui l'ont rendu aussi lisse que possible. On le cire toutes les semaines jusqu'à ce qu'il brille et chaque jour il est poli par les pieds des élèves. Si doux, si chaud ! Tu sens la chaleur ? »

Le garçon opine. Jamais auparavant il ne l'a vu aussi bien réagir – avec enthousiasme, confiance, comme un enfant.

« Eh bien, au revoir, David. Nous te verrons lundi avec tes nouveaux chaussons. Au revoir, *señora*, au revoir, *señor*. »

Les portes battantes se referment derrière eux.

« Cette señora Arroyo est grande, n'est-ce pas ? dit-il au garçon. Grande et gracieuse comme une véritable danseuse. Elle te plaît ?

– Oui.

– Nous pouvons donc informer Roberta et les trois sœurs que notre recherche est couronnée de succès ?

– Oui.

– Qu'en dites-vous, Inés : notre recherche est couronnée de succès ?

– Je donnerai mon sentiment quand j'aurai constaté le type d'enseignement qui est offert. »

Un homme de dos leur barre la sortie vers la rue. Il porte un uniforme gris et fripé, la casquette en arrière ; il fume une cigarette.

« Excusez-moi », dit-il (Simón).

De toute évidence perdu dans ses rêveries, l'homme tressaille, se ressaisit et d'un geste exagéré les invite à poursuivre leur chemin :

« *Señora y señores...* »

En passant devant lui ils sont enveloppés par la fumée du tabac et une odeur de vêtements non lavés.

Comme ils cherchent à se repérer dans la rue, l'homme en gris les interpelle :

« *Señor*, vous cherchez le musée ? »

Il se retourne vers lui.

« Non. Nous sommes venus pour l'Académie de danse.

– Ah ! L'académie d'Ana Magdalena ! » Sa voix est profonde, une vraie basse. Jetant sa cigarette, il s'approche. « Laissez-moi deviner : jeune homme, tu vas t'inscrire à l'Académie et devenir un danseur célèbre ! J'espère que tu trouveras un jour le temps de danser pour moi. » Il découvre une denture jaunie en un grand sourire envahissant. « Bienvenue ! Si tu suis les cours de l'Académie, tu me verras souvent, du coup je me présente : je m'appelle Dmitri. Je travaille au musée. Je suis gardien principal – c'est un titre ronflant ! Que fait un gardien principal ? Sa tâche est de garder les tableaux et les sculptures du musée, de les préserver de la poussière et de leurs ennemis naturels, de les enfermer le soir et de les libérer le matin. En tant que gardien principal je suis ici tous les jours sauf le samedi, et donc naturellement je rencontre tous les jeunes gens de l'Académie et leurs parents. » Il se tourne vers lui, Simón. « Que pensez-vous de l'estimable Ana Magdalena ? Elle vous impressionne ? »

Il échange un regard avec Inés.

« Nous avons parlé avec la señora Arroyo, mais rien n'est décidé. Il nous faut examiner toutes les options. »

Dmitri, le libérateur des statues et des tableaux, fronce les sourcils.

« Pas la peine. Pas la peine de tergiverser. Vous seriez bien bêtes de refuser l'Académie. Vous le regretteriez pour le restant de vos jours. Le señor Arroyo est un maître, un maître véritable. Je ne trouve pas d'autre mot. C'est un honneur pour Estrella, qui n'a jamais été une grande ville, de l'avoir pour enseigner l'art de la danse à nos enfants. Si j'étais à la place de votre fils, je vociférerais nuit et jour pour être admis dans cette académie. Oubliez toutes les autres options. »

Il n'est pas sûr d'aimer Dmitri, avec ses vêtements malodorants et ses cheveux gras. Il n'aime certainement pas se faire sermonner en public (en ce milieu de matinée, les rues sont bondées).

« Eh bien, c'est à nous de décider – n'est-ce pas, Inés ? Maintenant, on doit y aller. Au revoir. »

Il prend la main du garçon. Ils partent.

Dans la voiture, le garçon parle haut pour la première fois de la journée :

« Pourquoi tu ne l'aimes pas ?

– Le gardien de musée ? La question n'est pas de l'aimer ou non. C'est un étranger. Il ne nous connaît pas, il ne connaît pas notre situation, il n'a pas à fourrer son nez dans nos affaires.

– Tu ne l'aimes pas parce qu'il a la barbe.

– N'importe quoi !

– Il ne porte pas la barbe, dit Inés. Il y a une différence entre porter une belle barbe bien taillée et négliger son apparence. Cet homme ne se rase pas, ne se lave pas, ne met pas de vêtements propres. Ce n'est pas un bon exemple pour les enfants.

– Qui est un bon exemple pour les enfants ? Simón est un bon exemple ? »

Silence.

« Est-ce que tu es un bon exemple, Simón ? » insiste le garçon.

Comme Inés ne le soutiendra pas, il faut qu'il le fasse lui-même.

« J'essaie, dit-il, j'essaie d'être un bon exemple. Si je n'y arrive pas, ce n'est pas faute d'essayer. J'espère que j'ai été, dans l'ensemble, un bon exemple. C'est à toi d'en juger.

– Tu n'es pas mon père.

– Non, en effet. Mais cela ne m'empêche pas de montrer l'exemple. »

Le garçon ne répond pas. En fait, il se désintéresse de la question, décroche, regarde distraitement par la vitre (ils traversent la plus morne des banlieues, des blocs successifs de maisonnettes semblables à des boîtes). Un long silence s'installe.

« “Dmitri”, cela sonne comme “cimeterre”, dit soudain le garçon. Un truc qui coupe la tête. » Une pause. « Moi, je l’aime, même si tu ne l’aimes pas. Je veux aller à l’Académie.

– Dmitri n’a rien à voir avec l’Académie, tranche Inés. C’est un portier, tout simplement. Si tu veux aller à l’Académie, si tu as fait ton choix, on peut t’inscrire. Mais à la première plainte comme quoi tu joues au plus futé et qu’il faudrait t’envoyer chez un psychiatre ou un psychologue, je t’en retire sur-le-champ.

– Il ne faut pas être futé pour danser. Quand allez-vous m’acheter mes chaussons de danse ?

– On y va maintenant. Simón va nous conduire tout de suite chez le marchand de chaussures, à l’adresse indiquée par la dame.

– Tu la détestes, toi aussi ? »

C’est au tour d’Inés de regarder fixement par la vitre.

« Je l’aime bien, dit le garçon. Elle est belle. Plus belle que toi.

– Tu devrais juger les gens sur leurs qualités intérieures, intervient Simón. Pas simplement sur le fait qu’ils soient beaux ou non. Ou qu’ils portent la barbe.

– C’est quoi, des qualités intérieures ?

– Ce sont des qualités comme la gentillesse, l’honnêteté, le sens de la justice. Tu as sûrement lu ça dans *Don Quichotte*. Il y a une multitude de qualités intérieures, plus que je ne peux en citer à brûle-pourpoint, il faudrait être philosophe pour en connaître la liste complète, mais la beauté n’est pas une qualité intérieure. Ta mère est aussi belle que la señora Arroyo, mais de façon différente.

– La señora Arroyo est gentille.

– Oui, je suis d'accord, elle paraît gentille. Elle semble t'avoir à la bonne.

– Elle a donc des qualités intérieures.

– Oui, David, elle est gentille autant qu'elle est belle. Mais il n'y a pas de lien entre beauté et gentillesse. Être beau, c'est un hasard, une question de chance. On peut naître beau, on peut naître quelconque, on n'en peut mais. En revanche, être gentil n'est pas un hasard. On ne naît pas gentil, on apprend à le devenir. On devient gentil. Voilà la différence.

– Dmitri aussi a des qualités intérieures.

– Dmitri a probablement des qualités intérieures. J'ai peut-être été trop hâtif dans mon jugement, je le concède. Simplement je n'ai discerné aucune de ses qualités intérieures aujourd'hui. Elles ne sautaient pas aux yeux.

– Dmitri est gentil. Que signifie "estimable" ? Pourquoi a-t-il parlé de "l'estimable Ana Magdalena" ?

– "Estimable". Tu es certainement tombé sur ce mot dans *Don Quichotte*. Estimer une personne, c'est la respecter, la traiter avec les honneurs. Dmitri cependant employait ce mot de façon ironique. Il plaisantait. "Estimable" se réfère habituellement à des personnes accomplies et non de l'âge de la señora Arroyo. Par exemple, si je t'appelais "estimable jeune David", cela ferait drôle.

– "Estimable vieux Simón". C'est drôle aussi.

– Si tu le dis. »

Les chaussons de danse, semble-t-il, ne se font qu'en deux couleurs, or et argent. Le garçon les rejette l'une et l'autre.

« Est-ce pour l'académie du señor Arroyo ? demande le vendeur.

– Oui.

– Nous équipons tous les enfants de l'Académie. Tous, sans exception, portent des chaussons or ou argent. Si vous arrivez avec des chaussons noirs ou blancs, jeune homme, on vous regardera de travers. »

Le vendeur est un grand homme voûté avec une moustache si fine qu'on la dirait tracée au fusain au-dessus de sa lèvre.

« Tu entends le monsieur, David ? demande Simón. Les chaussures sont or ou argent, sinon il faudra danser en chaussettes. Que choisis-tu ?

– Or, dit le garçon.

– Les dorés, donc, dit-il au vendeur. Cela fait combien ?

– Quarante-neuf *reales*, dit le vendeur. Essayons une paire à sa taille. »

Il jette un coup d'œil furtif à Inés. Elle hoche la tête.

« Quarante-neuf *reales* pour des chaussons d'enfant, c'est cher, lâche-t-elle. Comment pouvez-vous imposer un prix pareil ?

– Ils sont en chevreau. Il ne s'agit pas de chaussons ordinaires. Ils sont conçus pour les danseurs, avec soutien intégré pour la cambrure.

– Quarante *reales* », dit Inés.

L'homme secoue la tête.

« Très bien, quarante-neuf », dit-il (Simón).

L'homme fait asseoir David, lui enlève ses souliers et lui glisse les chaussons aux pieds. Ils lui vont bien. Simón donne à l'homme ses quarante-neuf *reales*. L'homme range les chaussons dans leur boîte et remet la boîte dans les mains d'Inés. Ils quittent le magasin en silence.

« Je peux les porter ? demande le garçon. Ils ont coûté beaucoup d'argent ?

– Beaucoup d'argent pour une paire de chaussons, dit Inés.

– Mais est-ce que ça fait beaucoup d'argent ? »

Il attend qu'Inés réponde, mais elle garde le silence.

« Beaucoup d'argent, cela ne signifie rien en soi, explique-t-il patiemment. Quarante-neuf *reales*, c'est cher pour une paire de chaussons. En revanche, quarante-neuf *reales*, ce ne serait pas beaucoup d'argent pour une voiture ou une maison. L'eau ne coûte presque rien à Estrella, tandis que si tu te trouvais en train de mourir de soif dans le désert, tu donnerais tous tes biens pour une gorgée d'eau.

– Pourquoi ? demande le garçon.

– Pourquoi ? Parce que rester en vie est plus important que toute autre chose.

– Pourquoi rester en vie est plus important que toute autre chose ? »

Il s'apprête à répondre, à formuler les mots précis, patients, instructifs, quand un sentiment sourd en lui. De la colère ? Non. De l'irritation ? Non : plus que ça. Du désespoir ? Peut-être : un désespoir sur le mode mineur. Pourquoi ? Parce qu'il aimerait croire qu'il guide l'enfant dans le dédale de la vie morale quand il répond correctement, patiemment, à ces « pourquoi ? » incessants. Mais a-t-il la moindre preuve que l'enfant absorbe ses conseils, ou même qu'il écoute ce qu'il lui dit ?

Il se fige séance tenante sur le trottoir encombré. Inés et le garçon s'arrêtent aussi et le fixent avec perplexité.

« Essaie de te figurer, dit-il. Nous sommes en train de marcher dans le désert, toi, Inés et moi. Tu me dis que tu as soif, je t'offre un verre d'eau. Au lieu de boire l'eau, tu la verses dans le sable. Tu dis que tu as soif de réponses. “Pourquoi ci ? Pourquoi ça ?” Moi, parce que je suis patient, parce que je t’aime, je t’offre chaque fois une réponse, que tu jettes dans le sable. Aujourd’hui, finalement, je suis fatigué de t’offrir de l’eau. Pourquoi est-ce important de rester en vie ? Si la vie ne te paraît pas importante, alors qu’il en soit ainsi. »

Inés pose une main sur sa bouche, consternée. La figure du garçon se fronce.

« Tu dis que tu m’aimes, mais tu ne m’aimes pas, lâche-t-il. Tu fais juste semblant.

– Je t’offre les meilleures réponses que j’ai sous la main et tu les rejettes comme un enfant. Ne t’étonne pas si tu me fais parfois perdre patience.

– Tu le dis tout le temps. Tu dis tout le temps que je suis un enfant.

– Tu es un enfant, et parfois un enfant idiot. »

Une femme d’âge moyen, un panier au bras, s’est arrêtée pour écouter. Elle murmure à Inés une phrase qu’il ne peut saisir. Inés secoue la tête, hâtivement.

« Allons-y, dit-elle, avant que la police ne vienne nous prendre.

– Pourquoi la police viendrait-elle nous prendre ? demande le garçon.

– Parce que Simón se comporte comme un malade et que nous sommes plantés là à écouter ses sornettes. Il trouble l’ordre public. »

Chapitre 6

Arrive le lundi, il lui incombe d'emmener le garçon à sa nouvelle école. Ils y parviennent bien avant huit heures. Les portes de l'Académie de danse sont ouvertes, mais la salle elle-même est vide. Il s'assied sur le tabouret du piano. Ils attendent de concert.

Dans le fond une porte s'ouvre, la señora Arroyo apparaît, vêtue de noir comme la fois précédente. Effleurant le parquet, elle l'ignore, s'arrête devant le garçon et prend ses mains dans les siennes.

« Bienvenue, David. Je vois que tu as apporté un livre. Veux-tu me le montrer ? »

Le garçon lui présente son *Don Quichotte*. Elle l'examine en fronçant les sourcils, le feuillette et le lui rend.

« As-tu tes chaussons de danse ? »

Le garçon sort ses chaussons de leur sac en coton.

« Bon. Sais-tu comment on qualifie l'or et l'argent ? Nous les appelons des métaux "nobles". Le fer, le cuivre et le plomb, nous les appelons des métaux "esclaves". Les métaux nobles sont en haut de l'échelle, les métaux esclaves en bas. De même qu'il y a des métaux nobles et des métaux esclaves, il existe des nombres nobles et des nombres esclaves. Tu apprendras à danser selon les nombres nobles.

– Ils ne sont pas vraiment en or, dit le garçon. C'est juste une couleur.

– C'est juste une couleur, mais les couleurs ont une signification.

– Je te laisse à présent, dit Simón. Je reviendrai te chercher cet après-midi. » Il embrasse le garçon sur le sommet du crâne. « Au revoir, mon garçon. Au revoir, *señora.* »

Pour tuer le temps, il s'aventure dans le musée. Les murs n'accueillent pas beaucoup de tableaux. *Les Gorges de Tarjeta au coucher du soleil*, *Composition I*, *Composition II*, *Le Buveur*. Les noms des artistes ne lui disent rien.

« Bonjour, *señor* ! lance une voix familière. Cela vous impressionne ? »

C'est Dmitri, sans casquette, ébouriffé comme s'il venait de sortir du lit.

« Intéressant, répond-il. Existe-t-il une école de peinture propre à Estrella, un style Estrella ? »

Dmitri ignore la question.

« Je vous ai vu quand vous avez accompagné votre fils. Un grand jour pour lui, son premier jour chez les Arroyo. Vous avez eu la chance de parler à la señora Arroyo, Ana Magdalena. Quelle danseuse ! Gracieuse ! Elle n'a pas d'enfants, hélas. Elle voudrait des enfants, mais elle ne peut pas. C'est un chagrin pour elle, une angoisse. On ne le dirait pas en la regardant – l'angoisse, hein ? On pense qu'elle fait partie des anges sereins qui vivent de nectar. "Une petite gorgée de temps en temps, ça suffit, merci." Elle prend soin des enfants du premier mariage du señor Arroyo, elle les dorlote. Les pensionnaires aussi. Elle a tant d'amour à donner… Avez-vous rencontré le señor Arroyo ?… Non ? Pas encore ? Un grand homme, un véritable idéaliste qui ne vit que pour sa musique. Vous verrez. Malheureusement il n'a pas toujours les pieds sur terre, si vous comprenez ce que je veux dire. La tête ailleurs. C'est donc Ana Magdalena qui abat le gros du travail. Faire danser les jeunes, nourrir les pensionnaires, s'occuper de son ménage, gérer l'Académie, elle fait tout ! À merveille ! Jamais la moindre plainte ! Un calme olympien ! Une femme exceptionnelle. Tout le monde l'admire.

– Et tout ça dans un même lieu – l'Académie de danse, le pensionnat, le ménage Arroyo ?

– Oh, ce n'est pas l'espace qui manque. L'Académie occupe tout l'étage. D'où êtes-vous, *señor*, vous et votre famille ?

– De Novilla. Nous vivions à Novilla encore récemment, avant de monter vers le nord.

– Novilla. Je n'y suis jamais allé. Je suis arrivé tout droit à Estrella et n'en ai pas bougé.

– Et vous travaillez au musée depuis tout ce temps ?

– Non, non, non. J'ai fait tellement de métiers que je ne m'en souviens plus. C'est dans ma nature, une nature impatiente. J'ai commencé comme portefaix au marché des primeurs. Puis j'ai jeté mon dévolu sur les chantiers routiers, mais je n'ai pas aimé ça. J'ai travaillé assez longtemps dans un hôpital. Épouvantable. Des heures épouvantables. Bouleversantes, aussi – ce qu'on peut voir ! Et puis un jour ma vie a basculé. Sans exagération. Elle a changé pour le meilleur. Je traînaillais dans le square, perdu dans mes pensées, quand je l'ai vue passer. Je n'en ai pas cru mes yeux. J'ai pensé à une apparition. Tellement belle. Surnaturelle. Je me suis levé d'un coup et je l'ai suivie – comme un chien. Pendant des semaines j'ai erré près de l'Académie juste pour l'apercevoir. Elle n'a bien sûr pas fait attention à moi. Pourquoi l'aurait-elle fait ? Un pauvre bougre aussi laid. Et puis j'ai remarqué cette annonce au musée, on cherchait un balayeur. J'ai commencé tout en bas de l'échelle, mais, pour vous la faire courte, je suis resté ici depuis lors. D'abord promu gardien, et l'année dernière gardien-chef. Parce que je suis diligent et ponctuel.

– Je ne suis pas certain de comprendre. Vous parlez de la señora Arroyo ?

– Ana Magdalena. Que je vénère. Je n'ai pas honte de l'avouer. Ne feriez-vous pas de même si vous adoriez une femme – la suivre jusqu'au bout du monde ?

– Ce musée n'est tout de même pas le bout du monde. Comment le señor Arroyo prend-il votre vénération pour sa femme ?

– Le señor Arroyo est un idéaliste, comme je vous l'ai dit. Son esprit navigue ailleurs, dans les sphères célestes où tournoient les nombres. »

Il en a assez de cette conversation. Il n'a pas recherché les confidences de cet homme.

« Je dois partir, j'ai du travail.

– Je croyais que vous vouliez voir les peintres de l'école d'Estrella.

– Un autre jour. »

Il reste encore des heures à tuer avant la fin de la journée scolaire. Il s'achète un journal, s'assied à la terrasse d'un bistrot de la place et commande un café. À la une figure un couple âgé exhibant une cucurbitacée de son potager. Elle pèse quatorze kilos, indique la légende, soit près d'un kilo de plus que le record précédent. En page deux, un article sur les délits recense le vol d'une tondeuse à gazon dans un cabanon (sans cadenas) et un acte de vandalisme dans des toilettes publiques (lavabo brisé). Les délibérations du conseil municipal et de ses sous-commissions occupent beaucoup d'espace : la sous-commission des aménagements publics, la sous-commission des ponts et chaussées, la sous-commission chargée du prochain festival de théâtre. Suivent les pages des sports, qui anticipent sur le point culminant de la saison footballistique, le choc à venir entre Aragonza et Val-du-Nord.

Il passe en revue les offres d'emploi. Ouvrier maçon. Maçon. Électricien. Comptable. Que cherche-t-il ? Un travail léger, peut-être. Jardinier. Pas docker, évidemment.

Il règle son café.

« Est-ce qu'il y a en ville un bureau des relocalisations ? demande-t-il à la serveuse.

– Bien sûr », répond-elle.

Et elle lui donne l'adresse.

Le centre des relocalisations à Estrella fait nettement moins grandiose que celui de Novilla – juste un petit local étroit dans une rue secondaire. Derrière le bureau se trouve un jeune homme au teint pâle, la barbe clairsemée, l'air plutôt mélancolique.

« Bonjour, dit-il, lui, Simón. Je suis un nouvel arrivant à Estrella. Au cours des mois derniers, j'ai été employé dans la vallée pour de menus travaux – cueillette de fruits, surtout. À présent, je cherche quelque chose de permanent, de préférence en ville. »

L'employé saisit un fichier et le dépose sur son bureau.

« Il a l'air volumineux, mais la plupart des fiches sont bidon, confie-t-il. Le problème, c'est que les gens ne nous informent pas lorsqu'un poste est pourvu. Que dites-vous de ça : Pressing Optima ? Vous vous y connaissez en nettoyage à sec ?

– Pas du tout, mais donnez-moi l'adresse. Auriez-vous quelque chose de plus physique – un travail en plein air, peut-être ? »

L'employé ignore sa question.

« Gestionnaire de stock dans une quincaillerie. Ça vous intéresse ? Aucune expérience requise, simplement une aptitude aux chiffres. Vous avez le goût des chiffres ?

– Je ne suis pas mathématicien, mais je sais compter.

– Comme je vous l'ai dit, je ne peux pas vous garantir que l'offre tienne encore. Vous voyez comme l'encre a pâli ? » Il tend la fiche à la lumière. « Cela nous indique l'âge de la fiche. Et celle-ci ? Dactylographe dans un cabinet d'avocats. Vous savez taper à la machine ?… Non ? Alors, celle-là : agent d'entretien au musée.

– Le poste a été pourvu. J'ai rencontré l'homme qui l'occupe.

– Avec-vous songé à vous recycler ? Ce serait peut-être la meilleure solution : vous inscrire dans une formation en vue d'un nouveau métier. Tant que vous êtes en formation, vous touchez vos indemnités de chômage.

– Je vais y penser », dit-il.

Il ne mentionne pas qu'il ne s'est pas inscrit au chômage.

Quinze heures approchent. Il reprend le chemin de l'Académie. Dmitri se tient à l'entrée.

« Venu rechercher votre fils ? lance-t-il. Je tiens à me trouver ici quand sortent les jeunes. Enfin libres ! Excités, pleins de joie ! J'aimerais tant ressentir cette joie une fois encore, ne fût-ce qu'une minute. Je ne me souviens plus du tout de mon enfance, vous savez, pas un seul instant. Le blanc complet. Je pleure cette perte. Ça nous prépare le terrain, l'enfance. Ça nous enracine dans le monde. Je suis comme un arbre déraciné par la tempête de la vie. Vous voyez ce que je veux dire ? Votre fils est chanceux d'avoir une enfance à lui. Et vous ? Vous avez eu une enfance ? »

Il secoue la tête.

« Non, je suis arrivé déjà formé. On m'a regardé et on a inscrit "âge moyen". Pas d'enfance, pas de jeunesse, pas de souvenirs. Lavé de tout.

– Pas la peine de se lamenter. Au moins, nous avons le privilège de côtoyer des jeunes. Peut-être qu'un brin de leur poussière d'ange va déteindre sur nous. Écoutez ! Fin de la danse pour aujourd'hui. Ils vont dire les grâces. Ils terminent toujours la journée par une prière de remerciement. »

Ensemble, ils écoutent. Un faible bourdonnement qui s'éteint. Puis les portes de l'Académie s'ouvrent brusquement et les enfants descendent à grand bruit l'escalier, filles et garçons, noirs et blonds.

« Dmitri ! Dmitri ! » crient-ils.

Et voilà Dmitri d'un coup entouré. Il pioche dans ses poches et sort des poignées de bonbons qu'il lance en l'air. Les enfants se précipitent à terre.

« Dmitri ! »

Le dernier à sortir, la main dans celle de la señora Arroyo, les yeux baissés, inhabituellement soumis, c'est David dans ses chaussons dorés.

« Au revoir, David, dit la señora Arroyo. Nous te reverrons demain matin. »

Le garçon ne répond pas. Arrivé à la voiture, il monte directement sur la banquette arrière. Il s'endort aussitôt et ne s'éveille qu'à l'approche de la ferme.

Inés l'attend avec des sandwichs et une tasse de cacao. Le garçon mange et boit.

« Comment s'est déroulée ta journée ? » finit-elle par demander.

Pas de réponse.

« Tu as dansé ? »

Il hoche la tête distraitement.

« Tu nous montreras tout à l'heure ce que tu as dansé ? »

Sans répondre, le garçon se hisse sur sa couchette et se roule en boule.

« Qu'est-ce qui ne va pas ? lui murmure-t-elle, à lui, Simón. Il s'est passé quelque chose ? »

Il essaie de la rassurer :

« Il est un peu abasourdi, c'est tout. Il a passé sa journée avec des étrangers. »

Après le dîner le garçon se montre plus ouvert.

« Ana Magdalena nous a enseigné les nombres, leur explique-t-il. Elle nous a appris Deux et Trois. Tu as tort, Simón, et le señor Robles a tort lui aussi, vous avez tort tous les deux, les nombres sont vraiment dans le ciel. C'est là qu'ils vivent, avec les étoiles. Il faut les appeler d'abord afin qu'ils descendent.

– C'est ce que t'a dit la señora Arroyo ?

– Oui. Elle nous a montré comment appeler Deux et Trois. On ne peut pas appeler Un. Un doit descendre de lui-même.

– Tu vas nous montrer comment tu appelles ces nombres ? » demande Inés.

Le garçon secoue la tête.

« Il faut le faire en dansant. Il faut de la musique.

– Et si j'allumais la radio ? suggère Simón. On aurait peut-être de la musique pour danser.

– Non. Il faut que ce soit une musique particulière.

– Pendant la journée, que s'est-il passé d'autre ?

– Ana Magdalena nous a donné des biscuits et du lait. Et des raisins secs.

– Dmitri m'a dit que vous priiez à la fin de la journée. Qui priez-vous ?

– Ce n'est pas une prière. Ana Magdalena fait le bruit de l'arc et nous devons nous mettre en harmonie avec lui.

– C'est quoi, l'arc ?

– Je ne sais pas. Ana Magdalena ne nous laisse pas le voir, elle dit que c'est secret.

– C'est bien mystérieux… Je lui demanderai, la prochaine fois que je la verrai. Il me semble que tu as passé une bonne journée. Tout cela parce que la señora Alma, la señora Consuelo et la señora Valentina se sont intéressées à toi par bonté d'âme. Une académie de danse où l'on apprend à appeler les nombres parmi les étoiles ! Où l'on reçoit des biscuits et du lait des mains d'une belle femme ! Quelle chance nous avons d'avoir atterri ici, à Estrella ! Tu es d'accord ? Te sens-tu chanceux ? Te sens-tu privilégié ? »

Le garçon approuve.

« C'est ce que je pense vraiment. Je pense que nous sommes la famille la plus chanceuse au monde. Maintenant, c'est l'heure de te laver les dents et de passer une bonne nuit, afin d'être au matin prêt à recommencer à danser. »

Les journées prennent une nouvelle configuration. Il réveille le garçon à six heures et demie, lui sert son petit déjeuner. À sept heures ils s'installent dans la voiture. Les routes ne sont pas encombrées ; il le dépose à l'Académie bien avant huit heures. Il gare la voiture sur la place et passe les sept heures suivantes de façon décousue à chercher un emploi, à visiter des appartements ou – le plus souvent – à lire le journal dans un café jusqu'au moment de récupérer le garçon et de le reconduire à la maison.

À ses questions et celles d'Inés sur ses activités scolaires, le garçon répond de façon laconique, avec réticence. Oui, il aime bien le señor Arroyo. Oui, ils apprennent des chansons. Non, ils n'ont pas eu de leçons de lecture. Non, ils ne font pas de calcul. Sur l'arc mystérieux que la señora Arroyo fait vibrer en fin de journée, il ne veut rien dire.

« Pourquoi me demandez-vous ce que j'ai fait aujourd'hui ? lance-t-il. Je ne demande pas ce que vous avez fait. De toute façon, vous ne comprenez pas.

– Qu'est-ce que nous ne comprenons pas ? demande Inés.

– Vous ne comprenez rien. »

Après cela, ils cessent de l'interroger. Laissons-le raconter ses histoires en temps voulu, se disent-ils.

Un soir, lui, Simón, entre par mégarde dans le dortoir des femmes. Inés, à genoux sur le sol, lui jette un regard mécontent. Le garçon, vêtu simplement d'un slip et de ses chaussons dorés, s'arrête dans son élan.

« Va-t'en, Simón ! s'exclame le garçon. Tu n'as pas le droit de regarder !

– Pourquoi ? Qu'est-ce que je n'ai pas le droit de voir ?

– Il répète un mouvement compliqué, dit Inés. Il a besoin de concentration. Éloignez-vous. Fermez la porte. »

Surpris, perplexe, il bat en retraite, puis revient à pas de loup vers la porte pour écouter. Mais aucun bruit ne filtre.

Plus tard, une fois le garçon endormi, il questionne Inés :

« Que se passait-il de si intime que je ne puisse le voir ?

– Il répétait de nouveaux pas de danse.

– Qu'est-ce que ça peut avoir de secret ?

– Il pense que vous ne comprendrez pas. Il pense que vous vous moquerez de lui.

– Puisque nous l'envoyons dans une académie de danse, pourquoi me moquerais-je de le voir danser ?

– Il dit que vous ne comprenez pas les nombres. Il dit que vous êtes hostile. Hostile aux nombres. »

Elle lui montre un diagramme que le garçon a rapporté : des triangles qui se croisent, leurs sommets frappés de chiffres. Il ne voit pas de quoi il s'agit.

« Il dit que c'est la façon dont ils apprennent les nombres, dit Inés. À travers la danse. »

Le matin suivant, en route pour l'Académie, il aborde le sujet :

« Inés m'a montré ton diagramme de danse. À quoi se réfèrent les chiffres ? Indiquent-ils les positions de tes pieds ?

– Ce sont les étoiles, répond le garçon. C'est de l'astrologie. On ferme les yeux en dansant et on voit les étoiles dans sa tête.

– Et compter la mesure ? Le señor Arroyo donne-t-il la mesure pendant que vous dansez ?

– Non. On danse tout simplement. Danser, c'est la même chose que compter.

– Le señor Arroyo ne fait donc que jouer du piano et vous ne faites que danser. Cela ne ressemble à aucune leçon de danse que je connaisse. Je vais demander au señor Arroyo si je peux assister à l'une de ses classes.

– Tu ne peux pas. Tu n'as pas le droit. Le señor Arroyo dit que personne d'autre n'est admis.

– Mais alors quand te verrai-je danser ?

– Tu peux me voir maintenant. »

Il jette un coup d'œil au garçon. L'enfant est assis tranquillement, les yeux fermés, un léger sourire aux lèvres.

« Ce n'est pas de la danse. Tu ne peux pas danser assis dans une voiture.

– Si. Regarde. Je danse encore. »

Il secoue la tête, déconcerté. Ils arrivent à l'Académie. De l'ombre de l'entrée surgit Dmitri. Ce dernier ébouriffe les cheveux bien peignés du garçon.

« Prêt pour une nouvelle journée ? »

Chapitre 7

Inés n'a jamais aimé se lever de bonne heure. Mais au bout de trois semaines sans autre occupation que la conversation de Roberta et l'attente de l'enfant, elle se réveille assez tôt un lundi matin pour se joindre à leur descente en ville. Sa première halte est pour le coiffeur. Ensuite, se sentant mieux, elle s'arrête dans une boutique de prêt-à-porter et s'achète une robe. Bavardant avec la caissière, elle apprend qu'on recherche une vendeuse. À brûle-pourpoint, elle demande à voir la patronne et obtient le job.

Leur déménagement de la ferme vers la ville prend soudain un caractère urgent. Inés se charge de la recherche d'un logement et, en quelques jours, déniche un appartement. Le logis est quelconque, l'environnement morne, mais il est accessible à pied du centre-ville et dispose d'un parc à proximité, où Bolívar pourra s'ébattre.

Ils emballent leurs affaires. Une dernière fois, Simón s'en va flâner dans les champs. Au crépuscule, l'heure magique. Les oiseaux jacassent dans les arbres en se posant pour la nuit. Dans le lointain résonnent les clochettes des moutons. Ont-ils raison, s'interroge-t-il, de quitter cet éden qui leur a fait tant de bien ?

Ils font leurs adieux.

« Nous espérons vous revoir pour les vendanges, dit Roberta.

– Je le promets », répond Simón.

Il remercie la señora Consuelo (la señora Valentina est occupée, la señora Alma aux prises avec ses démons) :

« Je ne trouve pas de mots pour vous exprimer notre gratitude envers vous et vos sœurs. Votre grande générosité.

– Ce n'est rien, répond la señora Consuelo. Dans une autre vie vous ferez la même chose pour nous. Au revoir, jeune David. Nous espérons voir ton nom au firmament. »

La première nuit dans leur nouvel appartement, ils la passent sur le parquet, car les meubles commandés n'ont pas été livrés. Dans la matinée ils achètent des ustensiles de cuisine essentiels. Ils manquent d'argent.

Lui, Simón, prend un emploi payé à l'heure : distribution de publicité à des particuliers. Il a une bicyclette de service, un lourd engin grinçant avec un grand panier vissé à l'avant. Il fait partie d'une équipe de quatre livreurs (il croise rarement les trois autres). On lui a confié le quartier nord-est de la ville. Pendant les heures d'école, il sillonne les rues de son secteur et fourre les brochures dans les boîtes aux lettres : leçons de piano, remèdes contre la calvitie, taille des haies, réparations électriques (tarifs compétitifs). D'une certaine façon, c'est un métier intéressant, bon pour la santé et pas désagréable (sauf quand il lui faut pousser son vélo dans les rues escarpées). C'est une manière de découvrir la ville, de rencontrer des gens, de faire de nouvelles connaissances. Le chant d'un coq le mène dans l'arrière-cour d'un éleveur de poulets ; l'homme s'engage à lui fournir une jeune poule par semaine pour cinq *reales*. Pour un *real* supplémentaire, il abat et prépare la volaille.

L'hiver survient, il craint les jours humides. Il a beau porter une cape imperméable et un chapeau de marin, la pluie finit par lui perler dans le dos. Transi et trempé, il songe parfois à se débarrasser des brochures et à rendre la bicyclette au dépôt. Il est tenté de le faire, mais ne cède pas. Pourquoi ? Il ne sait pas bien. Peut-être se sent-il une obligation envers cette ville qui lui a offert une nouvelle vie. Même s'il ne lui apparaît pas évident qu'une ville, dépourvue de sensations et de sentiments, puisse tirer profit d'une publicité pour un service de vingt-quatre couteaux bon marché dans une jolie boîte.

Il pense au couple Arroyo. Dans une moindre mesure, il contribue à leur entretien en pédalant sous la pluie. Même s'il n'a pas encore eu l'occasion de distribuer de la publicité pour leur académie, ce qu'ils offrent – danser avec les étoiles comme substitut à l'apprentissage des tables de multiplication – n'est pas différent au fond de telle lotion qui redonne vie aux follicules des cheveux ou de telle ceinture à vibrations qui dissout miraculeusement les graisses abdominales, molécule par molécule. À l'instar d'Inés et de lui-même, les Arroyo ont dû débarquer à Estrella avec trois fois rien ; eux aussi ont dû passer la nuit à dormir sur des journaux ; eux aussi ont dû galérer avant que leur académie fonctionne. Comme lui, peut-être, le señor Arroyo a fourré un temps des brochures dans les boîtes aux lettres ; Ana Magdalena au teint d'albâtre s'est peut-être agenouillée pour laver les sols. Une ville où s'entrecroisent les chemins de migrants : s'ils ne vivaient pas d'espoir, s'ils n'avaient pas ajouté leur once d'espérance à l'addition collective, où en serait Estrella aujourd'hui ?

David rapporte une note destinée aux parents. L'Académie organise une soirée portes ouvertes. Le señor et la señora Arroyo détailleront la philosophie de leur enseignement, les élèves offriront un spectacle, un rafraîchissement sera servi par la suite. On incite les parents à venir avec des amis. La cérémonie commencera à dix-neuf heures.

Le soir dit, l'assistance est décevante : guère plus de vingt personnes. Parmi les chaises bien alignées, beaucoup demeurent vides. Prenant place au premier rang, Inés et lui entendent les jeunes danseurs murmurer et glousser derrière le rideau accroché tout au bout du studio.

La señora Arroyo apparaît en robe du soir noire, un châle sur ses épaules nues. Elle fait face un long moment, en silence. Une fois de plus il est frappé par son maintien, sa beauté tranquille.

Elle prend la parole :

« Bienvenue à tous et merci d'être venus en cette soirée froide et humide. Je vais vous parler un peu de l'Académie, des objectifs que mon mari et moi-même souhaitons atteindre avec nos élèves. Pour ce faire, il est nécessaire de tracer un schéma rapide de la philosophie qui sous-tend notre académie. Pour ceux d'entre vous qui en ont déjà une idée, soyez indulgents avec moi, s'il vous plaît.

» Nous le savons, du jour où nous débarquons dans cette vie nous rejetons notre existence antérieure derrière nous. Nous l'oublions. Mais pas entièrement. Quelques bribes en subsistent ; non pas des souvenirs dans le sens habituel du mot mais ce qu'on pourrait appeler des “ombres de souvenirs”. Et puis, à mesure que nous nous accoutumons à notre nouvelle vie, ces ombres finissent même par disparaître, au point que nous oublions entièrement nos origines et que nous acceptons pour seule vie ce que voient nos yeux.

» L'enfant, cependant, le jeune enfant, porte en lui des traces profondes de sa vie antérieure, des ombres de souvenirs qu'il ne peut exprimer par des mots. Les mots lui manquent parce que, à l'instar du monde que nous avons oublié, nous avons perdu la langue permettant de l'évoquer. Tout ce qui subsiste de ce langage primal, c'est une poignée de mots que j'appelle “transcendantaux”, parmi lesquels les noms des chiffres *uno*, *dos*, *tres* sont primordiaux.

» *Uno-dos-tres* : psalmodie toute simple que nous apprenons à l'école, scansion inepte que nous appelons “compter”. Mais par le biais de cette ritournelle y a-t-il moyen de voir ce qui se cache derrière, à savoir le royaume des nombres – les nombres nobles et leurs auxiliaires, impossibles à compter, aussi nombreux que les étoiles, nombres nés de l'union des nombres nobles ? Mon mari et moi, ainsi que nos assistants, nous croyons que cette voie existe. Notre académie se propose de guider les âmes de nos élèves vers ce royaume, de les amener à l'harmonie avec le grand mouvement sous-jacent de l'univers, ou, comme nous préférons dire, avec la “danse” de l'univers.

» Pour faire descendre les nombres de l'espace où ils résident, leur permettre de se manifester parmi nous, leur donner chair, nous nous fondons sur la danse. Oui, ici à l'Académie nous dansons non de manière inélégante, charnelle ou désordonnée, mais corps et âme unis, afin d'amener les nombres à la vie. À mesure que la musique nous pénètre et nous pousse à danser, les nombres cessent d'être des idées, des fantômes, et deviennent réels. La musique évoque sa propre danse, la danse évoque sa musique : aucune ne vient en premier. C'est pourquoi nous nous qualifions d'académie de musique autant que d'académie de danse.

» Si mes paroles vous semblent obscures, chers parents, chers amis de l'Académie, cela démontre seulement la faiblesse des mots. Les mots sont faibles – c'est pourquoi nous dansons. Au cours de la danse, nous appelons les nombres qui vivent parmi les étoiles lointaines. Nous nous rendons à eux par la danse, et tandis que nous dansons, par leur élégance, ils prennent vie parmi nous.

» Certains parmi vous – je le vois à vos regards – demeurent sceptiques. "Que signifient ces chiffres habitant parmi les étoiles dont elle parle ? murmurez-vous. J'utilise tous les jours les chiffres pour mes affaires ou pour mes courses, n'est-ce pas ? Les chiffres ne sont-ils pas nos humbles serviteurs ?"

» Je réponds : les chiffres auxquels vous pensez, ceux dont nous nous servons pour acheter et vendre, ne sont pas de vrais chiffres mais des faux-semblants. Je les appelle des nombres "fourmis". Les fourmis, nous le savons, n'ont pas de mémoire. Elles naissent dans la poussière et meurent dans la poussière. Ce soir, en seconde partie, vous verrez les plus jeunes de nos élèves jouer le rôle des fourmis, mettre en scène des opérations de fourmis, ce que nous appelons la "basse arithmétique", l'arithmétique que nous utilisons pour nos budgets. »

Fourmis. Basse arithmétique. Il se tourne vers Inés.

« Y comprenez-vous quelque chose ? » chuchote-t-il.

Mais, les lèvres comprimées, les yeux plissés, fixés sur Ana Magdalena, Inés refuse de répondre.

Du coin de l'œil il distingue Dmitri, à demi caché dans l'ombre du couloir. En quoi la danse des nombres intéresse-t-elle Dmitri, cet ours ? C'est bien sûr l'oratrice qui l'intéresse.

« Par nature les fourmis sont des créatures obéissantes, continue Ana Magdalena. Leur loi est celle des additions et celle des soustractions. Elles ne font que ça, jour après jour, à toute heure de la journée : se conformer à cette double loi.

» Dans notre académie nous n'enseignons pas la loi des fourmis. Je sais que certains d'entre vous se préoccupent du fait que nous n'enseignons pas à vos enfants les jeux des fourmis, additionner des chiffres aux chiffres et ainsi de suite. J'espère que vous comprenez pourquoi à présent. Nous ne voulons pas transformer vos enfants en fourmis.

» C'est tout. Merci pour votre attention. Accueillons nos artistes. »

Elle fait un signe et s'écarte. Dmitri, dans son uniforme du musée, pour une fois boutonné avec soin, s'avance et tire les rideaux, d'abord celui de gauche, puis celui de droite. En même temps, des nues descend un chant d'orgue en sourdine.

Sur scène apparaît un seul personnage, un garçon de onze ou douze ans, portant des chaussons dorés et une toge blanche qui lui laisse une épaule dénudée. Les bras dressés au-dessus de sa tête il fixe le lointain. Il garde la pose tandis que l'organiste, qui ne peut être que le señor Arroyo, se lance dans une série de fioritures. Puis, en harmonie avec la musique, il se met à danser. La danse consiste à glisser d'un point à un autre en travers de la scène, parfois lentement, parfois vite, en s'arrêtant presque à chaque point sans véritablement s'immobiliser. Le schéma de la chorégraphie, la relation d'un point à un autre, reste obscur ; les mouvements du garçon sont gracieux mais peu variés. Lui, Simón, ne s'y intéresse plus, ferme les yeux et se concentre sur la musique.

Les notes aiguës de l'orgue sont métalliques, les notes graves sans résonance. Mais la musique elle-même s'empare de lui. Le calme le gagne ; il sent en lui – dans son âme ? – quelque chose qui capte le tempo et se meut au même rythme. Il tombe en transe douce.

La musique se fait plus complexe, puis plus simple. Il ouvre les yeux. Un second danseur est arrivé en scène, tellement semblable au premier qu'il doit être son petit frère. Lui aussi glisse d'un point invisible à un autre. De temps à autre leurs chemins se croisent, sans jamais frôler la collision. Aucun doute, ils ont répété si souvent ensemble que chacun connaît les pas de l'autre par cœur ; cependant il semble s'en dégager plus que cela, une logique qui dicte leur traversée. Une logique qu'il ne saisit pas tout à fait, mais qu'il pense être sur le point de comprendre.

La musique s'achève. Les danseurs retournent au point de départ et reprennent leur pose statique. Dmitri referme le rideau gauche, puis le droit. L'auditoire applaudit de façon inégale, il s'y joint. Inés aussi bat des mains.

Ana Magdalena s'avance à nouveau. Il émane d'elle un éclat qui provient – il est prêt à le croire – de la danse, ou de la musique, ou de la danse et de la musique mêlées ; il ressent en lui-même un certain rayonnement.

« Ce que vous venez de voir, ce sont le Nombre Trois et le Nombre Deux, exécutés par deux de nos danseurs confirmés. Pour terminer le spectacle de ce soir, nos jeunes élèves vont vous présenter la danse des fourmis dont j'ai parlé. »

Dmitri rouvre les rideaux. Rangés en une colonne, huit enfants, garçons et filles, en short et maillot, portant des casquettes vertes avec des antennes qui se balancent et indiquent leur état de fourmis. David est en tête.

À l'orgue, le señor Arroyo entame une marche en accentuant son rythme mécanique. Lançant de grands pas à droite et à gauche, devant et derrière, les fourmis se regroupent en deux colonnes de quatre. Elles restent dans cette position pendant quatre mesures, marchant sur place, puis elles se replacent en quatre colonnes de deux. Elles conservent cet ordre, au pas. Puis elles se transforment en une seule rangée de huit. Elles marchent ainsi. Soudain elles rompent les rangs alors que la musique abandonne son staccato et devient une succession retentissante d'accords peu harmonieux. Elles volettent à travers la scène, bras écartés comme des ailes, se cognant presque (dans un cas, deux enfants se heurtent et tombent par terre dans un fou rire paroxystique). Le rythme de la marche s'impose à nouveau et les fourmis se rassemblent prestement dans leur colonne originale.

Dmitri, radieux, ferme les rideaux. L'assemblée applaudit bruyamment. La musique ne s'arrête pas. Dmitri écarte d'un grand geste les rideaux pour montrer la colonne des insectes marchant toujours au pas. Applaudissements redoublés.

« Qu'en pensez-vous ? demande-t-il à Inés.

– Ce que j'en pense ? Qu'il soit heureux, c'est tout ce qui compte.

– Je suis d'accord. Mais qu'avez-vous pensé du discours ? Qu'avez-vous pensé… »

David l'interrompt en déboulant auprès d'eux, rouge et excité, toujours coiffé des antennes mobiles :

« Vous m'avez vu ?

– Bien sûr, nous t'avons vu, répond Inés. Nous étions très fiers de toi. Tu étais le chef des fourmis.

– J'étais le chef, mais les fourmis ne sont bonnes à rien. Elles ne font que marcher au pas. La prochaine fois, a dit Ana Magdalena, je danserai une vraie danse. Mais il me faudra faire plein d'exercices.

– C'est bien. C'est quand, la prochaine fois ?

– Au prochain spectacle. Je peux avoir du gâteau ?

– Autant que tu veux. Pas la peine de demander. Le gâteau est pour nous tous. »

Il jette un regard alentour en quête du señor Arroyo. Il est curieux de rencontrer cet individu, de savoir s'il croit à ce royaume supérieur où vivent les nombres, ou s'il ne fait que jouer de l'orgue, laissant les affaires transcendantales à sa femme. Mais le señor Arroyo est invisible : les quelques hommes dans la salle sont à l'évidence des parents d'élèves, comme lui.

Inés est en grande conversation avec une des mères. Elle lui fait signe de venir.

« Simón, voici la señora Hernández. Son fils jouait aussi une fourmi. *Señora*, voici mon ami Simón. »

Amigo : ami. Ce terme, Inés ne l'a pas employé auparavant. C'est donc ce qu'il est, ce qu'il est devenu ?

« Isabella, dit la señora Hernández. Appelez-moi Isabella, s'il vous plaît.

– Inés, dit Inés.

– J'étais en train de la complimenter au sujet de votre fils. C'est un acteur sûr de lui, n'est-ce pas ?

– C'est un enfant sûr de lui, répond Simón. Il a toujours été comme ça. Comme vous pouvez l'imaginer, il n'est pas facile à éduquer. »

Isabella lui lance un regard perplexe.

« Il est sûr de lui, mais cette confiance en lui n'est pas toujours bien fondée, continue-t-il en s'embrouillant. Il croit qu'il possède des pouvoirs qu'il n'a pas vraiment. Il est encore très jeune…

– David a appris à lire tout seul, coupe Inés. Il lit *Don Quichotte*.

– Une version abrégée pour enfants, dit-il, mais oui, c'est vrai, il a appris tout seul, sans aide extérieure.

– Dans cette académie, on n'est pas porté sur la lecture, constate Isabella. On nous dit que la lecture viendra plus tard. Tant qu'ils sont jeunes, ils se concentrent sur la danse – la musique et la danse. Et pourtant, elle est convaincante, Ana Magdalena, n'est-ce pas ? Elle parle fort bien. Vous ne trouvez pas ?

– *Quid* de ce royaume supérieur d'où descendent les chiffres, le saint Nombre Deux et le saint Nombre Trois – vous avez compris ce passage ? »

Un petit garçon qui doit être le fils d'Isabella s'approche furtivement, les lèvres cerclées de chocolat. Elle déniche un mouchoir en papier et lui essuie la bouche ; il se laisse faire avec patience.

« Enlevons ces drôles d'oreilles et rendons-les à Ana Magdalena, intime-t-elle. Tu ne peux pas rentrer à la maison déguisé en insecte. »

La soirée se termine. Ana Magdalena salue les parents sur le pas de la porte. Il serre sa main froide.

« Merci de transmettre mes remerciements au señor Arroyo, dit-il. Je suis désolé de ne pas l'avoir rencontré. C'est un bon musicien. »

Ana Magdalena opine. Un instant ses yeux bleus fixent les siens. Son regard me traverse, pense-t-il, déstabilisé. Elle me transperce et ne m'aime pas. Ce n'est peut-être pas une antipathie personnelle. Cette femme n'aime peut-être aucun des pères de ses élèves, des rivaux face à son autorité. Peut-être a-t-elle une aversion pour les hommes, tous sauf l'invisible Arroyo.

Eh bien, si elle ne l'aime pas, elle lui déplaît aussi. Il en est surpris : il n'éprouve pas souvent d'antipathie pour une femme, notamment une belle femme. Or cette femme est belle, sans aucun doute, un genre de beauté qui résiste à tout examen approfondi : traits parfaits, peau parfaite, visage parfait, allure parfaite. Elle est belle et pourtant elle le repousse. Elle a beau être mariée, il l'associe à la lune, à sa lumière froide, sa chasteté cruelle et persécutrice. Est-il sage de mettre leur garçon – tout garçon, toute fille – entre ses mains ? Qu'en sera-t-il si, à la fin de l'année, l'enfant sort de son emprise aussi froid et persécuteur qu'elle ? Car tel est son jugement sur elle, sur sa religion des étoiles et l'esthétique géométrique de sa danse. Livide, asexuée, inerte.

Sur la banquette arrière de la voiture le garçon s'est endormi, le ventre plein de gâteau et de limonade. Simón hésite cependant à faire part de ses réflexions à Inés : même dans un sommeil profond David semble entendre ce qui se dit autour de lui. Il retient sa langue jusqu'à ce que l'enfant soit au lit en toute sécurité.

« Inés, êtes-vous certaine que nous avons fait le bon choix ? Ne faudrait-il pas chercher une école un peu moins… extrême ? »

Inés ne pipe mot.

« Je n'ai pas saisi le discours de la señora, insiste-t-il. J'ai trouvé gentiment fou le peu que j'ai compris. Ce n'est pas une enseignante, c'est une prêcheuse. Son mari et elle ont construit une religion et ils cherchent à présent des fidèles à convertir. David est trop jeune, trop impressionnable, pour être exposé à ce genre de chose. »

Inés prend la parole :

« Quand j'étais institutrice, nous avions monsieur P, le postier qui sifflotait, le chat C qui ronronnait et le train T qui sifflait. Chaque lettre avait sa propre personnalité et un son propre. Nous formions les mots en plaçant les lettres les unes après les autres. C'est ainsi qu'on apprend à lire et à écrire aux petits enfants.

– Vous étiez institutrice ?

– Nous faisions la classe aux enfants des domestiques à La Residencia.

– Vous ne me l'aviez jamais dit.

– Chaque lettre de l'alphabet a une personnalité. Elle donne une personnalité aux nombres, Ana Magdalena. *Uno, dos, tres.* Elle leur donne vie. C'est ainsi qu'on enseigne aux petits enfants. Ce n'est pas une religion. Je vais me coucher. Bonne nuit. »

Cinq élèves de l'Académie sont pensionnaires, les autres sont externes. Les pensionnaires habitent chez les Arroyo parce qu'ils viennent de districts trop éloignés dans la province pour faire la navette. Ces cinq-là, plus le jeune appariteur et les deux fils du señor Arroyo, reçoivent un vrai repas, préparé par Ana Magdalena. Les externes apportent leur casse-croûte. Chaque soir Inés boucle le panier-repas de David et le range dans le réfrigérateur : des sandwichs, une pomme ou une banane, et une friandise, un chocolat ou un cookie.

Un soir, tandis qu'elle le prépare, David annonce :

« À l'école il y a des filles qui ne mangent pas de viande. Elles disent que c'est cruel. C'est vraiment cruel, Inés ?

– Si on ne mange pas de viande, on ne devient pas fort. On ne grandit pas.

– Mais est-ce cruel ?

– Non, ce n'est pas cruel. Les animaux ne ressentent rien du tout quand on les tue. Ils n'ont pas les mêmes sentiments que nous.

– J'ai demandé au señor Arroyo si c'était cruel. Il m'a dit que les animaux ne faisaient pas de syllogismes, et que donc ce n'était pas cruel. Que veut dire "syllogisme" ? »

Inés est déconcertée. Simón intervient :

« Ce qu'il veut dire, il me semble, c'est que les animaux ne pensent pas avec logique, comme nous. Ils ne peuvent pas faire de déductions logiques. Ils ne comprennent pas qu'on les rassemble pour aller à l'abattoir, même si tout l'indique, ils n'ont donc pas peur.

– Ça leur fait mal ?

– D'être abattus ? Non, si l'équarrisseur est habile. De la même façon que tu n'as pas mal chez le docteur, si le docteur est habile.

– Ce n'est donc pas cruel, n'est-ce pas ?

– Non, ce n'est pas particulièrement cruel. Un bœuf, grand et fort, le sent à peine. Pour un bœuf, c'est comme une piqure d'aiguille. Ensuite il ne ressent plus rien.

– Mais pourquoi faut-il qu'ils meurent ?

– Pourquoi ? Parce qu'ils sont comme nous. Nous sommes mortels, eux aussi, et tous les mortels meurent. C'est ce à quoi songe le señor Arroyo quand il plaisante à propos des syllogismes. »

Le garçon hoche la tête avec impatience.

« Pourquoi faut-il qu'ils meurent pour nous donner leur viande ?

– C'est ce qui se passe quand on découpe un animal : il meurt. Si on coupe la queue à un lézard, elle va repousser. Mais un bœuf n'est pas un lézard. Si on coupe la queue d'un bœuf, elle ne repoussera pas. Si on lui coupe une patte, il saignera à mort. David, j'aimerais que tu ne ressasses pas ces choses. Les bœufs sont de bonnes créatures. Ils nous veulent du bien. Dans leur langue, ils se disent : Si le jeune David a besoin de manger ma viande afin de grandir et de forcir, je la lui donne bien volontiers. N'est-ce pas ainsi, Inés ? »

Inés approuve.

« Alors pourquoi ne mangeons-nous pas les gens ?

– Parce que c'est dégoûtant, répond Inés. Voilà pourquoi. »

Chapitre 8

Comme par le passé Inés n'a jamais montré le moindre intérêt pour la mode, il s'attend à ce qu'elle ne fasse pas long feu à Modas Modernas. Il se trompe. Elle se révèle bonne vendeuse, notamment avec la clientèle âgée, qui apprécie sa patience. Elle se débarrasse de sa garde-robe apportée de Novilla et se met à porter des vêtements nettement plus tendance, achetés en solde ou empruntés au magasin.

Elle se lie rapidement d'amitié avec Claudia, la propriétaire, une femme de sa génération. Elles déjeunent ensemble au café du coin ou s'achètent des sandwichs qu'elles mangent dans la réserve, où Claudia s'épanche à propos de son fils qui a de mauvaises fréquentations et s'apprête à laisser tomber l'école ; également, mais en termes moins explicites, sur son mari cavaleur. Est-ce qu'à son tour Inés se confie, elle ne le dit pas – du moins pas à lui, Simón.

En vue de la nouvelle saison, Claudia part s'approvisionner à Novilla, laissant la responsabilité du magasin à Inés. Cette soudaine promotion suscite la colère de la caissière, Inocencia, qui travaille à Modas Modernas depuis son ouverture. Le retour de Claudia apporte un soulagement général.

Simón écoute la nuit les histoires d'Inés sur les hauts et les bas de la mode, sur les clients pénibles ou hyper ennuyeux, sur sa rivalité non voulue avec Inocencia. Inés ne montre aucune curiosité pour les petites aventures qui surviennent pendant ses tournées à lui.

Claudia invite Inés à l'accompagner lors de son prochain déplacement à Novilla. Inés s'enquiert de son avis à lui, Simón. Doit-elle s'y rendre ? Que se passera-t-il si on la reconnaît, si elle est arrêtée par la police ? Il se moque de ses craintes. Le délit d'aide et d'encouragement à l'absentéisme scolaire d'un mineur, dit-il, figure tout en bas de l'échelle des turpitudes. Le dossier de David se trouve enterré sous un monceau d'autres dossiers ; quand bien même il ne le serait pas, la police a bien mieux à faire que de ratisser les rues à la recherche des parents délinquants.

Inés accepte donc l'invitation de Claudia. Elles prennent le train de nuit pour Novilla et passent la journée à faire leurs choix dans l'entrepôt d'un distributeur situé dans le quartier industriel de la ville. Lors d'une pause, Inés téléphone à La Residencia pour parler à son frère Diego. Sans préliminaires Diego lui intime de rendre la voiture (*sa* voiture, dit-il). Inés refuse, mais elle propose de lui verser la moitié de sa valeur s'il la lui laisse. Il en réclame les trois quarts ; elle tient bon et il capitule.

Elle demande à parler à Stefano, son autre frère. Diego lui apprend que Stefano n'habite plus à La Residencia. Il est parti vivre en ville avec sa petite amie qui attend un bébé.

Inés en déplacement ou préoccupée par les activités de la boutique, il lui incombe, à lui, Simón, de veiller aux besoins de David. Outre le fait de l'accompagner le matin à l'Académie et de le ramener à la maison l'après-midi, il se charge de lui préparer ses repas.

Dans l'art de cuisiner sa maîtrise est rudimentaire, mais heureusement ces jours-ci le garçon a tellement faim qu'il mange tout ce qu'on lui présente. Il engouffre d'énormes portions de purée et de petits pois ; il attend avec impatience le poulet grillé du week-end.

Il grandit vite. Très grand, il ne le deviendra jamais, mais ses membres sont solides et il déborde d'énergie. Au retour de l'école, il se précipite dans des parties de football avec les autres garçons de l'immeuble. Il a beau être le plus jeune, sa détermination et sa solidité lui valent le respect des aînés et des costauds. Sa façon de courir – épaules courbées, tête baissée, coudes au corps – est peut-être bizarre, mais il est rapide et difficile à faire tomber.

Au début, Simón tenait Bolívar en laisse pendant que le garçon jouait, par crainte que le chien ne se rue sur le terrain et n'attaque quiconque menacerait son jeune maître. Le chien a vite appris que courir derrière une balle n'était qu'un jeu, un jeu d'humains. Il se satisfait d'être assis sur la ligne de touche, indifférent au match, profitant de la tiédeur du soleil et du riche mélange des senteurs.

Bolívar a sept ans, selon Inés. Mais lui, Simón, se demande s'il n'est pas plus âgé. Il est certainement dans la dernière phase de sa vie, la phase du déclin. Il commence à prendre du poids ; bien qu'il ne soit pas châtré, il semble avoir perdu son intérêt pour les chiennes. Il est aussi devenu moins abordable. Les autres chiens se montrent prudents à son égard. Il lui suffit de lever la tête et d'émettre un grondement sourd pour qu'ils éloignent furtivement.

Lui, Simón, est l'unique spectateur de ces matchs rugueux, dont l'action est continuellement interrompue par des disputes entre joueurs. Un jour, une délégation de garçons plus âgés l'aborde pour lui demander d'être arbitre. Il décline l'offre : « Je suis trop vieux, pas assez en forme. » Ce n'est pas entièrement vrai ; mais, rétrospectivement, il est content d'avoir refusé et subodore que David l'est aussi.

Il se demande si les garçons de l'immeuble s'interrogent à son sujet : est-il le père de David, son grand-père, un oncle ? Quelle histoire David leur a-t-il racontée ? L'homme qui regarde leurs parties de football partage un logis avec sa mère, mais dormirait cependant seul. David est-il fier de lui, a-t-il honte de lui, est-il fier et honteux à la fois ? Ou bien un garçon de six ans, bientôt sept, est-il trop jeune pour avoir des sentiments ambivalents ?

Au moins, les garçons respectent le chien. La première fois qu'il est arrivé avec le chien, ils ont fait cercle autour de lui. « Il s'appelle Bolívar, a annoncé David. C'est un berger allemand. Il ne mord pas. » Bolívar le Germanique fixait calmement le lointain, permettant aux garçons de l'admirer.

Dans l'appartement, lui, Simón, se comporte plutôt comme un locataire que comme un membre à part entière de la famille. Il veille à ce que sa chambre soit toujours propre et bien rangée. Il ne laisse pas ses articles de toilette dans la salle de bains, ni son manteau accroché près de la porte d'entrée. Comment Inés explique à Claudia et à ses connaissances son rôle à lui dans sa vie à elle, il l'ignore. À l'écouter, elle ne l'a assurément jamais désigné comme son mari ; si elle préfère le présenter comme un locataire, il veut bien jouer le jeu.

Inés est une femme difficile. Cependant il ressent pour elle une admiration croissante, une affection croissante également. Qui aurait pu penser qu'elle laisserait tomber sa vie facile à La Residencia pour se vouer avec tant de simplicité au destin de cet enfant têtu !

« Sommes-nous une famille, toi, Inés et moi ? demande le garçon.

– Bien sûr nous sommes une famille, répond-il comme il sied. Les familles prennent des formes multiples. Nous sommes une des formes qu'une famille peut prendre.

– Mais faut-il que nous soyons une famille ? »

Il a pris la résolution de ne pas céder à l'irritation, de considérer les questions du garçon avec sérieux, même quand elles sont vaines.

« Si nous le voulions, nous pourrions être moins qu'une famille. Je pourrais déménager dans un logement à moi et te voir de temps à autre. Ou bien Inés pourrait tomber amoureuse, se marier et t'emmener chez son nouveau mari. Mais ces chemins, aucun de nous ne veut les prendre.

– Bolívar n'a pas de famille.

– Nous sommes la famille de Bolívar. Nous veillons sur Bolívar, il veille sur nous. Mais tu as raison, Bolívar n'a pas de famille, pas de famille canine. Quand il était petit il a eu une famille, en grandissant il a trouvé qu'il n'en avait plus besoin. Bolívar préfère vivre seul et rencontrer des chiens dans la rue, au hasard. Tu pourras prendre pareille décision quand tu seras grand : vivre seul, sans famille. Mais tant que tu es petit tu as besoin de nous pour veiller sur toi. Nous sommes donc ta famille : Inés, Bolívar et moi. »

Si nous le voulions, nous pourrions être moins qu'une famille. Deux jours après cette conversation le garçon annonce tout d'un coup qu'il veut devenir pensionnaire à l'Académie.

Simón cherche à le décourager :

« Pourquoi partir pour l'Académie alors que tu as la belle vie ici ? Tu vas terriblement manquer à Inés. Tu vas me manquer.

– Je ne vais pas manquer à Inés. Inés ne m'a jamais reconnu.

– Mais si.

– Elle a dit qu'elle ne l'a pas fait.

– Inés t'aime. Elle te chérit.

– Mais elle ne m'a pas reconnu. Le señor Arroyo me reconnaît.

– Si tu vas chez le señor Arroyo, tu n'auras plus ta chambre à toi. Tu dormiras dans un dortoir avec d'autres enfants. Quand tu te sentiras seul au milieu de la nuit, tu n'auras personne pour te consoler : le señor Arroyo et Ana Magdalena ne te laisseront certainement pas entrer dans leur lit. Tu n'auras personne pour jouer au foot avec toi l'après-midi. À dîner tu auras des carottes et du chou-fleur que tu détestes, au lieu de la purée en sauce. Et Bolívar ? Bolívar ne comprendra pas ce qui se passe. Où est mon jeune maître ? se dira-t-il. Pourquoi m'a-t-il abandonné ?

– Bolívar peut me rendre visite. Tu peux l'amener avec toi.

– Devenir pensionnaire, c'est une décision importante. On pourrait la prendre au prochain trimestre afin de nous donner le temps d'y réfléchir à loisir.

– Non. Je veux devenir pensionnaire maintenant. »

Il en parle à Inés.

« Je ne sais pas ce qu'Ana Magdalena a pu lui promettre. Je pense que c'est une mauvaise idée. Il est beaucoup trop jeune pour quitter la maison. »

Inés n'est pas d'accord, à sa surprise.

« Laissons-le partir. Il va bientôt nous supplier de rentrer. Ça lui fera une leçon. »

C'est la dernière chose à laquelle il s'attendait : qu'elle abandonne aux Arroyo son précieux fils.

« Cela coûtera cher, dit-il. Discutons-en avec les trois sœurs afin d'avoir leur sentiment. Après tout, il s'agit de leur argent. »

Bien qu'ils n'aient plus été invités à la résidence à Estrella, ils prennent soin de maintenir le lien avec Roberta au domaine, et de passer à l'occasion lorsque les sœurs s'y trouvent, histoire d'indiquer qu'ils n'oublient pas leur générosité. Lors de ces visites, David se montre inhabituellement enclin à parler de l'Académie. Les sœurs ont entendu son exposé sur les nombres nobles et les nombres auxiliaires, ont vu certains mouvements des danses simples, le Deux et le Trois, ces danses qui, bien exécutées, peuvent faire descendre les nombres nobles des étoiles. Elles ont été charmées par sa grâce et impressionnées par la gravité avec laquelle il présente l'enseignement insolite de l'Académie. C'est un défi d'un autre genre qui attend le garçon lors de cette nouvelle visite : leur expliquer pourquoi il veut quitter la maison et vivre chez les Arroyo.

« Es-tu certain que le señor et la señora Arroyo ont de la place pour toi ? demande Consuelo. Si je comprends bien – rectifiez, Inés, si je me trompe –, ils ne sont que deux, et ils ont déjà de nombreux pensionnaires, en plus de leurs enfants. Qu'as-tu contre le fait de vivre avec tes parents ?

– Ils ne me comprennent pas. »

Consuelo et Valentina échangent un regard.

« "Mes parents ne me comprennent pas", dit Consuelo d'un ton pensif. Où ai-je déjà entendu ces paroles ? Dis-moi, jeune homme : est-ce tellement important que tes parents te comprennent ? Cela ne suffit pas qu'ils soient de bons parents ?

– Simón ne comprend pas les nombres, dit le garçon.

– Moi non plus. Je les laisse à Roberta. »

Le garçon garde le silence.

« As-tu bien réfléchi à tout cela, David ? demande Valentina. Ta décision est-elle ferme ? Es-tu certain que tu ne changeras pas d'avis au bout d'une semaine chez les Arroyo en réclamant de rentrer à la maison ?

– Je ne changerai pas d'avis.

– Très bien », dit Consuelo. Elle jette un coup d'œil à Valentina et Alma. « Ton vœu sera satisfait, tu peux devenir pensionnaire à l'Académie. Nous discuterons des frais avec la señora Arroyo. Mais le reproche à l'égard de tes parents, le fait qu'ils ne te comprennent pas, cela nous peine. Il nous semble que c'est beaucoup exiger : non seulement qu'ils soient de bons parents, mais aussi qu'ils te comprennent. Moi, à coup sûr, je ne te comprends pas.

– Moi non plus », dit Valentina.

Alma garde le silence.

« Tu devrais remercier la señora Consuelo, la señora Valentina et la señora Alma, suggère Inés.

– Merci », dit le garçon.

Le matin suivant, au lieu de se rendre à Modas Modernas, Inés les accompagne à l'Académie.

« David dit qu'il veut devenir pensionnaire chez vous, annonce-t-elle à Ana Magdalena. Je ne sais pas qui lui a mis cette idée en tête, et je ne vous le demande pas. Je veux simplement savoir : avez-vous de la place pour lui ?

– C'est vrai, David ? Tu veux devenir pensionnaire chez nous ?

– Oui, répond le garçon.

– Et vous êtes contre cela, *señora* ? demande Ana Magdalena. Si vous vous opposez à cette idée, pourquoi ne pas dire “non” tout simplement ? »

Elle s'adresse à Inés, mais c'est lui, Simón, qui répond :

« Nous ne nous opposons pas à sa dernière exigence pour la simple raison que nous n'en avons pas la force. Avec nous, David n'en fait qu'à sa tête. Nous sommes devenus un genre de famille avec un maître et deux serviteurs. »

Inés ne trouve pas ça drôle. Ana Magdalena non plus. Mais David sourit avec sérénité.

« Les filles aiment la sécurité, dit Ana Magdalena, mais c'est différent pour les garçons. Pour certains garçons, quitter la maison c'est la grande aventure. Cependant, David, il me faut t'avertir : si tu viens vivre avec nous, tu ne seras plus le maître. Chez nous, le maître c'est le señor Arroyo, les garçons et les filles écoutent ce qu'il dit. Tu acceptes cela ?

– Oui.

– C'est juste pour la semaine, glisse Inés. Le weekend il revient à la maison.

– Je vais vous mettre par écrit la liste des effets à préparer. Ne vous inquiétez pas : si je le vois solitaire, se languissant de ses parents, je vous appellerai. Alyosha veillera aussi sur lui. Alyosha est sensible à ce genre de situation…

– Alyosha, coupe Simón. Qui est Alyosha ?

– C'est l'homme qui s'occupe des pensionnaires, dit Inés. Je vous en ai parlé. Vous n'avez pas écouté ?

– Alyosha est le jeune homme qui nous donne un coup de main, continue Ana Magdalena. C'est un pur produit de l'Académie, il connaît donc notre façon de faire. Il est tout spécialement en charge des pensionnaires. Il prend ses repas avec eux et dispose d'une chambre à côté du dortoir. Il est sensible, d'un bon naturel, très sympathique. Je vous le présenterai. »

Le passage d'externe à pensionnaire se révèle la plus simple des opérations. Inés achète une valise dans laquelle ils mettent quelques articles de toilette et des vêtements de rechange. Le garçon y ajoute *Don Quichotte*. Le matin suivant, en guise d'au-revoir il colle un baiser à Inés et descend la rue avec lui, Simón, à la traîne avec la valise.

Comme d'habitude, Dmitri attend à la porte.

« Ah ha, le jeune maître vient donc prendre résidence, dit-il en lui ôtant la valise des mains. Un grand jour, assurément. Un jour à chanter, à danser, à tuer le veau gras.

– Au revoir, mon garçon, dit-il, Simón. Sois sage et je te retrouve vendredi.

– Je suis sage. Je suis toujours sage. »

Il regarde Dmitri et le garçon disparaître par l'escalier. Puis, mû par une impulsion, il les suit. Il parvient au studio de danse juste à temps pour saisir l'image du garçon trottant vers les profondeurs de l'appartement, la main dans celle d'Ana Magdalena. Un sentiment de perte le submerge comme un brouillard. Les larmes lui viennent aux yeux, qu'il essaie en vain de cacher.

Dmitri lui pose un bras consolateur sur l'épaule.

« Calmez-vous. »

Au lieu de se calmer, il éclate en sanglots. Dmitri l'attire sur sa poitrine ; il n'oppose aucune résistance. Il se permet un énorme sanglot, un autre, un troisième, inhalant, à chaque respiration profonde et frissonnante, des odeurs de tabac et de serge. Je me laisse aller, songe-t-il, je me laisse aller. C'est excusable chez un père.

Les larmes se tarissent. Il se libère, s'éclaircit la gorge, murmure un mot qui se veut de gratitude mais qui s'échappe comme une sorte de gargarisme, et se précipite en bas de l'escalier.

Chez eux, ce soir-là, il raconte l'épisode à Inés, épisode qui rétrospectivement lui semble de plus en plus étrange – plus qu'étrange, bizarre.

« Je ne sais pas ce qui m'a pris. Après tout, ce n'est pas comme si l'enfant avait été enlevé, emprisonné. S'il se sent seul, s'il ne s'entend pas avec cet Alyosha, il peut revenir dans la demi-heure, comme Ana Magdalena l'a dit. Pourquoi donc étais-je si navré ? Devant Dmitri, qui plus est ! Dmitri ! »

Mais Inés a l'esprit ailleurs.

« J'aurais dû mettre son pyjama chaud dans la valise. Si je vous le donne, vous le porterez demain ? »

Le lendemain matin il remet à Dmitri le pyjama dans un paquet en papier kraft avec le nom de David marqué dessus.

« Des vêtements chauds de la part d'Inés, dit-il. Ne le donnez pas à David lui-même, il est trop étourdi. Confiez-le à Ana Magdalena, ou, mieux encore, au jeune homme qui s'occupe des pensionnaires.

– Alyosha. Je le lui remettrai sans faute.

– Inés craint que David n'attrape froid la nuit. C'est dans sa nature – de s'inquiéter. Par ailleurs, je vous prie de m'excuser de m'être donné en spectacle hier. Je ne sais pas ce qui m'a pris.

– C'est l'amour, dit Dmitri. Vous aimez le garçon. Ça vous a brisé le cœur de le voir vous tourner le dos de la sorte.

– Tourner le dos ? Vous vous trompez. David ne nous tourne pas le dos. Loin de là. Il est pensionnaire à l'Académie juste pour un temps, une lubie de sa part, une expérience. Quand il sera lassé, ou malheureux, il reviendra à la maison.

– Les parents sont toujours abattus quand leurs rejetons quittent le nid. C'est naturel. Vous avez le cœur tendre, je le vois. Moi aussi, j'ai le cœur tendre sous une carapace rugueuse. Il ne faut pas en avoir honte. C'est notre nature, la vôtre, la mienne. Nous sommes nés ainsi. Nous sommes des doux. » Il sourit. « Pas comme votre Inés. *Un corazón de cuero.*

– Vous ne savez pas de quoi vous parlez, dit-il avec raideur. Il n'y a pas de mère plus dévouée qu'Inés.

– *Un corazón de cuero*, répète Dmitri. Un cœur de cuir. Si vous ne me croyez pas, attendez pour voir. »

Il allonge sa tournée en bicyclette autant qu'il le peut, pédalant avec lenteur, lambinant au coin des rues. La soirée qui s'annonce bâille comme un désert. Il dégote un bar et commande du *vino de paja*, un vin âpre auquel il a pris goût à la ferme. Au moment de partir il se sent agréablement éméché. Mais, sans tarder, la mélancolie oppressante revient. Je dois trouver quelque chose à faire, se dit-il. On ne peut pas vivre ainsi, à tuer le temps !

Un corazón de cuero. Si quelqu'un a le cœur dur, c'est bien David et non Inés. Sur l'amour d'Inés pour l'enfant, sur le sien, il n'y a aucun doute. Mais est-ce bon pour l'enfant que, par amour, ils cèdent si facilement à ses désirs ? Une sagesse aveugle se niche peut-être dans les institutions de la société. Peut-être, au lieu de considérer le garçon comme un petit prince, devraient-ils le remettre à l'école publique afin que les instituteurs le dressent, le transforment en animal social.

Il a mal à la tête, il rentre à l'appartement, s'enferme dans sa chambre et s'endort. À son réveil, il fait nuit, Inés est à la maison.

« Je suis désolé. J'étais épuisé, je n'ai pas préparé le dîner.

– J'ai déjà mangé », dit Inés.

Chapitre 9

Au cours des semaines qui suivent, la fragilité de leur vie commune éclate au grand jour. En termes simples, l'enfant parti, Inés et lui n'ont plus de raison de vivre ensemble. Ils n'ont rien à se dire ; ils n'ont presque rien à partager. Inés remplit le silence de bavardages sur Modas Modernas qu'il écoute à peine. Quand il ne fait pas ses tournées à bicyclette, il reste dans sa chambre à lire le journal ou à somnoler. Il ne fait ni les courses ni la cuisine. Inés se met à rentrer tard, passant probablement ses soirées avec Claudia, même si elle ne fournit aucune explication. Seules les visites du garçon le week-end confèrent un semblant de vie de famille.

Un vendredi, arrivant à l'Académie pour prendre le garçon, il trouve porte close. Après une longue quête, il traque Dmitri dans le musée.

« Où est David ? demande-t-il. Où sont les enfants ? Où sont les Arroyo ?

– Ils sont partis nager. On ne vous l'a pas dit ? Ils sont en excursion au lac Calderón. Un régal pour les pensionnaires, maintenant que le temps se réchauffe. J'aurais bien aimé y aller, mais, hélas, j'ai mes obligations.

– Quand reviendront-ils ?

– Si le temps reste au beau fixe, dimanche après-midi.

– Dimanche !

– Dimanche. Pas de souci. Votre garçon s'y plaira beaucoup.

– Mais il ne sait pas nager !

– Le lac Calderón est le plan d'eau le plus paisible au monde. Personne ne s'y est jamais noyé. »

La nouvelle attend Inés à son retour au logis : le garçon est en excursion au lac Calderón, ils ne le verront pas de tout le week-end.

« Où est donc le lac Calderón ? demande-t-elle.

– À deux heures de route vers le nord. Selon Dmitri, le lac Calderón est une expérience éducative à ne pas manquer. On emmène les enfants dans des bateaux à fond transparent pour voir la vie subaquatique.

– Dmitri ! Maintenant Dmitri est devenu expert en éducation…

– Nous pouvons partir tôt demain matin, si vous voulez. Juste pour nous assurer que tout se passe bien. Nous dirons bonjour à David ; s'il est malheureux, nous le ramènerons. »

C'est ce qu'ils font. Ils partent pour le lac avec Bolívar ronflant sur la banquette arrière. Le ciel est sans nuages, la journée promet d'être chaude. Ils manquent l'embranchement ; il est déjà midi quand ils trouvent un petit campement près du lac, une maison d'une seule pièce avec une boutique offrant des glaces, des sandales en plastique, des articles de pêche et des appâts.

« Je cherche l'endroit où se rendent les groupes scolaires, demande-t-il à la fille derrière son comptoir.

– *El centro recreativo.* Suivez la route du bord de lac. C'est un kilomètre plus loin. »

El centro recreativo est un bâtiment étendu et bas qui donne sur la plage. Des dizaines de personnes s'ébattent sur le sable, hommes et femmes, adultes et enfants, tous nus. Même de loin, il n'a aucune difficulté à reconnaître Ana Magdalena.

Il se tourne vers Inés.

« Dmitri n'en a rien dit – le naturisme. Qu'allons-nous faire ?

– Je ne vais certainement pas enlever mes vêtements. »

Inés est bien de sa personne. Elle n'a aucune raison d'avoir honte de son corps. Ce qu'elle ne dit pas, c'est : Je ne vais pas enlever mes vêtements devant vous.

« Je m'y colle donc », dit-il.

Tandis que le chien, libéré, bondit vers la plage, Simón se glisse sur la banquette arrière pour se dévêtir.

Avançant avec précaution parmi les pierres, il arrive à la plage juste au moment où débarque un bateau plein d'enfants. Un jeune homme avec une mèche noire comme l'aile d'un corbeau maintient l'embarcation pendant que les enfants dégringolent dans l'eau peu profonde, s'éclaboussant, criant, riant, nus. David se trouve parmi eux. Le garçon sursaute en le reconnaissant.

« Simón ! » Il le rejoint en courant. « Devine ce qu'on a vu, Simón ! On a vu une anguille, elle mangeait un bébé anguille, la tête du bébé anguille sortait de la gueule de la grande anguille, c'était trop drôle, tu aurais dû voir ça ! Et puis on a vu des poissons, des tonnes de poissons. On a vu des crabes. C'est tout. Où est Inés ?

– Inés attend dans la voiture. Elle ne se sent pas bien, elle a mal à la tête. Nous sommes venus pour connaître tes projets. Veux-tu rentrer à la maison avec nous ou veux-tu rester ?

– Je veux rester. Bolívar peut-il rester lui aussi ?

– Je ne pense pas. Bolívar n'est pas habitué aux endroits étranges. Il pourrait s'égarer, se perdre.

– Il ne va pas se perdre. Je vais le surveiller.

– Je ne sais pas. Je vais en discuter avec Bolívar pour voir ce qu'il veut faire.

– Très bien. »

Et sans un mot de plus le garçon se retourne et disparaît à la recherche de ses amis.

Le garçon ne semble pas trouver étrange que lui, Simón, soit dans le plus simple appareil. De fait, ce sentiment s'évapore vite au milieu des naturistes, jeunes et vieux. Il est conscient toutefois qu'il a évité délibérément de regarder Ana Magdalena. Pourquoi ? Pourquoi est-elle la seule devant laquelle il se sent nu ? Il n'éprouve pas de désir à son égard. Tout simplement il n'est pas son égal, ni sur le plan sexuel ni autrement. Cependant, s'il la regardait directement, un éclair jaillirait de ses yeux, comme une flèche, dure comme l'acier, irrévocable, quelque chose qu'il ne peut pas se permettre.

Il n'est pas son égal : il en est certain. Si on exposait Ana Magdalena les yeux bandés comme une des statues du musée de Dmitri ou comme un animal dans la cage d'un zoo, il pourrait passer des heures à la contempler, extasié face à la perfection qu'elle représente au sein de la Création. Mais ce n'est pas tout, loin s'en faut. Il ne s'agit pas seulement du fait qu'elle soit belle et pleine d'énergie alors qu'il est vieux et fatigué ; pas seulement du fait qu'elle soit, pour ainsi dire, sculptée dans le marbre tandis qu'il est, pour ainsi dire, fait d'argile. Pourquoi cette phrase lui est-elle venue soudain à l'esprit : *pas son égal* ? Quelle est cette différence fondamentale entre eux qu'il ressent mais n'arrive pas à identifier ?

Une voix s'élève derrière lui, sa voix :

« Señor Simón. »

Il se retourne et lève les yeux à contrecœur.

Sur ses épaules, un peu de sable saupoudré ; ses seins sont brillants, bronzés par le soleil ; un carré de fourrure à l'entrejambe, la plus légère nuance de brun, si fine qu'elle avoisine l'invisible.

« Vous êtes seul ? » demande-t-elle.

Épaules hautes, taille cintrée. Jambes longues, nettement musclées, des jambes de danseuse.

« Non. Inés attend dans la voiture. Nous nous sommes inquiétés pour David. On ne nous a rien dit à propos de cette sortie. »

Elle fronce les sourcils.

« Nous avons envoyé une note à tous les parents. Vous ne l'avez pas reçue ?

– Aucune note. De toute façon, tout est bien qui finit bien. Les enfants semblent bien s'amuser. Quand les ramenez-vous ?

– Nous n'avons pas encore décidé. Si le temps reste beau, nous pourrions passer là tout le week-end. Avez-vous rencontré mon mari ? Juan, voici le señor Simón, le père de David. »

Le señor Arroyo, maître de musique et directeur de l'Académie de danse : ce n'est pas ainsi qu'il s'attendait à le rencontrer, tout nu. Un homme grand, pas vraiment corpulent, mais plus jeune du tout : sur le cou, la poitrine et le ventre la chair s'est affaissée. Son aspect, tout son corps, même son crâne chauve, est uniformément rouge brique, comme si le soleil était son élément naturel. Ce doit être son idée, cette excursion sur la plage.

Ils se serrent la main.

« C'est votre chien ? demande le señor Arroyo avec un geste.

– Oui.

– Belle bête. »

Sa voix est basse et tranquille. Ensemble ils contemplent la belle bête. Le regard perdu sur l'eau, Bolívar ne leur accorde pas la moindre attention. Deux épagneuls s'approchent de lui, viennent tour à tour renifler ses parties ; il ne daigne pas renifler les leurs.

« J'expliquais à votre femme, dit Simón, qu'à la suite d'une erreur de communication nous n'avions rien su de cette sortie. Nous pensions que David viendrait à la maison ce week-end, comme d'habitude. Voici pourquoi nous sommes ici. Nous étions un peu angoissés. Mais tout va bien, je le vois, et nous n'allons pas tarder à repartir. »

Le señor Arroyo le considère avec une moue amusée, lui semble-t-il. Il ne dit pas : Une erreur de communication ? Expliquez-moi cela, s'il vous plaît. Il ne dit pas : Je suis désolé que vous vous soyez déplacés pour rien. Il ne dit pas : Voulez-vous rester déjeuner ? Il ne dit rien. Pas de parlotes.

Même ses paupières ont une touche hâlée. Des yeux bleus, plus clairs que ceux de sa femme.

Il se reprend.

« Puis-je vous demander comment se débrouille David en classe ? »

La lourde tête opine une fois, deux fois, trois fois. Un véritable sourire se dessine sur les lèvres.

« Votre fils a – comment dirais-je… – une confiance en lui inhabituelle pour quelqu'un de si jeune. Il n'a pas peur des aventures – des aventures de l'esprit.

– Non, il n'a pas peur. Il chante bien, également. Je ne suis pas musicien, mais je le perçois. »

Le señor Arroyo lève une main et chasse les mots de façon indolente.

« Vous avez bien agi. Vous êtes celui, n'est-ce pas, qui a pris la responsabilité de l'élever. C'est ce qu'il m'a dit. »

Son cœur se gonfle. C'est donc ainsi que le garçon le présente, lui, Simón : celui qui l'a élevé !

« David a reçu une éducation variée, pourrait-on dire. Vous dites qu'il a confiance en lui. C'est exact. Par moments, c'est plus que de la confiance. Il peut devenir têtu. Cela ne s'est pas bien passé avec certains de ses instituteurs. Mais il a le plus grand respect pour vous et pour la señora Arroyo.

– Ma foi, s'il en est ainsi, il nous faut donc faire de notre mieux pour le mériter. »

Sans qu'il l'ait remarqué, la señora Arroyo, Ana Magdalena, s'est éclipsée. La voilà qui revient dans son champ de vision, descendant la berge du lac, grande, gracieuse, une grappe d'enfants nus gambadant autour d'elle.

« Je dois vous quitter, dit-il. Au revoir. » Puis soudain : « Les nombres, deux et trois et la suite – j'ai essayé de comprendre votre système. J'ai écouté attentivement la conférence de la señora Arroyo, j'ai interrogé David, mais j'avoue que j'ai toujours des difficultés. »

Le señor Arroyo lève un sourcil et attend.

Il se lance :

« Compter ne joue pas un grand rôle dans ma vie. Je veux dire, je compte des pommes et des oranges comme tout un chacun. Je compte l'argent. J'additionne et je soustrais. Comme la fourmi arithmétique dont parlait votre épouse. Mais la danse du Deux, la danse du Trois, les nombres nobles et les nombres auxiliaires, l'appel aux étoiles – cela me dépasse. Dans votre enseignement, vous allez au-delà du deux et du trois ? Les enfants n'étudient-ils jamais les vraies mathématiques – les *x*, les *y*, les *z* ? Ou est-ce pour plus tard ? »

Le señor Arroyo garde le silence. Le soleil de midi leur cogne dessus.

« Pourriez-vous me donner un indice, un coup de pouce ? J'aimerais comprendre. Sincèrement. J'aimerais vraiment comprendre. »

Arroyo prend la parole :

« Vous aimeriez comprendre. Vous vous adressez à moi comme si j'étais l'homme qui a réponse à tout, le grand sage d'Estrella. Je ne le suis pas. Je n'ai pas de réponses à vous donner. Mais laissez-moi dire un mot sur les réponses en général. À mon avis, question et réponse vont de pair, comme le ciel et la terre, l'homme et la femme. Un homme parcourt le monde à la recherche d'une réponse à sa grande question : qu'est-ce qui me manque ? Un jour, s'il a de la chance, il trouve la réponse : la femme. Homme et femme se rejoignent, ils *font un* – recourons à cette expression –, et de cette unicité, de leur union, naît un enfant. L'enfant grandit, jusqu'au jour où la question l'interpelle : qu'est-ce qui me manque ? et de la sorte le cycle reprend. Le cycle reprend parce que la réponse se trouve déjà dans la question, comme un enfant qui n'est pas encore né.

– Par conséquent ?…

– Par conséquent si nous voulons nous évader du cycle, nous devrions parcourir le monde, non pour trouver la réponse juste mais pour chercher la question véritable. C'est peut-être ce qui nous manque.

– En quoi cela va-t-il m'aider, *señor*, à comprendre les danses que vous enseignez à mon fils, les danses, les étoiles que ces danses sont censées appeler, et la place des danses dans son éducation ?

– Oui, les étoiles… Nous demeurons perplexes face aux étoiles, même des hommes vieux comme vous et moi. Qui sont-elles ? Qu'ont-elles à nous dire ? À quelles lois obéissent-elles ? Pour un enfant, c'est plus simple. L'enfant n'a pas besoin de réfléchir, car l'enfant peut danser. Alors que nous sommes paralysés à contempler la distance qui bâille entre les étoiles et nous – Quel abysse ! Comment le franchir un jour ? –, l'enfant se contente de les atteindre en dansant.

– David n'est pas comme ça. Le vide l'angoisse. Le paralyse parfois. Je l'ai noté. Ce n'est pas un phénomène rare chez les enfants. Un syndrome. »

Le señor Arroyo ignore son propos.

« La danse n'est pas affaire de beauté. Si je voulais créer de belles figures en mouvement, j'emploierais des marionnettes, pas des enfants. Les marionnettes, à l'inverse des humains, peuvent flotter et glisser. Elles peuvent tracer dans l'air des dessins d'une grande complexité. Mais elles ne peuvent pas danser. Elles n'ont pas d'âme. C'est l'âme qui apporte la grâce à la danse, l'âme qui suit le rythme, instinctivement, d'un pas jusqu'au suivant et encore au suivant.

» Quant aux étoiles, elles ont leurs danses propres, mais leur logique nous échappe ; elles ont leur rythme aussi. Une tragédie pour nous. Et puis il y a les étoiles errantes, celles qui ne suivent pas la danse, comme les enfants qui ne connaissent pas l'arithmétique. "*Las estrellas errantes, niños que ignoran aritmética*", comme a écrit la poétesse[1]. Aux étoiles il est donné de penser l'impensable, les réflexions par-delà vous et moi : les pensées *avant l'éternité* et *après l'éternité*, les pensées qui vont *de rien jusqu'à un*, et *de un jusqu'à rien*, et ainsi de suite. Ainsi, pour revenir à votre question sur le *x* mystérieux, et de savoir si nos élèves à l'Académie connaîtront jamais la réponse à *x*, ma réponse est : hélas, je n'en sais rien. »

Il s'attend à une suite, mais il n'y en a pas. Le señor Arroyo a dit ce qu'il avait à dire. C'est à son tour à lui, Simón. Mais il est perdu. Il n'a rien à offrir.

« Soyez rasséréné, reprend le señor Arroyo. Vous êtes venu ici non pour chercher un *x*, mais parce que vous étiez inquiet pour le bonheur de votre enfant. Vous pouvez vous en assurer. Il va bien. Comme les autres enfants, le jeune David n'a aucun intérêt pour *x*. Il veut être dans le monde, éprouver ce sentiment d'être vivant qui est à la fois nouveau et excitant. À présent, je vais aller donner un coup de main à ma femme. Au revoir, señor Simón. »

Il retourne à la voiture. Inés ne s'y trouve pas. Il s'habille à la hâte. Il siffle Bolívar.

« Inés, lance-t-il au chien, où est Inés ? Trouve-moi Inés ! »

Le chien le mène à Inés, assise non loin de là sous un arbre sur un monticule surplombant le lac.

« Où est David ? dit-elle. Je croyais qu'il rentrait à la maison avec nous.

– David s'amuse bien, il veut rester avec ses amis.

– Quand le reverrons-nous ?

– Ça dépend du temps. S'il continue à faire beau, ils passeront tout le week-end ici. Ne craignez rien, Inés.

1. Josefina Solano Maldonado *(NdT)*.

Il est entre de bonnes mains. Il est heureux. N'est-ce pas tout ce qui compte ?

– Nous rentrons donc à Estrella ? » Inés se lève, époussette sa robe. « Vous me surprenez. Toute cette affaire ne vous rend-elle pas triste ? D'abord il demande à quitter la maison, maintenant il ne veut même plus passer le week-end avec nous.

– Ce serait arrivé tôt ou tard. C'est une nature indépendante.

– Vous parlez d'indépendance, mais à mes yeux il est complètement sous la coupe des Arroyo. Je vous ai vu bavarder avec le señor. C'était à quel propos ?

– Il m'expliquait sa philosophie. La philosophie qui sous-tend l'Académie. Les nombres et les étoiles. Appeler les étoiles et tout ça.

– C'est ce que vous appelez "philosophie" ?

– Non, je n'appelle pas ça "philosophie". En privé, j'appelle ça "des boniments". En privé, j'appelle ça "un tas de bêtises mystiques".

– Dans ce cas, pourquoi ne pas se ressaisir et retirer David de l'Académie ?

– Le retirer pour le mettre où ? À l'Académie de chant, qui doit colporter une autre philosophie absurde ? "Respirez. Videz-vous l'esprit. Unissez-vous au cosmos." Dans les écoles de la ville ? "Restez tranquilles. Récitez après moi : un plus un égalent deux, deux plus un font trois." Les Arroyo racontent peut-être un tas de balivernes, mais au moins il s'agit d'inepties inoffensives. En plus, David est heureux chez eux. Il aime les Arroyo. Il aime Ana Magdalena.

– Oui, Ana Magdalena… Je suppose que vous êtes tombé amoureux d'elle. Vous pouvez l'avouer. Je ne rirai pas.

– Amoureux ? Non, rien de cela.

– Mais vous la trouvez attirante.

– Je la trouve belle, à l'image de la beauté d'une déesse, mais je ne la trouve pas attirante. Ce serait – comment dirais-je ?… – irrévérencieux d'être attiré par elle. Dangereux, même. Elle peut porter un coup fatal à un homme…

– "Un coup fatal" ! Prenez vos précautions, alors. Enfilez une armure. Sortez le bouclier. Vous m'avez dit que ce type du musée, Dmitri, s'est entiché d'elle. L'avez-vous prévenu qu'elle pourrait aussi lui porter un coup fatal ?

– Non, je ne l'ai pas fait. Je ne suis pas ami avec Dmitri. Nous n'échangeons pas de confidences.

– Et le jeune homme – qui est-il ?

– Le jeune qui était dans le bateau avec les enfants ? Il s'agit d'Alyosha, l'appariteur, celui qui veille sur les pensionnaires. Il a l'air gentil.

– Vous aviez l'air à l'aise, sans vêtements face à des étrangers.

– De façon surprenante, Inés. À l'aise de façon surprenante. On retourne à l'état d'animal. Les animaux ne sont pas nus, ils sont simplement eux-mêmes.

– Je vous ai remarqués ensemble, votre dangereuse déesse et vous. Ça devait être excitant.

– Ne vous moquez pas de moi.

– Je ne me moque pas. Mais pourquoi manquez-vous de franchise avec moi ? Tout le monde voit que vous en êtes tombé amoureux, tout comme Dmitri. Pourquoi ne pas l'admettre au lieu de faire des circonvolutions ?

– Parce que ce n'est pas vrai. Dmitri et moi sommes des gens différents.

– Dmitri et vous, vous êtes des hommes. Ça me suffit. »

Chapitre 10

Le voyage au lac marque un refroidissement supplémentaire dans ses relations avec Inés. Peu après, elle l'informe qu'elle va prendre une semaine de congé pour passer un petit moment à Novilla avec ses frères. Ses frères lui manquent, elle songe à les inviter à Estrella.

« Vos frères et moi, on ne s'est jamais bien entendus, dit-il. Particulièrement Diego. S'ils s'installent ici, il vaudrait mieux que je déménage. »

Inés ne proteste pas.

« Donnez-moi le temps de chercher un endroit. Je préférerais ne pas l'annoncer à David, pas tout de suite. Vous êtes d'accord ?

– Des couples divorcent tous les jours, les enfants s'en sortent, dit Inés. David sera avec moi, avec vous, simplement on ne vivra pas ensemble. »

Il connaît le quartier nord-est de la ville comme sa poche. Sans difficulté il se trouve une chambre chez un couple âgé. L'équipement est rudimentaire, l'électricité a tendance à sauter de façon imprévisible, mais le loyer est modeste et la pièce dispose d'une entrée propre, à proximité du centre-ville. Pendant qu'Inés est au travail, il retire ses affaires de l'appartement et s'installe dans sa nouvelle demeure.

Même si Inés et lui simulent une entente toute conjugale face au garçon, ce dernier ne témoigne pas la moindre déception.

« Où sont tes affaires, Simón ? » demande-t-il.

Simón doit admettre que, pour l'instant, il a déménagé pour faire de la place pour Diego et peut-être aussi pour Stefano.

« Diego sera-t-il mon oncle ou mon père ?

– Il sera ton oncle, comme il l'a toujours été.

– Et toi ?

– Je serai ce que j'ai toujours été. Je ne change pas. Les choses changent autour de moi, mais je reste immuable. Tu verras. »

Si le garçon est affligé par la rupture entre Inés et lui, il n'en montre aucun signe. Au contraire, il est exubérant, plein d'histoires concernant sa vie à l'Académie. Ana Magdalena a une machine à gaufres, elle prépare des gaufres tous les matins pour les pensionnaires. « Tu devrais acheter une machine à gaufres, Inés, c'est génial. » Alyosha se charge désormais de la lecture du soir, il lit aux enfants une histoire de trois frères en quête de l'épée Madragil, c'est génial, ça aussi. Derrière le musée, Ana Magdalena possède un jardin avec un enclos, elle élève des lapins, des poulets et un agneau. L'un des lapins est vilain, il n'arrête pas de creuser pour s'évader, un jour on l'a retrouvé caché dans le sous-sol du musée. Parmi les animaux, son favori est l'agneau, dont le nom est Jeremiah. Jeremiah n'a pas de mère, il faut donc lui donner à boire du lait de vache dans une bouteille avec une tétine en caoutchouc. Dmitri lui permet de donner le biberon à Jeremiah.

« Dmitri ? »

Il s'avère que Dmitri est la personne en charge de la ménagerie de l'Académie, Dmitri va chercher du bois dans le cellier pour alimenter le grand four et nettoie la salle d'eau une fois que les garçons ont pris leur douche.

« Je pensais que Dmitri travaillait au musée. Les gens du musée savent-ils que Dmitri est aussi employé par l'Académie ?

– Dmitri ne veut pas d'argent. Il le fait pour Ana Magdalena. Il ferait n'importe quoi pour elle, parce qu'il l'aime et la vénère.

– Il l'aime et la vénère : c'est bien ce qu'il dit ?

– Oui.

– Eh bien ! Voilà qui est beau. Voilà qui est admirable. Mon souci, c'est que Dmitri rend ces services par amour et par vénération pendant les heures où il est payé par le musée pour surveiller les peintures. Mais assez sur Dmitri. Que nous racontes-tu d'autre ? Tu aimes être pensionnaire ? Avons-nous pris la bonne décision ?

– Oui. Quand je fais des mauvais rêves, je réveille Alyosha et il me laisse dormir dans son lit.

– Il n'y a que toi qui dors dans le lit d'Alyosha ? demande Inés.

– Non, quiconque fait de mauvais rêves peut dormir avec Alyosha. Il l'a dit.

– Et Alyosha ? Dans quel lit va Alyosha quand il fait des cauchemars ? »

Cela ne fait pas rire le garçon.

« Et la danse ? demande Simón. Comment avance ta pratique ?

– Ana Magdalena dit que je suis le meilleur danseur.

– C'est bien. Quand pourrai-je te convaincre de danser pour moi ?

– Jamais, parce que tu n'y crois pas. »

Tu n'y crois pas. À quoi doit-il croire pour que le garçon danse devant lui ? Au charabia sur les étoiles ?

Ils dînent – Inés a préparé le souper – puis il est temps pour lui, Simón, de s'en aller.

« Bonne nuit, mon garçon. Je passerai dans la matinée. On emmènera Bolívar se promener. On pourra jouer au foot dans le parc.

– Ana Magdalena dit qu'un danseur ne doit pas jouer au foot. Elle dit que ça peut provoquer une élongation musculaire.

– Ana Magdalena sait beaucoup de choses, mais elle ne connaît pas le football. Tu es un garçon solide. Tu ne te blesseras pas en y jouant.

– Ana Magdalena dit que je ne dois pas.

– Très bien, je ne vais pas te forcer à jouer au foot. Mais explique-moi une chose, s'il te plaît : tu ne m'obéis jamais, tu n'obéis presque jamais à Inés, cependant tu fais tout ce qu'Ana Magdalena te dit de faire. Pourquoi donc ? »

Pas de réponse.

« C'est bon. Bonne nuit. Je te vois demain matin. »

Il rentre dans son gîte de mauvaise humeur en traînant des pieds. Il fut un temps où le garçon se livrait corps et âme à Inés, ou au moins à la vision d'Inés, celle d'un petit prince clandestin ; ces jours semblent derrière eux. Ce doit être déprimant pour Inés de se voir supplantée par la señora Arroyo. Quant à lui, quelle place lui reste-t-il dans la vie du garçon ? Il devrait peut-être suivre l'exemple de Bolívar. Bolívar est loin d'avoir franchi le crépuscule de sa vie de chien. Il a pris de la bedaine ; souvent en se couchant pour dormir il lâche un petit soupir triste. Mais si Inés s'avisait inconsidérément d'introduire un chiot dans le ménage – chiot destiné à grandir et à prendre la place du gardien actuel – Bolívar fermerait les crocs autour du cou du jeune rival et le secouerait jusqu'à lui rompre les cervicales. C'est peut-être le genre de père qu'il devrait être : paresseux, égoïste et dangereux. Le garçon le respecterait, qui sait.

Inés entame le voyage prévu à Novilla ; le garçon se retrouve à nouveau sous sa responsabilité, à lui, Simón. Ce vendredi après-midi il l'attend devant l'Académie. La cloche sonne, les élèves se déversent dans la rue, mais pas le moindre signe de David.

Il grimpe l'escalier. Le studio de danse est vide. Dans l'enfilade, un corridor non éclairé mène à une série de pièces lambrissées de bois sombre, dépourvues de meubles. Il passe par un espace obscur, un réfectoire peut-être, avec de longues tables abîmées et un buffet rempli de vaisselle, et se retrouve au pied d'un autre escalier. D'en haut vient le murmure d'une voix d'homme. Il monte et frappe à la porte close. La voix s'arrête.

« Entrez. »

C'est une pièce spacieuse éclairée par des lucarnes, de toute évidence le dortoir des pensionnaires. Ana Magdalena et Alyosha sont assis côte à côte sur un des lits. Une douzaine d'enfants sont regroupés autour d'eux. Il reconnaît les deux fils Arroyo qui ont dansé lors du spectacle, mais David n'est pas là.

« Je vous prie de m'excuser pour cette intrusion. Je suis à la recherche de mon fils.

– David a sa leçon de musique, répond Ana Magdalena. Il en sort à seize heures. Voulez-vous l'attendre ? Restez avec nous. Alyosha est en train de nous lire une histoire. Alyosha, les enfants, voici le señor Simón, le père de David.

– Je ne dérange pas ?

– Vous ne dérangez pas, dit Ana Magdalena. Asseyez-vous. Joaquín, raconte au señor Simón le début de l'histoire. »

Vous ne dérangez pas. Asseyez-vous. Dans la voix d'Ana Magdalena, dans son attitude générale, il dénote une touche amicale inattendue. Ce changement provient-il du fait qu'ils se sont vus nus ? Il ne suffisait donc que de ça ?

Joaquín, l'aîné des frères Arroyo, prend la parole :

« C'est un pêcheur, un pauvre pêcheur, un jour il attrape un poisson, il l'ouvre et dans son ventre il trouve une bague en or. Il frotte la bague et…

– Pour la faire briller. » C'est le frère cadet qui l'interrompt. « Il frotte la bague pour la faire briller.

– Il frotte la bague pour la faire briller et un génie apparaît. Le génie dit : "Chaque fois que tu frotteras la bague magique, j'apparaîtrai et j'exaucerai un de tes vœux. Tu as droit à trois vœux. Quel est ton premier vœu ?" C'est tout.

– Tout-puissant, dit Ana Magdalena. Rappelez-vous que le génie affirme qu'il est tout-puissant et qu'il peut exaucer tous les vœux. Poursuis ta lecture, Alyosha. »

Il n'a pas vraiment observé Alyosha auparavant. Le jeune homme a les cheveux noirs, fins, plutôt beaux, qu'il coiffe en arrière des tempes. Il a la complexion délicate d'une fille. Aucune indication de rasage. Il baisse ses yeux sombres aux longs cils et se met à lire d'une voix étonnamment sonore :

« “Ne croyant pas les paroles du génie, le pêcheur décida de le mettre à l’épreuve. Je voudrais cent poissons pour aller les vendre au marché aux poissons, dit-il. D’un coup, une énorme vague se brisa sur la plage et laissa cent poissons frétillants qui expirèrent bientôt à ses pieds. Quel est ton deuxième vœu ? demanda le génie. Enhardi, le pêcheur répondit : Je voudrais une belle fille pour qu’elle devienne ma femme. D’un coup apparut, agenouillée devant le pêcheur, une fille si splendide qu’elle lui coupa le souffle. Je suis à vous, mon seigneur, dit-elle. Et quel est ton dernier vœu ? demanda le génie. Je voudrais être le roi du monde, répondit le pêcheur. D’un coup le pêcheur se trouva revêtu d’un caftan en samit d’or, avec une couronne dorée sur la tête. Un éléphant se saisit de lui par la trompe et l’installa sur un trône posé sur son dos. Tu as reçu ton dernier vœu. Tu es le roi du monde, dit le génie. Adieu. Puis il s’évanouit dans un nuage de fumée.

»”Il se faisait tard. La plage était déserte, à part le pêcheur et sa belle fiancée, l’éléphant et les cent poissons mourants. Nous allons nous rendre dans mon village, dit le pêcheur de sa voix la plus royale. Avance ! Mais l’éléphant ne bougea pas. Avance ! cria plus fort le pêcheur ; cependant l’éléphant n’en tint pas compte. Toi, la fille ! hurla le roi. Va prendre un bâton et frappe cet éléphant pour qu’il avance ! Avec obéissance la fille s’en fut prendre un bâton et frappa l’éléphant jusqu’à ce qu’il se mette en mouvement.

»”Le soleil se couchait quand ils parvinrent au village du pêcheur. Ses voisins s’agglutinèrent autour de lui, admirant l’éléphant, la fille magnifique et le pêcheur lui-même, assis sur son trône, la couronne sur la tête. Voyez, voyez, je suis le roi du monde et voici ma reine ! annonça le pêcheur. Afin de montrer ma générosité, demain matin vous aurez un festin avec cent poissons. Les villageois s'en réjouirent et aidèrent le roi à descendre de l'éléphant ; il se retira dans son humble logis et passa la nuit dans les bras de sa belle fiancée.

»"Dès potron-minet, les villageois partirent pour la plage afin de ramasser les cent poissons. Mais quand ils arrivèrent ils ne virent rien d'autre que les arêtes, car pendant la nuit les loups et les ours étaient descendus sur la plage et s'étaient empiffrés. Les villageois revinrent donc et dirent : Ô roi, les loups et les ours ont dévoré les poissons, attrape-nous d'autres poissons, nous avons faim. Le pêcheur sortit la bague des plis de son caftan. Il la frotta, la frotta encore, mais aucun génie n'apparut. Les villageois se fâchèrent et dirent : Quelle sorte de roi es-tu, qui ne peut pas nous nourrir ? – Je suis le roi du monde, rétorqua le pêcheur devenu monarque. Si vous ne me reconnaissez pas, je vais m'en aller. Il se tourna vers sa fiancée d'une nuit. Amène l'éléphant, ordonna-t-il. Nous quittons ce village ingrat. Mais durant la nuit l'éléphant s'était échappé, avec le trône et le reste, personne n'arrivait à le trouver. Viens, dit le pêcheur. Nous irons à pied. Mais sa fiancée refusa. Les reines ne marchent pas à pied, dit-elle avec une moue. Comme une reine je veux chevaucher un *palafrén blanco*, précédée d'un cortège de vierges jouant du tambourin…" »

La porte s'ouvre, Dmitri entre à pas comptés dans la pièce, suivi de David. Alyosha suspend la lecture.

« Viens, David, dit Ana Magdalena. Alyosha nous lit l'histoire du pêcheur qui voulait être roi. »

Tandis que David s'assied à côté d'elle, Dmitri reste sur le seuil, accroupi, la casquette à la main.

Ana Magdalena fronce les sourcils, fait un petit geste brusque de la main comme pour lui intimer l'ordre de sortir, mais il n'y fait pas attention.

« Reprends, Alyosha, dit Ana Magdalena, et vous les enfants, écoutez bien, parce que, quand Alyosha aura fini, je vous demanderai quelles leçons on peut tirer de l'histoire du pêcheur.

– Je connais la réponse, dit David. J'ai déjà lu l'histoire.

– Tu as peut-être lu l'histoire, David, mais pas nous autres. Vas-y, Alyosha.

– "Tu es ma fiancée, tu vas m'obéir, dit le pêcheur. La fille rejeta la tête avec hauteur. Je suis une reine, je ne marche pas, je chevauche un *palafrén*, répéta-t-elle."

– Alyosha, c'est quoi un *palafrén* ? demande un des enfants.

– Un *palafrén* est un cheval – n'est-ce pas, Alyosha ? » dit David.

Alyosha approuve.

« "Je chevauche un *palafrén*… Sans un mot, le roi tourna le dos à sa fiancée et s'éloigna. Il marcha longtemps et parvint à un autre village. Les villageois l'entourèrent, admirant sa couronne et sa robe en samit. Voyez, voyez, je suis le roi du monde, dit le pêcheur. Amenez-moi de la nourriture, car j'ai faim. – Nous t'amènerons à manger, répondirent les villageois, mais si tu es roi, comme tu le dis, où est ta suite ? – Je n'ai pas besoin d'une suite pour être roi. Vous ne voyez pas cette couronne sur ma tête ? Faites ce que je dis. Apportez-moi un festin.

» "Les villageois se moquèrent alors de lui. Au lieu de lui apporter un festin, ils lui arrachèrent sa couronne et ils lui retirèrent son caftan en samit, dévoilant ses nippes de pêcheur. Tu es un imposteur ! crièrent les villageois. Tu n'es qu'un pêcheur ! Tu n'es pas supérieur à nous ! Repars d'où tu es venu ! Ils le frappèrent avec des gourdins jusqu'à ce qu'il déguerpisse. C'est ainsi que se termine l'histoire du pêcheur qui voulut être roi."

– C'est ainsi que se termine l'histoire, répète Ana Magdalena. Une histoire intéressante, n'est-ce pas, les enfants. Quelle leçon peut-on en tirer ?

– Je sais, dit David en lançant à Simón un sourire oblique comme pour lui dire : Tu vois comme je suis futé, ici, à l'Académie ?

– Peut-être le sais-tu, David, parce que tu as déjà lu l'histoire, tranche Ana Magdalena. Laissons la parole aux autres enfants.

– Qu'est-il arrivé à l'éléphant ? »

La question vient du plus jeune des Arroyo.

« Alyosha, qu'est-il arrivé à l'éléphant ? demande Ana Magdalena.

– L'éléphant a été emporté dans le ciel par une grande tornade, puis déposé dans sa forêt natale, où il a coulé des jours heureux », répond calmement Alyosha.

Leurs regards se croisent. Pour la première fois il lui vient à l'esprit, à lui, Simón, qu'il pourrait se passer quelque chose entre l'épouse du directeur, pure comme l'albâtre, et le bel appariteur.

« Que nous enseigne l'histoire du pêcheur ? répète Ana Magdalena. Ce pêcheur était-il un homme bon ou méchant ?

– Il était méchant, estime le plus jeune des Arroyo. Il a battu l'éléphant.

– Il n'a pas frappé l'éléphant. C'est la fiancée qui l'a battu, dit son frère aîné, Joaquín.

– Il l'a forcée à le faire.

– Le pêcheur était méchant parce qu'il était égoïste, estime Joaquín. Il n'a pensé qu'à lui-même quand on lui a proposé trois vœux. Il aurait dû penser aux autres.

– Et donc que nous apprend l'histoire du pêcheur ? redemande Ana Magdalena.

– Qu'il ne faut pas être égoïste.

– On est tous d'accord, les enfants ? On est d'accord avec Joaquín : cette histoire nous met en garde contre l'égoïsme ? Si on est trop égoïste, on finit chassé dans le désert par ses voisins ? David, tu voulais dire quelque chose.

– Les villageois ont eu tort, lance David en regardant autour de lui, le menton levé en signe de défi.

– Explique-toi, dit Ana Magdalena. Donne-nous tes raisons. Pourquoi les villageois ont eu tort ?

– Il était le roi. Ils auraient dû se prosterner devant lui. »

Un lent applaudissement vient de la porte – Dmitri, assis sur ses talons.

« Bravo, David ! C'est parler en maître. »

Ana Magdalena fusille Dmitri du regard.

« Vous n'avez pas du travail à faire ?

– Surveiller les statues ? Elles sont mortes, les statues, toutes autant qu'elles sont, elles peuvent se surveiller toutes seules.

– Il n'était pas vraiment roi, dit Joaquín, qui visiblement gagne en confiance. C'était un pêcheur qui prétendait être roi. C'est ce que dit l'histoire.

– Il était roi, dit David. Le génie était tout-puissant. »

Les deux garçons se défient du regard. Alyosha intervient :

« Comment devient-on roi ? C'est la vraie question, n'est-ce pas ? Comment l'un d'entre nous devient-il roi ? Doit-on rencontrer un génie ? Faut-il ouvrir le ventre d'un poisson et trouver une bague magique ?

– Il faut commencer par être prince, dit Joaquín. On ne peut pas être roi si l'on n'a pas été prince d'abord.

– Si, on peut, coupe David. Il a eu trois vœux et c'était son troisième. Le génie l'a fait roi du monde. »

Nouveaux applaudissements lents et sonores de Dmitri. Ana Magdalena l'ignore.

« Que penses-tu, toi, David, qu'on puisse tirer de cette histoire ? »

Le garçon respire profondément, comme s'il s'apprêtait à parler, puis secoue violemment la tête.

« Alors ? répète Ana Magdalena.

– Je ne sais pas. Je n'arrive pas à voir.

– Il est temps de partir, David, dit Simón en se levant. Merci, Alyosha, pour la lecture. Merci, *señora.* »

C'est la première visite du garçon dans la pièce étriquée où il vit désormais, lui, Simón. Il ne fait aucun commentaire, il boit son jus de fruit, mange ses biscuits. Ensuite, pris en filature par Bolívar, ils s'en vont explorer le voisinage. Le quartier n'est pas intéressant, une série de rues bordées de résidences aux façades étroites. En ce vendredi soir, cependant, les gens qui rentrent chez eux après une semaine de travail jettent des coups d'œil curieux sur le petit garçon et le gros chien aux yeux jaunes et froids.

« Voici mon territoire, dit Simón. C'est par ici que je distribue mes messages, dans toutes les rues alentour. Ce n'est pas un job mirifique, mais docker ne l'était pas plus. Chacun doit trouver ce qui lui convient le mieux, et ça, c'est de mon niveau. »

Ils s'arrêtent à un carrefour. À pas feutrés Bolívar les dépasse et s'avance sur la chaussée. Un cycliste corpulent fait une embardée pour l'éviter, lance un regard noir.

« Bolívar ! » s'exclame le garçon.

Paresseusement Bolívar se remet à ses côtés.

« Bolívar se conduit comme s'il était un roi, constate Simón. Il se comporte comme s'il avait rencontré un génie. Il pense que tout le monde devrait lui faire place. Il devrait y songer à deux fois. Peut-être a-t-il épuisé tous ses vœux. Ou peut-être son génie n'était-il que fumée.

– Bolívar est le roi des chiens.

– Être le roi des chiens ne l'empêchera pas de se faire écraser par une voiture. Le roi des chiens n'est qu'un chien, au bout du compte. »

Pour une raison inconnue le garçon ne montre pas sa vivacité habituelle. À table, pendant leur dîner – purée, petits pois en sauce –, ses paupières s'affaissent. Sans protester, il s'installe dans ses draps sur le sofa.

« Dors bien, murmure-t-il (Simón) en l'embrassant sur le front.

– Je deviens petit petit petit, dit le garçon d'une voix rauque, à moitié endormi. Je deviens petit petit petit et je tombe.

– Laisse-toi tomber. Je suis là pour veiller sur toi.

– Suis-je un fantôme, Simón ?

– Non, tu n'es pas un fantôme, tu es bien réel. Tu es réel, je suis réel. Dors, à présent. »

Au matin il semble plus guilleret.

« Qu'allons-nous faire aujourd'hui ? Pourrait-on aller au lac ? J'aimerais refaire du bateau.

– Pas aujourd'hui. Nous irons en excursion au lac quand Diego et Stefano viendront, nous leur montrerons les beaux paysages. Pourquoi pas un match de football ? Je vais acheter un journal pour voir quelle équipe joue.

– Je ne veux pas regarder du foot. C'est ennuyeux. On pourrait aller au musée ?

– Bon. Mais c'est vraiment le musée que tu veux voir ou c'est Dmitri ? Pourquoi aimes-tu tellement Dmitri ? Parce qu'il te donne des bonbons ?

– Il me parle. Il me raconte des choses.

– Il te raconte des histoires ?

– Oui.

– Dmitri est un solitaire. Il cherche toujours des auditeurs pour raconter ses histoires. C'est un peu pathétique. Il devrait se trouver une petite amie.

– Il est amoureux d'Ana Magdalena.

– Oui, il me l'a dit, il le dit à quiconque veut bien l'écouter. Ana Magdalena doit trouver cela embarrassant.

– Il a des photos de femmes sans vêtements.

– Eh bien ! Cela ne m'étonne pas. C'est ce que font les hommes quand ils sont seuls – certains hommes. Ils recueillent des photos de belles femmes et rêvent de la vie qu'ils mèneraient avec elles. Dmitri est seul et il ne sait pas quoi faire de sa solitude, alors, quand il ne suit pas la señora Arroyo comme un petit chien, il regarde les photos. On ne peut pas lui en vouloir, mais il ne devrait pas te montrer ces photos. Ce n'est pas bien, Inés serait furieuse de l'apprendre. Je vais lui parler. Il les montre aussi aux autres enfants ? »

Le garçon opine.

« Que peux-tu me dire d'autre ? De quoi parlez-vous tous les deux ?

– De l'autre vie. Il dit qu'il sera avec Ana Magdalena dans l'autre vie.

– C'est tout ?

– Il dit que je pourrai être avec eux dans l'autre vie.

– Toi et qui d'autre ?

– Juste moi.

– À coup sûr je vais lui parler. Je parlerai aussi à Ana Magdalena. Je ne suis pas satisfait de Dmitri. Je pense que tu ne devrais pas le voir trop souvent. Maintenant, finis ton petit déjeuner.

– Dmitri dit qu'il a de la concupiscence. C'est quoi la concupiscence ?

– C'est un état dont souffrent les adultes, mon garçon, souvent des hommes comme Dmitri qui sont seuls, sans épouse ou petite amie. C'est une sorte de douleur, comme un mal de tête ou un mal au ventre. Cela leur provoque des fantasmes. Ils s'imaginent des choses qui ne sont pas vraies.

– Est-ce que Dmitri souffre de concupiscence à cause d'Ana Magdalena ?

– David. Ana Magdalena est une femme mariée. Pour aimer, elle a son mari. Elle peut se lier d'amitié avec Dmitri, mais elle ne peut pas l'aimer. Dmitri a besoin d'une femme qui l'aime, lui seul. Dès qu'il aura trouvé une femme qui l'aime, il sera guéri de tous ses maux. Il n'aura plus besoin de regarder les photos, il n'aura plus besoin de raconter à chaque passant qu'il vénère la dame à l'étage. En revanche je suis sûr qu'il t'est reconnaissant parce que tu écoutes ses histoires, parce que tu es amical à son égard. Je suis certain que ça l'aide.

– Il a raconté à un autre enfant qu'il allait se tuer. Il va se tirer une balle dans la tête.

– De qui s'agit-il ?

– D'un autre garçon.

– Je ne le crois pas. Ce garçon a dû mal comprendre. Dmitri ne va pas se tuer. D'ailleurs il n'a pas de revolver. Lundi matin, quand je t'emmènerai à l'école, j'irai lui dire deux mots, lui demander ce qui ne va pas et comment faire pour l'aider. Peut-être, quand nous irons tous au lac, pourrions-nous inviter Dmitri à se joindre à nous. On fait ça ?

– Oui.

– D'ici là je ne veux pas que tu voies Dmitri en tête à tête. Tu comprends ? Tu comprends ce que je dis ? »

Le garçon garde le silence, refuse de le regarder dans les yeux.

« David, comprends-tu ce que je te dis ? C'est une affaire grave. Tu ne connais pas Dmitri. Tu ne sais pas pourquoi il t'embarque dans ses confidences. Tu ne sais pas ce qui se passe dans son cœur.

– Il pleurait. Je l'ai vu. Il se cachait dans le placard et il pleurait.

– Quel placard ?

– Le placard à balais et ce genre de trucs.

– T'a-t-il dit pourquoi il pleurait ?

– Non.

– Quand on a quelque chose qui nous pèse sur le cœur, cela nous fait souvent du bien de pleurer. Quelque chose pèse probablement sur le cœur de Dmitri. Maintenant qu'il a pleuré il a le cœur moins lourd. Je vais lui parler. Je vais trouver ce qui ne va pas. Je vais tirer cette affaire au clair. »

Chapitre 11

Il tient parole. Le lundi matin, après avoir amené David en classe, il se met en quête de Dmitri. Il le trouve dans une salle du musée, perché sur une chaise, un long plumeau à la main, en train de dépoussiérer le cadre d'une peinture accrochée en hauteur. Elle représente un homme et une femme vêtus de noir, plutôt élégants, assis sur une pelouse dans un paysage sylvestre, une nappe de pique-nique étendue devant eux, tandis qu'un troupeau de bovins paît tranquillement en arrière-plan.

« Vous avez un moment, Dmitri ? »

Dmitri descend et lui fait face.

« David me dit que vous avez invité des enfants de l'Académie dans votre chambre. Il me dit aussi que vous lui avez montré des photos de femmes nues. Si c'est vrai, je voudrais que vous arrêtiez immédiatement. Sinon, cela aurait pour vous des conséquences sérieuses que je n'ai pas besoin de détailler. Est-ce que vous me comprenez ? »

Dmitri relève sa casquette.

« Vous pensez que je viole le corps de ces jeunes enfants ? C'est ce dont vous m'accusez ?

– Je ne vous accuse de rien. Je suis certain que vos relations avec les enfants sont totalement irréprochables.

Mais les enfants s'imaginent des choses, ils exagèrent les faits, ils parlent entre eux, ils parlent à leurs parents. Toute cette affaire pourrait mal tourner. Vous en êtes conscient, à coup sûr. »

Un jeune couple s'aventure dans la salle, les premiers visiteurs du jour. Dmitri ramène la chaise à sa place dans un coin, s'assied dessus en tenant le plumeau droit comme une épée.

« "Irréprochable", dit-il à voix basse. Vous me balancez à la figure : "totalement irréprochable". Vous plaisantez sans doute, Simón. C'est bien votre prénom : Simón ? »

Le jeune couple leur jette un regard, murmure, quitte la pièce.

« L'année prochaine, Simón, je vais fêter la quarante-quatrième année de ma vie. Hier j'étais un adolescent, et en un clin d'œil je me retrouve à quarante-quatre ans, avec une moustache, un gros ventre, un mauvais genou et tout ce qui va avec quarante-quatre ans. Pensez-vous vraiment qu'on puisse atteindre cet âge avancé en demeurant *totalement irréprochable* ? Vous diriez ça de vous-même ? Êtes-vous totalement irréprochable ?

– S'il vous plaît, Dmitri, pas de grands discours. Je suis venu avec une requête, formulée poliment. Cessez d'inviter des enfants de l'Académie dans votre chambre. Arrêtez de leur montrer des photos cochonnes. Cessez aussi de leur parler de leur maîtresse, la señora Arroyo, et de vos sentiments à son égard. Ils ne comprennent pas.

– Et si je n'arrête pas ?

– Si vous n'arrêtez pas, j'en référerai aux autorités du musée et vous perdrez votre emploi. C'est tout simple.

– “C’est tout simple”… Rien n’est simple dans cette vie, Simón – vous devriez le savoir. Permettez-moi de vous parler de mes métiers. Avant de travailler dans ce musée, j’étais employé à l’hôpital. Pas comme médecin, je m’empresse de le dire, j’ai toujours été l’âne de la classe, incapable de passer le moindre examen, incapable d’apprendre dans les livres. Dmitri le bovin bête. Non, je n’étais pas médecin, j’étais garçon de salle, effectuant le travail dont les autres ne voulaient pas. Pendant sept ans, bon an mal an, j’ai été garçon de salle. Je vous en ai déjà parlé, si vous vous souvenez bien. Je ne regrette pas ces années. J’ai vu de la vie, beaucoup de vie et beaucoup de mort. Tellement de mort qu’à la fin je suis parti, je ne pouvais plus le supporter. À la place, j’ai pris ce boulot-ci, il n’y a rien d’autre à faire que de rester assis toute la journée, à bâiller, à attendre la sonnerie de la fermeture. S’il n’y avait pas l’Académie à l’étage, s’il n’y avait pas Ana Magdalena, j’aurais péri d’ennui depuis longtemps.

» Pourquoi pensez-vous que je parle à votre garçonnet, Simón, et aux autres enfants ? Pourquoi je joue avec eux, je leur achète des bonbons ? Parce que je veux les corrompre ? Parce que je veux les violer ? Non. Croyez-le ou non, je joue avec eux dans l’espoir que leur senteur, leur innocence vont déteindre sur moi, afin d’éviter de finir en vieux bougon solitaire assis dans son coin comme une araignée, bon à rien, inutile, indésirable. Car tout seul, quelle est mon utilité ? Et vous, tout seul, quelle est votre utilité – oui, vous, Simón ? Quelle utilité ont des hommes vieux, fatigués et usés comme nous ? Nous pourrions tout aussi bien nous enfermer dans les toilettes et nous tirer une balle dans la tête. Vous n’êtes pas d’accord ?

– Quarante-quatre ans, ce n'est pas vieux, Dmitri. Vous êtes dans la fleur de l'âge. Vous n'avez pas besoin de hanter les corridors de l'Académie de danse des Arroyo. Vous pourriez vous marier, avoir des enfants à vous.

– Je le pourrais. Je le pourrais, en effet. Vous croyez que je ne le veux pas ? Il y a un hic, Simón, il y a un hic. C'est la señora Arroyo. Je suis *encaprichado* d'elle. Vous connaissez ce mot ?… Non ? Vous le trouverez dans les livres. Épris. Vous le savez, elle le sait, tout le monde le sait, ce n'est pas un secret. Même le señor Arroyo le sait, qui a la tête dans les nuages la plupart du temps. Je suis épris de la señora Arroyo, amoureux fou, *loco*, mon alpha et mon oméga. Vous me dites : laissez-la tomber, cherchez ailleurs. Mais je ne le ferai pas. Je suis trop stupide pour cela – trop bête, trop naïf, trop vieillot, trop fidèle. Comme un chien. Je n'ai pas honte de le dire, je suis le chien d'Ana Magdalena. Je lèche le sol qu'elle a foulé. À genoux. Et vous voudriez que je l'abandonne, comme ça – l'abandonner et lui trouver une remplaçante. *Gentleman, responsable, emploi stable, plus trop jeune, cherche veuve respectable, perspective mariage. Écrire boîte postale W123, joindre photo.*

» Cela ne marchera pas, Simón. Ce n'est pas la femme de la boîte postale 123 que j'aime, mais Ana Magdalena Arroyo. Quel mari serais-je pour la BP 123, quel père, alors que je porte Ana Magdalena dans mon cœur ? Et ces enfants que vous me souhaitez, ces enfants à moi : croyez-vous qu'ils vont m'aimer, ces enfants engendrés de reins indifférents ? Ils me haïront, me mépriseront, c'est exactement ce que je mérite. Qui a besoin d'un père au cœur absent ?

» Alors merci pour vos conseils précieux et prévenants, mais je ne peux malheureusement pas les suivre. Quand on en vient aux grands choix de vie, je suis mon cœur. Pourquoi ? Parce que le cœur a toujours raison, la tête toujours tort. Vous comprenez ? »

Il commence à comprendre pourquoi cet homme captive David. Sans doute, il distingue un zeste de posture dans ces propos, cet amour extravagant, non partagé, ainsi qu'un côté pervers dans ses fanfaronnades. Une pointe de moquerie aussi : depuis le début, il a le sentiment d'avoir été choisi pour ces confidences parce que Dmitri le considère comme un eunuque ou un Martien, étranger aux passions humaines. Néanmoins la performance reste efficace. Comparé à un vieux moine sec comme lui, Dmitri doit apparaître sincère, formidable, *vrai*, aux yeux d'un garçon de l'âge de David.

« Oui, Dmitri, je comprends. Vous vous êtes bien expliqué, très clairement. Permettez-moi de m'expliquer à mon tour. Vos relations avec la señora Arroyo, ce sont vos affaires, pas les miennes. La señora Arroyo est adulte, elle peut s'occuper d'elle-même. Pour les enfants, en revanche, c'est différent. Les Arroyo dirigent une école, pas un orphelinat. Vous ne pouvez pas prendre en charge leurs écoliers et les adopter comme s'il s'agissait de votre famille. *Ce ne sont pas vos enfants*, Dmitri, tout comme la señora Arroyo n'est pas votre épouse. Je tiens à ce que vous cessiez d'inviter David, mon enfant, l'enfant dont je suis responsable, dans votre chambre et de lui montrer des photos cochonnes. À lui ou à tout autre enfant. Si vous n'y mettez pas fin, je veillerai à ce que vous soyez renvoyé. C'est tout.

– Une menace, Simón ? Me lancez-vous une menace ? » Dmitri se lève de sa chaise, le plumeau toujours à la main. « Vous, un étranger surgi de nulle part, vous me menacez ? Vous croyez que je n'ai aucun pouvoir ici ? » Ses lèvres s'ouvrent sur un sourire, dévoilant ses dents jaunes. Doucement il passe les plumes sur son visage à lui, Simón. « Vous croyez que je n'ai pas d'amis dans les hautes sphères ? »

Simón recule.

« Ce que je pense est sans importance pour vous, dit-il avec froideur. J'ai dit ce que j'avais à dire. Bonne matinée. »

Cette nuit-là il se met à pleuvoir. Le déluge perdure toute la journée, sans interruption, ni même la promesse d'une interruption. Les préposés à vélo ne peuvent pas effectuer leurs distributions. Il reste chez lui à écouter de la musique à la radio, à somnoler, tandis que par une faille du toit l'eau perle dans un baquet.

Au troisième jour de pluie, la porte de sa chambre s'ouvre brutalement, David se tient devant lui, les vêtements trempés, ses cheveux plaqués sur le crâne.

Il annonce :

« Je me suis enfui de l'Académie.

– Tu t'es sauvé de l'Académie ! Viens, ferme la porte, enlève ces vêtements mouillés, tu dois être frigorifié. Je pensais que tu te plaisais à l'Académie. Il s'est passé quelque chose ? »

Tout en parlant il s'agite autour de l'enfant, le déshabille, l'enveloppe dans une serviette.

« Ana Magdalena est partie. Dmitri aussi. Ils sont partis tous les deux.

– Je suis sûr qu'il y a une explication. Sait-on que tu es ici ? Le señor Arroyo le sait-il ? Alyosha le sait-il ? »

Le garçon secoue la tête.

« Ils vont s'inquiéter. Je vais te donner une boisson chaude, ensuite j'irai leur téléphoner, leur dire que tu es en sécurité. »

Enfilant son ciré jaune et son chapeau de marin, jaune, il sort sous l'averse. Il appelle l'Académie depuis une cabine téléphonique au coin de la rue. Personne ne décroche.

Il retourne dans sa chambre.

« Personne ne répond, dit-il. Il me faut y aller. Attends-moi ici. S'il te plaît, s'il te plaît, ne te sauve pas. »

Cette fois-ci il enfourche sa bicyclette. Ça lui prend quinze minutes, sous des trombes d'eau. Il arrive trempé jusqu'à la moelle. La salle de danse est vide, mais il finit par trouver les pensionnaires dans le réfectoire caverneux, assis le long d'une des tables avec Alyosha qui leur fait la lecture. Alyosha s'arrête net et le fixe d'un œil interrogateur.

« Désolé de vous interrompre, dit-il. J'ai téléphoné, mais personne n'a répondu. Je suis venu vous dire que David est en sécurité. Il est chez moi. »

Alyosha rougit.

« Je suis désolé. J'ai essayé de regrouper tout le monde, mais parfois je perds le compte. Je croyais qu'il était à l'étage.

– Non, il est chez moi. Il m'a vaguement parlé du départ d'Ana Magdalena.

– Oui, elle est à l'extérieur. Nous faisons une pause dans les cours en attendant son retour.

– Pour quand ? »

Alyosha hausse les épaules avec impuissance.

Il pédale ferme jusqu'au cottage.

« Alyosha dit qu'on suspend les cours, explique-t-il au garçon. Ana Magdalena va revenir bientôt. Elle ne s'est pas enfuie. Ce sont des balivernes.

– Ce ne sont pas des balivernes. Ana Magdalena s'est enfuie avec Dmitri. Ils vont vivre comme des gitans.

– Qui t'a raconté ça ?

– Dmitri.

– Dmitri est un rêveur. Il a toujours rêvé de s'enfuir avec Ana Magdalena. Elle ne montre aucun intérêt pour lui.

– Tu ne m'écoutes jamais ! Ils se sont enfuis. Ils commencent une nouvelle vie. Je ne veux pas revenir à l'Académie. Je veux partir avec Ana Magdalena et Dmitri.

– Tu veux quitter Inés pour Ana Magdalena ?

– Ana Magdalena m'aime. Dmitri m'aime. Inés ne m'aime pas.

– Inés t'aime, bien sûr que si ! À Novilla, elle s'impatiente et veut revenir te retrouver. Quant à Dmitri, il n'aime personne. Il est incapable d'amour.

– Il aime Ana Magdalena.

– Il a une passion pour Magdalena. C'est différent. La passion est égoïste. L'amour est généreux. Inés t'aime de façon généreuse. Moi aussi.

– Je m'ennuie avec Inés. Je m'ennuie avec toi. Quand la pluie va-t-elle cesser ? Je déteste la pluie.

– Je suis désolé d'entendre que tu t'ennuies tellement. Quant à la pluie, n'étant pas l'empereur des cieux, je ne peux rien faire pour l'arrêter. »

Estrella possède deux chaînes de radio. Il allume la seconde station au moment même où le présentateur annonce la fermeture de la foire agricole en raison des conditions météorologiques « inhabituelles ». S'ensuit une longue litanie des services de bus réduits et des écoles qui suspendent leurs cours. « Les deux académies d'Estrella vont aussi fermer leurs portes, l'Académie de chant et l'Académie de danse. »

« Je te l'avais dit, grogne le garçon. Je ne retournerai jamais à l'Académie. Je la déteste.

– Il y a un mois tu adorais l'Académie. À présent tu la détestes. Peut-être est-il temps, David, de comprendre qu'il y a plus que deux sentiments, l'amour et la haine. Il existe beaucoup d'autres sentiments. Si tu décides de détester l'Académie et refuses d'y retourner, tu vas te retrouver dans une école publique où les instituteurs ne te raconteront pas des histoires de génie et d'éléphant, mais te feront faire des opérations toute la journée, soixante-trois divisés par neuf, soixante-douze divisés par six. Tu as de la chance, David, tu es un garçon chanceux et très gâté. Je pense que tu devrais t'en rendre compte. »

Ayant vidé son sac, il sort sous la pluie et appelle l'Académie. Cette fois-ci Alyosha décroche.

« Alyosha ! C'est Simón, à nouveau. Je viens juste d'entendre à la radio que l'Académie sera fermée jusqu'à ce que la pluie s'arrête. Pourquoi ne me l'avez-vous pas dit ? Passez-moi le señor Arroyo. »

Un long silence.

« Le señor Arroyo est occupé, il ne peut pas venir au téléphone.

– Le señor Arroyo, le directeur de l'Académie, est trop occupé pour parler aux parents. La señora Arroyo a abandonné son poste et demeure introuvable. Que se passe-t-il ? »

Silence. Devant la cabine une jeune femme le toise d'un regard exaspéré, grimace des mots, tape sur sa montre. Elle tient un parapluie, mais il est peu solide et ne la protège pas des trombes d'eau qui lui tombent dessus.

« Alyosha, écoutez-moi : nous venons vous voir, David et moi. Nous arrivons tout de suite. Ne verrouillez pas la porte. Au revoir. »

Il abandonne toute tentative pour rester sec. Ils roulent vers l'Académie, le garçon sur la barre du vieux vélo lourd, l'œil attentif sous le ciré jaune, hurlant de plaisir, levant haut les pieds quand ils labourent les flaques. Les feux rouges ne fonctionnent pas, les rues sont presque désertes. Les vendeurs de la place centrale ont remballé depuis longtemps leurs marchandises pour rentrer chez eux.

Une voiture est stationnée devant l'entrée de l'Académie. Un enfant – il reconnaît un condisciple de David – presse sa figure contre la vitre, tandis que sa mère s'efforce de mettre une valise dans le coffre. Il vient à son aide.

« Merci, dit-elle. Vous êtes le père de David, n'est-ce pas ? Je me souviens de vous, le soir du spectacle. On se met à l'abri ? »

Ils se retranchent dans l'entrée, alors que David grimpe dans la voiture auprès de son ami.

« C'est affreux, n'est-ce pas ? » dit la dame en secouant les gouttes de ses cheveux.

Il la reconnaît, se souvient de son prénom : Isabella. Avec son imper et ses talons hauts, elle est plutôt élégante, séduisante. Son regard est inquiet.

« Vous parlez du temps ? Oui, je n'ai jamais connu pareille pluie. On dirait la fin du monde.

– Non, je pensais à l'affaire de la señora Arroyo. C'est très perturbant pour les enfants. Elle avait tellement bonne réputation, cette académie. Maintenant je me pose des questions. Quels sont vos projets pour David ? Vous allez le laisser ici ?

– Je ne sais pas. Nous en parlerons, sa mère et moi. Que voulez-vous dire à propos de la señora Arroyo ?

– Vous n'êtes pas au courant ? Ils ont rompu, les Arroyo, elle a décampé. Je suppose qu'on aurait pu le prévoir : une femme jeune, mariée à un homme nettement plus âgé. Mais au beau milieu du trimestre, sans avertir les parents ! Je ne vois pas comment l'Académie pourrait continuer de fonctionner. C'est l'inconvénient de ces petites structures – cela repose trop sur les individus. Bon, il nous faut partir. Comment séparer ces enfants ? Vous devez être fier de David. Un garçon tellement intelligent, j'entends dire. »

Elle relève le col de son imperméable, brave la pluie, toque à la vitre de la voiture.

« Carlos, Carlito ! Nous y allons ! Au revoir, David. Peut-être viendras-tu jouer chez nous un de ces jours. Nous passerons un coup de fil à tes parents. »

Un salut rapide et la voilà qui démarre.

Les portes du studio sont ouvertes. En gravissant l'escalier, ils entendent l'orgue, un morceau de bravoure rapide, constamment répété. Alyosha les attend, le visage tendu.

« Ça continue de tomber dehors ? demande-t-il. Viens nous embrasser, David.

– Ne sois pas triste, Alyosha, explique le garçon avec patience. Ils sont partis vivre une autre vie. Ils vont devenir des bohémiens.

– Je suis totalement perturbé, Alyosha, dit Simón. J'entends plein d'histoires et ne sais laquelle croire. Il faut impérativement que je parle au señor Arroyo. Où est-il ?

– Le señor Arroyo est en train de jouer.

– Je l'entends. Néanmoins, puis-je lui parler ? »

Le morceau rapide et brillant qu'il a entendu fusionne à présent avec un morceau plus lourd, dans les basses, qui lui semble obscurément lié. Pas de chagrin dans cette musique, aucune mélancolie, rien qui suggère que le musicien vient d'être abandonné par sa magnifique jeune femme.

« Il est au clavier depuis six heures du matin, soupire Alyosha. Je pense qu'il ne tient pas à être interrompu.

– Très bien. J'ai tout mon temps, j'attendrai. Pouvez-vous veiller à ce que David mette des vêtements secs ? Puis-je utiliser le téléphone ? »

Il appelle Modas Modernas.

« Ici, Simón, l'ami d'Inés. Pouvez-vous transmettre un message à Inés à Novilla ? Dites-lui qu'il y a une crise à l'Académie, qu'elle rentre sans délai… Non, je n'ai pas de numéro où la joindre… Dites simplement "une crise à l'Académie", elle comprendra. »

Il s'assied et attend Arroyo. S'il était moins exaspéré, il pourrait savourer la musique, la manière ingénieuse avec laquelle l'artiste entrecroise ses motifs, les surprises harmoniques, la logique de ses résolutions. Un vrai musicien, sans aucun doute, relégué au rôle de directeur d'école. Pas étonnant qu'il ne soit pas enclin à recevoir des parents en colère.

Alyosha revient avec un sac en plastique contenant les vêtements mouillés de David.

« David est en train de saluer les animaux », rapporte-t-il.

Là-dessus le garçon déboule en criant :

« Alyosha ! Simón ! Je sais où il est ! Je sais où se trouve Dmitri ! Venez ! »

Ils suivent le garçon, descendent par l'escalier du fond au sous-sol du musée, faiblement éclairé, passent devant des rangées d'échafaudages, des toiles entassées pêle-mêle contre les murs, un ensemble encordé de nus en marbre, arrivent à une petite cabine dans un coin, construite en contreplaqué, cloutée à la va-vite, sans toit.

« Dmitri ! crie le garçon en cognant à la porte. Alyosha est là, Simón aussi ! »

Pas de réponse. Il note, lui, Simón, que la porte de la cabine est fermée par un cadenas.

« Il n'y a personne à l'intérieur, dit-il. C'est fermé de l'extérieur.

– Il est dedans ! presse l'enfant. Je l'entends ! Dmitri ! »

Alyosha tire un des échafaudages et l'appuie contre une paroi de la cabine. Il monte, jette un coup d'œil à l'intérieur et redescend aussitôt.

Avant qu'on ait pu l'arrêter, David escalade l'échafaudage. Au sommet, il se fige. Alyosha remonte et le fait descendre.

« Qu'est-ce qu'il y a ? demande Simón.

– Ana Magdalena. Allez. Prenez David avec vous. Appelez une ambulance. Dites qu'il s'agit d'un accident. Dites-leur de venir vite. » Ses jambes se plient, il tombe à genoux. Son visage est pâle. « Allez, allez, allez ! »

Tout ce qui suit se déroule dans la bousculade. L'ambulance arrive, puis la police. On vide le musée de ses visiteurs ; on plante un garde à l'entrée ; l'accès au sous-sol est barré. Accompagné des jeunes Arroyo et de ce qui reste des pensionnaires, Alyosha se retire au dernier étage du bâtiment. Aucun signe du señor Arroyo : le balcon de l'orgue est vide.

Il aborde l'un des officiers de police.

« Pouvons-nous partir ? demande-t-il.

– Qui êtes-vous ?

– Nous sommes ceux qui ont découvert… qui ont découvert le corps. Mon fils David est élève à l'Académie. Il est très bouleversé. J'aimerais le ramener à la maison.

– Je ne veux pas aller à la maison », annonce le garçon. Il a pris un air déterminé, têtu ; le choc qui l'avait rendu silencieux semble avoir disparu. « Je veux voir Ana Magdalena.

– Certainement pas. »

Un coup de sifflet. Sans un mot l'officier les abandonne. Aussitôt le garçon part comme une flèche, traverse le studio, tête baissée comme un petit taureau. Lui, Simón, ne le rattrape qu'au pied de l'escalier où deux ambulanciers, portant un brancard recouvert d'un drap blanc, essaient de passer à travers un petit groupe de personnes. Le drap s'accroche, découvrant un instant la défunte señora Arroyo jusqu'à ses seins nus. La partie gauche de son visage est bleue, presque noire. Les yeux grands ouverts. La lèvre supérieure est retroussée comme dans un grondement. Prestement les ambulanciers replacent le drap.

Un officier en uniforme prend le garçon par le bras, le bloque.

« Laissez-moi ! crie-t-il, essayant de se libérer. Je veux la sauver ! »

Sans effort l'officier de police le soulève et le laisse donner des coups de pied dans les airs. Lui, Simón, n'intervient pas, il attend que le brancard soit installé dans l'ambulance, que les portières claquent.

« Vous pouvez le lâcher, dit-il enfin à l'officier. Je le prends en charge. C'est mon fils. Il est bouleversé. C'était son institutrice. »

Il n'a ni l'énergie ni l'humeur à pédaler. Côte à côte, le garçon et lui se traînent vers le cottage sous la pluie monotone.

« Me voilà à nouveau mouillé », se plaint l'enfant.

Il le recouvre de son ciré.

À la porte, ils sont salués par Bolívar, majestueux comme à son habitude.

« Assieds-toi contre Bolívar, ordonne-t-il. Laisse-le te réchauffer. Laisse-le te donner un peu de sa chaleur.

– Que va-t-il arriver à Ana Magdalena ?

– À l'heure qu'il est, elle doit être à l'hôpital. Je ne veux plus en parler. Ça suffit pour la journée.

– Dmitri l'a-t-il tuée ?

– Je n'en ai pas la moindre idée. Je ne sais pas comment elle est morte. Maintenant, j'aimerais que tu me dises une chose : cette petite pièce où nous l'avons trouvée, c'était l'endroit où Dmitri t'emmenait pour te montrer des photos de femmes ?

– Oui. »

Chapitre 12

Le lendemain, le ciel enfin dégagé après les fortes pluies, Dmitri se livre. Il se présente de lui-même au quartier général de la police.

« C'est moi », annonce-t-il à la jeune femme de la réception. Et, comme elle ne comprend pas, il montre le journal du matin et tapote le gros titre « MORT D'UNE BALLERINE » avec une photo en buste d'Ana Magdalena, toute en beauté froide. « C'est moi qui l'ai tuée. Je suis le coupable. »

Dans les heures qui suivent, il écrit pour la police un rapport complet et détaillé de ce qui s'est passé. Que, sous un faux prétexte, il a persuadé Ana Magdalena de l'accompagner au sous-sol du musée. Qu'il l'a violée et étranglée par la suite. Qu'il a enfermé le corps dans la cabine. Que pendant deux jours et deux nuits il a erré dans les rues de la ville, indifférent au froid et à la pluie, fou (sans préciser de quoi : de culpabilité ? de chagrin ?), jusqu'à ce qu'il tombe sur le journal dans un kiosque et sur la photo dont le regard, selon ses termes, lui a transpercé l'âme. Qu'il est revenu à la raison. Qu'il s'est rendu, « déterminé à payer sa dette ».

Tout ceci est exposé lors de la première audience, intensément suivie par le public, car, de mémoire d'homme, rien d'aussi ahurissant n'était jamais survenu à Estrella. Le señor Arroyo n'y assiste pas : il a verrouillé les portes de l'Académie et ne veut parler à personne. Lui, Simón, aimerait bien, mais la foule massée à l'entrée du petit tribunal est tellement dense qu'il abandonne. À la radio il apprend que Dmitri a admis sa culpabilité et refusé toute assistance judiciaire, alors même que le magistrat lui a expliqué que ce n'était ni l'heure ni l'endroit pour se lancer dans un plaidoyer. « J'ai commis la pire chose au monde, j'ai tué la personne que j'aimais, aurait-il clamé. Fouettez-moi, pendez-moi, brisez mes os. » On l'a reconduit du tribunal à sa cellule, sous un déluge de huées et les insultes des badauds.

Répondant à son appel, Inés est rentrée de Novilla, accompagnée par Diego, son frère aîné. David retourne s'installer avec eux dans l'appartement. Comme il n'a plus classe, il est libre de jouer au foot toute la journée avec Diego. Au foot, Diego est « génial », déclare-t-il.

Lui, Simón, s'en va déjeuner avec Inés. Ils discutent de ce qu'il convient de faire avec David.

« Il semble être revenu à la normale, il semble avoir surmonté le choc, lui dit-il, mais j'ai des doutes. Aucun enfant ne peut voir une scène comme ça sans subir de contrecoups.

– On n'aurait jamais dû l'inscrire à l'Académie. Nous aurions dû engager un précepteur, comme j'avais dit. Ces Arroyo se sont révélés une vraie calamité. »

Il proteste :

« Ce n'est tout de même pas la faute de la señora Arroyo si elle s'est fait assassiner, ni celle de son mari, pour le coup. N'importe où il peut arriver qu'on croise le chemin d'un monstre comme Dmitri. Considérons l'aspect positif : David aura au moins reçu une leçon sur les adultes et appris jusqu'où les mènent parfois leurs passions. »

Inés fait la grimace.

« "Passions" ? Vous appelez le viol et le meurtre des "passions" ?

– Non. Le viol et le meurtre sont des crimes, mais on ne peut pas nier que Dmitri était mû par la passion.

– Tant pis pour la passion. Le monde serait plus sûr avec moins de passion. »

Ils se trouvent dans un café en face de Modas Modernas, aux tables très rapprochées. Leurs voisines, deux dames bien habillées, qui font peut-être partie de la clientèle d'Inés, se sont tues et tendent l'oreille à ce qui pourrait bien ressembler à une querelle. C'est pourquoi il se retient de dire : La passion, Inés, qu'est-ce que vous savez de la passion ? et se borne à remarquer :

« Ne nous égarons pas en eaux troubles. Comment va Diego ? Que pense-t-il d'Estrella ? Combien de temps va-t-il rester ? Stefano viendra-t-il vous rejoindre ? »

Non, apprend-il, Stefano ne se rendra pas à Estrella. Stefano est entièrement sous la coupe de sa nouvelle amie, qui ne souhaite pas qu'il s'éloigne. Quant à Diego, il n'a pas une impression favorable d'Estrella. Il la qualifie d'*atrasada*, de rétrograde ; il ne comprend pas ce qu'Inés fait ici. Il voudrait qu'elle revienne avec lui à Novilla.

« Et vous le feriez ? demande-t-il. Vous pourriez repartir à Novilla ? J'ai besoin de le savoir, car je vais où va David. »

Inés ne répond pas, joue avec sa petite cuiller.

« *Quid* du magasin ? Que pensera Claudia si vous l'abandonnez soudain ? » Il se penche sur la table.

« Dites-moi honnêtement, Inés : êtes-vous toujours aussi dévouée à David ?

– Qu'est-ce que vous voulez dire par "toujours aussi dévouée" ?

– Je veux dire par là : êtes-vous toujours la mère du garçon ? L'aimez-vous encore ou êtes-vous en train de prendre vos distances ? Parce que, je vous avertis, je ne peux pas être à la fois père et mère. »

Inés se lève.

« Il faut que je retourne au magasin », dit-elle.

L'Académie de chant est un endroit bien différent de l'Académie de danse. Hébergée dans un élégant bâtiment vitré, elle est située près d'un square boisé dans le quartier le plus cher de la ville. David et lui sont introduits dans le bureau de la señora Montoya, la directrice adjointe, qui les salue fraîchement. À la suite de la fermeture de l'Académie de danse, les informe-t-elle, l'Académie de chant a reçu un petit flux de demandes d'inscription. On peut ajouter le nom de David à la liste, mais les perspectives ne lui sont pas favorables : préférence sera donnée aux candidats qui ont reçu une instruction musicale classique. En outre, Simón doit prendre en compte le fait que les frais de scolarité sont considérablement plus élevés à l'Académie de chant.

« David a pris des leçons de musique avec le señor Arroyo lui-même, explique-t-il. Il a une belle voix. Lui donneriez-vous la possibilité de le prouver lui-même ? Il a excellé en danse. Il pourrait exceller aussi en chant.

– C'est ce que tu voudrais être dans la vie : un chanteur ?

– David, tu as entendu la question de la señora. Veux-tu devenir chanteur ? »

Le garçon ne répond pas, il regarde calmement par la fenêtre.

« Que veux-tu faire de ta vie, jeune homme ? demande la señora Montoya.

– Je ne sais pas. Cela dépend.

– David a six ans, plaide Simón. On ne peut pas s'attendre à ce qu'un garçon de six ans ait un plan de vie.

– Señor Simón, s'il y a un trait qui réunit tous les écoliers de notre académie, du plus jeune au plus âgé, c'est la passion de la musique. As-tu la passion de la musique, jeune homme ?

– Non. Les passions sont mauvaises pour nous.

– Vraiment ! Qui t'a dit ça – que les passions étaient mauvaises pour nous ?

– Inés.

– Et qui donc est Inés ?

– Inés est sa mère, intervient Simón. David, je pense que tu as mal compris Inés. Elle se référait aux passions physiques. La passion de la musique n'est pas une passion physique. Tu ne chanterais pas quelque chose à la señora Montoya, afin qu'elle entende ta belle voix ? Cette chanson anglaise que tu as l'habitude de chanter ?

– Non. Je ne veux pas chanter. Je déteste chanter. »

Il s'en va rendre visite aux trois sœurs au domaine, accompagné du garçon. Comme toujours, ils sont chaleureusement reçus, on les régale de petits gâteaux glacés et de limonade confectionnée par Roberta. Le garçon se lance dans le circuit des étables et des enclos pour retrouver ses vieux amis. En son absence, lui, Simón, raconte l'entrevue avec la señora Montoya.

« La passion de la musique… soupire-t-il. Imagine-t-on demander à un enfant de six ans s'il a la passion de la musique ? Les enfants manifestent de l'enthousiasme, mais ne peuvent pas encore nourrir de passion. »

Il s'est pris d'affection pour les trois sœurs. Il sent qu'il peut leur ouvrir son cœur.

« J'ai toujours pensé que cette Académie de chant avait un côté prétentieux, dit Valentina. Mais elle est de haut niveau, aucun doute là-dessus.

– Si par miracle elle admettait David, seriez-vous prêtes à nous aider pour les frais de scolarité ? »

Il fait part du montant qu'on lui a annoncé.

« Bien sûr », dit Valentina sans hésitation. Consuelo et Alma approuvent. « Nous adorons David. C'est un enfant exceptionnel. Il a un grand avenir devant lui. Mais pas forcément sur une scène d'opéra.

– Comment supporte-t-il le choc, Simón ? demande Consuelo. Cette affaire a dû le bouleverser terriblement.

– Il rêve de la señora Arroyo. Il était devenu très proche d'elle, ce qui m'a surpris, car je la trouvais plutôt froide – froide et sévère. Mais il l'a aimée dès le début. Il a dû lui trouver des qualités que je n'ai pas perçues.

– Elle était très belle. Très classique. Vous ne la trouviez pas belle ?

– Si, elle était belle. Mais pour un petit garçon, c'est à peine un détail.

– Je le suppose. Dites-moi : vous croyez qu'elle était irréprochable dans toute cette triste affaire ?

– Pas complètement. Entre elle et Dmitri, il s'agissait d'une longue histoire. Il était obsédé par elle, il vénérait le sol qu'elle foulait. Il me l'a raconté tel quel, il le racontait à qui voulait l'entendre. Et cependant elle le traitait sans considération. Elle le traitait comme un chien, en fait. Je l'ai constaté moi-même. Est-ce étonnant qu'à la fin il soit devenu dément ? Bien sûr, je ne lui cherche pas d'excuses… »

David revient de son expédition.

« Où est Rufo ? interroge-t-il.

– Il est tombé malade, nous avons dû l'endormir, répond Valentina. Où sont tes chaussures ?

– Roberta me les a fait enlever. Je peux voir Rufo ?

– "Endormir" quelqu'un, c'est un euphémisme, mon garçon. Rufo est mort. Roberta va nous trouver un chiot qui pourra le remplacer comme chien de garde.

– Mais où est-il ?

– Je ne puis dire. Je ne sais pas. Nous avons laissé Roberta s'en charger.

– Elle ne le traitait pas comme un chien.

– Pardon ? Qui ne traitait pas qui comme un chien ?

– Ana Magdalena. Elle ne traitait pas Dmitri comme un chien.

– Tu les as espionnés ? Ce n'est pas bien, David. Il ne faut pas espionner.

– Elle ne le traitait pas comme un chien. Elle faisait semblant.

– Eh bien, tu dois le savoir mieux que moi, j'en suis sûre. Comment va ta mère ? »

Lui, Simón, intervient :

« Je suis désolé qu'Inés n'ait pu nous accompagner, mais son frère de Novilla est venu lui rendre visite. Il vit dans notre appartement. J'ai déménagé pour l'occasion.

– Son prénom, c'est Diego, dit le garçon. Il déteste Simón. Il dit que Simón est "*una manzana podrida*". Il dit qu'Inés devrait quitter Simón et rentrer à Novilla. Qu'est-ce que ça veut dire, "*una manzana podrida*" ?

– “Une pomme pourrie”.

– Je sais, mais qu’est-ce que ça veut vraiment dire ?

– Je ne sais pas. Voulez-vous le lui expliquer, Simón, puisque vous êtes la *manzana* en question ? »

Les trois sœurs éclatent de rire.

« Diego m’en veut depuis longtemps parce que je lui ai enlevé sa sœur. À ses yeux, Inés, leur jeune frère et lui vivaient dans le bonheur jusqu’à ce que j’entre en scène et leur vole Inés. C’est entièrement faux, bien entendu, une distorsion complète des faits.

– Oh ! Et quelle est la vérité ? fait Consuelo.

– Je n’ai pas enlevé Inés. Elle n’a pas de sentiments à mon endroit. Elle est la mère de David. Elle veille sur lui, et je veille sur eux deux. C’est tout.

– Très étrange, dit Consuelo. Très inhabituel. Mais nous vous croyons. Nous vous connaissons et nous vous croyons. Nous ne pensons pas un seul instant que vous êtes *una manzana podrida.* » Ses sœurs approuvent. « C’est pourquoi, jeune homme, tu devrais aller voir le frère d’Inés et l’informer qu’il s’est largement trompé sur Simón. Tu ferais ça ?

– Ana Magdalena avait une passion pour Dmitri, dit le garçon.

– Je ne pense pas, tranche-t-il, lui, Simón. C’était l’inverse. C’est Dmitri qui nourrissait une passion. C’est sa passion pour Ana Magdalena qui l’a conduit à de mauvaises actions.

– Tu dis toujours que la passion est mauvaise. Inés aussi. Tous deux, vous détestez la passion.

– Pas du tout. Je ne déteste pas la passion, c’est une contre-vérité totale. Néanmoins, on ne peut ignorer les mauvaises conséquences d’une passion. Que pensez-vous, Valentina, Consuelo, Alma : la passion, c’est bon ou mauvais ?

– Je pense que la passion est bonne, dit Alma. Sans passion, le monde ne tournerait plus rond. Ce serait un endroit morne et creux. En fait… » elle regarde ses sœurs « sans passion aucun d'entre nous ne serait ici. Ni les cochons, ni les vaches, ni les poulets. Nous sommes sur terre à cause de la passion, celle d'une personne pour une autre. On l'entend bien au printemps lorsque le ciel est envahi de chants d'oiseaux, chaque volatile cherchant un partenaire. Si ce n'est pas de la passion, ça ? Les molécules, même. Nous n'aurions pas d'eau si l'oxygène n'avait pas de passion pour l'hydrogène. »

Des trois sœurs, c'est Alma qu'il aime le plus, sans passion toutefois. Elle n'a pas la belle allure de ses sœurs. Courtaude, boulotte même ; son visage est rond, agréable mais sans caractère. Elle porte de petites lunettes à monture d'acier qui ne lui siéent pas. Est-elle leur sœur à part entière, ou seulement une demi-sœur ? Il ne les connaît pas assez pour oser poser la question.

« Tu ne penses pas, Alma, qu'il y a deux sortes de passion, une bonne et une mauvaise ? demande Valentina.

– Non, je pense qu'il n'y a qu'une forme de passion, la même partout. Quelles sont tes pensées, David ?

– Simón dit que je ne suis pas autorisé à avoir des pensées. Simón dit que je suis trop jeune. Il dit qu'il faut que je devienne vieux comme lui avant d'avoir des pensées.

– Simón dit des bêtises, sourit Alma. Simón se change en *manzana* ratatinée. » À nouveau les sœurs se répandent en rires. « Ne fais pas attention à Simón. Dis-nous ce que tu penses, toi. »

Le garçon, en chaussettes, s'avance au milieu de la pièce et, sans préambule, se met à danser. Simón reconnaît immédiatement la danse. Il s'agit de celle qu'a exécutée l'aîné des Arroyo le soir du spectacle ; mais David l'exécute mieux, avec plus de grâce, d'autorité et de conviction, même si l'autre garçon est le fils du maître de danse. Les sœurs observent en silence, absorbées, l'enfant qui trace ses hiéroglyphes complexes, évitant aisément les petites tables tarabiscotées et les tabourets du salon.

Tu danses pour ces dames mais pas pour moi, songe-t-il. Tu danses pour Inés. Qu'ont-elles que je n'ai pas ?

La danse s'achève. David ne salue pas – ce n'est pas le style de l'Académie –, il reste figé un moment, les yeux fermés, un petit sourire extasié aux lèvres.

« Bravo ! applaudit Valentina. C'était une danse de passion ?

– C'est la danse pour appeler le Trois, répond le garçon.

– Et la passion ? insiste Valentina. Où se trouve la passion dans tout ça ? »

Le garçon ne répond pas, mais, dans un geste que lui, Simón, a déjà vu, pose trois doigts sur sa bouche.

« Est-ce une charade ? demande Consuelo. Nous devons deviner ? »

Le garçon ne bouge pas, mais ses yeux brillent avec malice.

« Je comprends, dit Alma.

– Alors peut-être pourras-tu nous expliquer, glisse Consuelo.

– Il n'y a rien à expliquer », constate Alma.

En racontant aux sœurs que le garçon rêvait d'Ana Magdalena, il n'a pas dit toute la vérité. Depuis le temps qu'ils vivent ensemble, d'abord avec lui, puis chez Inés, le garçon s'est toujours endormi sans histoires, capable de dormir profondément et de se lever joyeux, plein d'énergie. Mais depuis la découverte dans le sous-sol du musée, les choses ont changé. Il se montre régulièrement au pied du lit d'Inés, ou du sien quand il dort chez lui, larmoyant, se plaignant de mauvais rêves. Ana Magdalena lui apparaît, bleue de la tête aux pieds, portant un bébé « minuscule, minuscule comme un pois » ; ou elle ouvre la main, révélant dans sa paume le bébé recroquevillé comme une petite limace bleue.

Il fait de son mieux pour consoler l'enfant.

« Ana Magdalena t'aimait beaucoup. C'est pourquoi elle te rend visite dans tes rêves. Elle vient te dire au revoir, te souffler à l'oreille de ne plus avoir de sombres pensées parce qu'elle vogue en paix dans l'autre vie.

– J'ai aussi rêvé de Dmitri. Ses vêtements étaient tout mouillés. Dmitri va-t-il me tuer, Simón ?

– Bien sûr que non. Pourquoi le voudrait-il ? D'ailleurs, ce n'est pas le vrai Dmitri que tu vois, simplement un Dmitri de fumée. Bouge les mains comme cela » il agite ses mains « et il s'en ira.

– Mais c'est son pénis qui lui a fait tuer des gens ? C'est son pénis qui lui fait tuer Ana Magdalena ?

– Ce n'est pas le pénis qui pousse à l'action. C'est autre chose qui est entré dans la tête de Dmitri et l'a conduit à agir comme il l'a fait, une chose étrange qu'aucun de nous ne comprend.

– Quand je serai grand, je n'aurai pas un pénis comme celui de Dmitri. S'il grossit, je le couperai. »

Il rapporte cette conversation à Inés.

« Il a l'impression que les adultes essaient de se tuer quand ils font l'amour, que l'étranglement en est le point culminant. À un moment ou un autre, il semble qu'il ait vu Dmitri nu. Tout est confus dans sa tête. Si Dmitri dit qu'il l'aime, cela signifie qu'il veut le violer et l'étrangler. Comme je regrette d'avoir posé mon regard sur cet homme !

– L'erreur, en premier lieu, c'était de l'envoyer dans cette prétendue académie. Je n'ai jamais fait confiance à cette Ana Magdalena.

– Un peu de charité. Elle est morte, nous sommes en vie. »

Il enjoint à Inés de se montrer charitable, mais, en vérité, n'y avait-il pas des traits étranges chez Ana Magdalena – plus qu'étranges : inhumains ? Ana Magdalena et sa meute d'enfants, comme une louve et ses petits. Ses yeux qui vous transperçaient. Même dans un feu dévastateur, il est difficile de croire que ces yeux puissent se consumer.

« Quand je serai mort, je deviendrai bleu comme Ana Magdalena ? demande le garçon.

– Bien sûr que non, répond-il. Tu iras directement dans l'autre vie. Tu deviendras une personne brillante. Ce sera excitant. Ce sera une aventure, tout comme cette vie-ci est une aventure.

– Mais si je ne passe pas dans l'autre vie, deviendrai-je bleu ?

– Fais-moi confiance, mon garçon, il y aura toujours une autre vie. Il ne faut pas avoir peur de la mort. Elle passe en un éclair et l'autre vie commence.

– Je ne veux pas aller dans l'autre vie. Je veux aller vers les étoiles. »

Chapitre 13

Les tribunaux d'Estrella ont pour mandat le redressement, la réhabilitation et le salut (*recuperación, rehabilitación y salvación*) des délinquants ; c'est ce que lui ont appris ses collègues cyclistes. Il s'ensuit qu'il y a deux sortes de procès : ceux qui durent, si la personne mise en examen conteste les accusations, car la cour doit alors déterminer si elle est coupable ou innocente, et les procès courts, où, l'accusé ayant admis sa culpabilité, la cour se borne à prescrire la peine appropriée.

Dès le début Dmitri a reconnu sa culpabilité. Son nom, il l'a apposé non pas sous une, mais sous trois confessions, chacune plus étoffée que la précédente, racontant par le menu comment il a violé puis étranglé Ana Magdalena Arroyo. On lui a offert toutes les possibilités de minimiser sa transgression (avait-il bu au cours de la nuit fatale ? la victime était-elle décédée malencontreusement au cours d'un jeu érotique ?) mais il les a toutes rejetées. Ce qu'il a fait est inexcusable, dit-il, impardonnable. Inexcusable ou impardonnable, ce n'est pas à lui de décider, rétorquent ses interrogateurs ; ce qu'il doit expliquer, c'est *pourquoi* il a commis ce qu'il a fait. Or c'est là que la troisième confession s'arrête brutalement. « L'accusé a refusé de continuer à collaborer, indiquent les policiers. L'accusé est devenu grossier et violent. »

La délibération est fixée au dernier jour du mois, Dmitri comparaîtra devant un juge et deux assesseurs pour recevoir la sentence.

Deux jours avant le procès, deux officiers en uniforme frappent à la porte de la chambre qu'il loue, lui, Simón, et lui délivrent un message : Dmitri demande à le voir.

« Moi ? Pourquoi voudrait-il me voir ? Il me connaît à peine.

– Aucune idée. S'il vous plaît, accompagnez-nous. »

Ils le conduisent dans les geôles de la police. Il est six heures du soir, l'heure d'un changement d'équipe, dans leur cellule les prisonniers attendent leur dîner. Il fait le pied de grue assez longtemps avant qu'on le mène dans une pièce étouffante, avec un aspirateur gisant dans un coin et deux chaises dépareillées, où l'attend Dmitri – cheveux bien coupés, portant un pantalon et une chemise kaki repassés avec soin, des sandales, nettement plus présentable que le gardien de musée de l'époque.

Dmitri le salue.

« Comment allez-vous, Simón ? Comment va la belle Inés ? Et votre enfant ? Je pense à lui souvent. Je l'aimais beaucoup, vous savez. Je les aimais tous, ces petits danseurs de l'Académie. Ils m'aimaient. Mais c'est fini, bel et bien fini. »

Lui, Simón, est déjà passablement irrité d'être contraint à venir rencontrer cet homme. Cet accueil par des boniments sentimentaux l'exaspère.

« Vous avez acheté leur affection avec des bonbons. Qu'attendez-vous de moi ?

– Vous êtes fâché et je vois bien pourquoi. J'ai commis une chose terrible. J'ai porté le malheur au cœur de plusieurs personnes. Inexcusable, mon comportement a été inexcusable. Vous avez raison de vous détourner de moi.

– Que voulez-vous, Dmitri ? Pourquoi suis-je ici ?

– Vous êtes ici, Simón, parce que j'ai confiance en vous. J'ai passé en revue toutes mes relations, vous êtes la personne en qui j'ai le plus confiance. Pourquoi ai-je confiance en vous ? Non pas que je vous connaisse bien – on ne se connaît pas bien, ni vous ni moi. Mais j'ai confiance en vous. Vous êtes un homme fiable, un homme digne de confiance. Chacun peut le voir. Et puis vous êtes discret. Moi-même, je ne suis pas discret, mais j'admire la discrétion chez les autres. Dans une autre vie, j'aurais choisi d'être un homme discret, fiable. Mais voilà, c'est ma vie, la vie qui m'a été attribuée. Je suis, hélas, ce que je suis.

– Allez droit au but, Dmitri. Pourquoi suis-je ici ?

– Si vous descendez dans l'entrepôt du musée, en bas de l'escalier, à votre droite, vous verrez trois meubles de rangement gris contre le mur. Ils sont fermés. J'avais la clé, mais les gens d'ici me l'ont confisquée. Cependant, ces meubles sont faciles à forcer. On introduit un tournevis dans l'espace en haut de la serrure et on donne un grand coup. La bande métallique qui tient les tiroirs se pliera. Vous le constaterez quand vous aurez essayé. C'est facile. Dans le tiroir du bas du caisson du milieu – *le tiroir du bas du caisson du milieu* – vous trouverez une petite boîte comme celles qu'utilisent les enfants. Elle contient des papiers.

J'aimerais que vous les brûliez. Brûlez-les tous, sans rien regarder. Je peux vous faire confiance pour ça ?

– Vous voulez que j'aille au musée, que je force une armoire, que je vole des papiers et que je les détruise. Quel autre délit voulez-vous que je commette à votre place parce que vous êtes derrière les barreaux ?

– Faites-moi confiance, Simón. Je vous fais confiance, vous devez me faire confiance. Cette boîte n'a rien à voir avec le musée. Elle m'appartient. Elle contient des objets personnels. Dans quelques jours je serai condamné, et qui sait quelle sera la sentence ? Jamais, selon toute vraisemblance, je ne reverrai Estrella, jamais je ne refranchirai les portes du musée. Dans cette ville que je considérais comme mienne, je serai relégué aux oubliettes. Et ce sera bien, juste et bon. Je ne tiens pas à ce qu'on se souvienne de moi. Je ne veux pas subsister dans la mémoire populaire simplement parce que les journaux auront mis la main sur mes objets les plus intimes. Vous comprenez ?

– Je comprends, mais je n'approuve pas. Je ne vais pas agir comme vous me le demandez. En revanche, voilà ce que je vais faire. J'irai voir le directeur du musée et je lui dirai : "Dmitri, qui travaillait ici, me dit qu'il a des affaires à lui dans ces lieux, des papiers. Il m'a demandé de les retrouver et de les lui restituer dans sa prison. M'en donnez-vous la permission ?" Si le directeur accepte, je vous apporterai les papiers. Vous en disposerez à votre gré. C'est tout ce que je ferai pour vous ; surtout rien d'illégal.

– Non, Simón, non, non, non ! Ne les apportez pas ici, c'est trop risqué ! Personne ne doit regarder ces papiers, pas même vous !

– Vos prétendus papiers personnels, c'est bien la dernière chose que j'aimerais regarder. Je suis persuadé qu'il ne s'agit que de cochonneries.

– Oui ! Exactement ! Des cochonneries ! C'est pourquoi il faut les détruire ! Afin qu'il y ait moins de cochonneries dans le monde !

– Non. Je refuse. Trouvez quelqu'un d'autre.

– Il n'y a personne d'autre, Simón, personne en qui j'aie confiance. Si vous ne m'aidez pas, personne ne le fera. Il ne faudra pas beaucoup de temps pour qu'on les découvre et les vende aux journaux. Le scandale éclatera à nouveau, toutes les vieilles plaies se rouvriront. Vous ne pouvez pas permettre que ça arrive, Simón. Pensez à tous les enfants qui se sont liés d'amitié avec moi et qui ont éclairé mes jours. Songez à votre enfant.

– C'est scandaleux, en effet. La vérité, c'est que vous ne voulez pas que votre collection de photos cochonnes soit rendue publique parce que vous voulez qu'on pense du bien de vous. Vous voulez que les gens pensent à vous comme à un homme de passion, non comme à un criminel affamé de pornographie. Je m'en vais. » Il toque à la porte, que l'on ouvre sur-le-champ. « Bonne nuit, Dmitri.

– Bonne nuit, Simón. Sans rancune, j'espère. »

Le jour du procès arrive. Le *crime passionnel*[1] du musée est sur toutes les lèvres d'Estrella, il l'a constaté au cours de ses tournées à vélo. Il a beau s'assurer d'arriver en avance au tribunal, il y a déjà foule devant la porte. Il se fraie un chemin jusqu'au hall où il tombe sur un grand panneau imprimé : *Lieu du procès*

1. En français dans le texte.

modifié. L'audience prévue pour 8.30 est repoussée. Elle se tiendra à 9.30 au Teatro Solar.

Ce théâtre est le plus grand d'Estrella. En chemin il noue une conversation avec un homme accompagné d'un enfant, une petite fille guère plus âgée que David.

« Vous allez assister au procès ? » demande l'homme.

Il opine.

« Un grand jour », continue l'homme.

La petite fille, tout habillée de blanc, un ruban rouge dans les cheveux, lui décroche un sourire.

« Votre fille ?

– Mon aînée », répond l'homme.

Il jette un coup d'œil circulaire et remarque d'autres enfants dans la foule qui se presse vers le théâtre.

« Vous croyez que c'est une bonne idée de l'emmener avec vous ? N'est-elle pas un peu trop jeune pour ce genre de chose ?

– Une bonne idée ? Cela dépend, dit l'homme. Si l'on s'embarque dans de longs palabres et qu'elle s'ennuie, je la ramènerai peut-être à la maison. Mais j'espère que ce sera court et qu'on ira à l'essentiel.

– J'ai un fils du même âge. Je dois dire que je n'ai jamais songé à l'emmener avec moi.

– Eh bien, je pense que les points de vue diffèrent. À mes yeux, un grand événement comme celui-ci a des vertus éducatives – faire comprendre aux enfants qu'il est dangereux de trop se lier avec leurs enseignants.

– L'homme qui est jugé, autant que je sache, n'a jamais été enseignant », réplique-t-il d'un ton acide.

Les voilà à l'entrée du théâtre, le père et sa fille sont avalés par la foule.

Le parterre est déjà bondé, il trouve une place au balcon face à la scène, où l'on a installé un long banc recouvert de feutre vert, probablement pour les juges.

Neuf heures trente arrivent, le temps passe. L'auditorium se fait chaud, étouffant. De nouveaux arrivants se pressent derrière lui, il est coincé contre la rambarde. En bas, des gens sont assis dans les traverses. Un jeune homme entreprenant monte et descend en vendant des bouteilles d'eau.

Un mouvement se dessine. Les lumières éclairent la scène. Conduit par un officier en uniforme, Dmitri apparaît, entravé aux chevilles. Aveuglé, il s'arrête, baisse les yeux vers le public. Son accompagnateur va le faire asseoir dans un espace délimité par des cordes.

Grand silence. Des coulisses sortent trois juges, plus précisément le président et ses deux assesseurs, en robe rouge. La foule se dresse en un élan. Le théâtre peut contenir, estime-t-il, deux cents spectateurs ; il y en a deux fois plus, au moins.

Le public se calme. Le président prononce des paroles inaudibles. L'officier qui garde Dmitri bondit pour ajuster le micro.

« Vous êtes le prisonnier nommé Dmitri ? » demande le juge.

Il fait signe à un policier, qui installe un autre micro devant Dmitri.

« Oui, Votre Honneur.

– Et vous êtes accusé d'avoir violé et tué Ana Magdalena Arroyo le 5 mars de cette année. »

Ce n'est pas une question mais une affirmation. Cependant, Dmitri rétorque :

« Le viol et le meurtre sont survenus dans la nuit du 4 mars, Votre Honneur. J'ai déjà souligné cette erreur dans le dossier. Le 4 mars fut le dernier jour sur terre d'Ana Magdalena. Ce fut un jour terrible pour moi et encore plus terrible pour elle.

– Et vous avez reconnu votre culpabilité pour les deux chefs d'accusation.

– Trois fois. Je l'ai reconnue trois fois. Je suis coupable, Votre Honneur. Condamnez-moi.

– Patience. Avant d'être sanctionné, vous aurez le droit de vous adresser au tribunal, un droit dont vous ferez usage, j'espère. D'abord vous aurez l'occasion de vous disculper, puis vous aurez l'occasion de plaider les circonstances atténuantes. Vous comprenez ce que signifient ces termes : "disculper", "circonstances atténuantes" ?

– Je comprends parfaitement ces termes, Votre Honneur, mais ils n'ont aucune pertinence dans mon cas. Je ne tiens pas à me disculper. Je suis coupable. Jugez-moi. Condamnez-moi. Frappez-moi de toute la force de la loi. Je ne murmurerai pas, je vous le promets. »

Un frémissement parcourt la foule. « Jugez-le ! » crie-t-on. « Du calme », répond-on en écho. On entend des grondements, des sifflets.

Le juge jette un regard interrogateur vers ses collègues, à l'un puis à l'autre. Il lève son marteau et l'abat, une fois, deux fois, trois fois. La rumeur cesse, le silence tombe.

« Je m'adresse à vous tous qui avez pris la peine de venir aujourd'hui voir rendre la justice. Je vous rappelle avec la plus grande gravité qu'on ne rend pas la justice à la hâte ni par acclamations, et certainement pas en esquivant la procédure juridique. » Il se tourne vers Dmitri. « Disculper. Vous dites que vous ne voulez, ni ne pouvez, vous disculper. Pourquoi ? Parce que, dites-vous, votre culpabilité est indéniable. Je demande : qui êtes-vous pour anticiper la procédure et trancher devant cette cour la question, à savoir précisément la question de votre culpabilité ?

» “*Votre* culpabilité” : prenons un moment pour évaluer cette phrase. Qu’est-ce que ça signifie, au fond, de parler de *ma* culpabilité, *votre* culpabilité ou *notre* culpabilité face à l’un ou l’autre agissement ? Qu’en est-il si nous n’étions pas nous-même, ou pas complètement nous-même, lorsque cet acte s’est produit ? Cet agissement serait-il alors le *nôtre* ? Pourquoi, quand des individus ont commis des crimes odieux, disent-ils après coup : “Je ne peux pas expliquer pourquoi j’ai agi ainsi, j’étais hors de moi, je n’étais pas moi-même” ? Vous êtes là devant nous et vous affirmez votre culpabilité. Vous déclarez que votre culpabilité est indéniable. Mais qu’en est-il si, au moment de cette déclaration, vous n’êtes pas vous-même, ou pas complètement vous-même ? Ce sont quelques-uns des problèmes que la cour a le devoir de soulever et de trancher. Ce n’est pas à vous, l’accusé, l’homme au cœur de la tempête, de le déterminer.

» Vous dites par ailleurs que vous ne voulez pas échapper à votre sort. Mais votre salut n’est pas entre vos mains. Si nous, vos juges, ne faisons pas de notre mieux pour vous sauver, en suivant la loi à la lettre, alors nous échouerons à sauver la loi. Bien entendu, nous avons une responsabilité face à la société, une grave et lourde responsabilité, celle de la protéger des violeurs et des meurtriers. Mais nous avons aussi la responsabilité non moins importante de vous sauver vous-même, au cas où vous ne seriez pas vous-même, selon les termes de la loi. Suis-je clair ? »

Dmitri garde le silence.

« Voilà pour votre refus d’argumenter en faveur d’une disculpation. Je passe à l’atténuation des charges que, là aussi, vous refusez. Permettez-moi de vous dire, d'homme à homme, Dmitri : je peux comprendre votre désir d'agir honorablement en acceptant sans murmure la sentence qui sera prononcée. Je peux comprendre votre souhait de ne pas vous humilier en public en paraissant ramper devant la loi. Mais c'est pour cette raison précise que nous avons des avocats. Quand vous demandez à un avocat de plaider en votre nom, vous l'autorisez à prendre sur lui toute la honte que ce plaidoyer peut comporter. En tant que votre représentant, il rampe, pour ainsi dire, devant la loi en votre nom, laissant ainsi votre précieuse dignité intacte. Permettez-moi donc de vous demander : pourquoi avez-vous refusé les services d'un avocat ? »

Dmitri se racle la gorge.

« Je crache sur les avocats », dit-il.

Et il crache sur le plancher.

Le premier assesseur intervient :

« Notre président a soulevé la possibilité que vous ne soyez pas vous-même aux termes de la loi. À ce qu'il vient de dire, permettez-moi d'ajouter que cracher devant la cour n'est pas un comportement que l'on adopte quand on est soi-même. »

Dmitri le regarde fixement, montrant les dents comme un animal acculé.

« La cour peut désigner un avocat pour votre défense, continue l'assesseur. Il n'est pas trop tard. Cela entre dans les pouvoirs de la cour. Nous pouvons désigner un avocat et repousser l'audience pour lui laisser le temps de maîtriser pleinement le dossier et de décider de la meilleure suite à donner. »

Une sourde rumeur dépitée traverse l'assistance.

« Jugez-moi sur-le-champ ! crie Dmitri. Si vous ne le faites pas, je me trancherai la gorge. Je me pendrai. Je me ferai sauter la cervelle. Vous ne serez pas capables de m'en empêcher.

– Prenez garde, dit l'assesseur. Mon collègue a salué votre souhait de montrer un comportement honorable. Mais menacer la cour n'est pas un comportement honorable. Au contraire, c'est un comportement de fou. »

Dmitri s'apprête à répondre, mais le président lève la main.

« Gardez le silence, Dmitri. Nous allons tous vous suivre dans ce silence. Tous ensemble nous allons garder le silence afin de permettre à nos passions de s'apaiser. À la suite de cela, nous délibérerons de façon calme et raisonnée sur la suite de la procédure. »

Le juge joint les mains et ferme les yeux. Ses collègues font de même. Dans la salle des gens joignent les mains et ferment les yeux. À contrecœur, lui, Simón, suit leur exemple. Les secondes s'égrènent. Derrière lui un bébé commence à geindre. *Permettre à nos passions de s'apaiser*, pense-t-il. Quelle passion suis-je en train de ressentir, si ce n'est une violente irritation ?

Le président rouvre les yeux.

« Or donc, dit-il, il n'est pas contesté que la défunte Ana Magdalena est décédée à la suite des agissements de l'accusé Dmitri. La cour invite à présent Dmitri à raconter son histoire, la journée du 4 mars telle qu'il l'a vécue ; dans la transcription des minutes du procès, sachez que le récit de Dmitri figurera comme plaidoyer de défense. Parlez, Dmitri.

– Quand le renard saisit l'oie à la gorge, il ne dit pas : “Chère oie, en signe de ma distinction je vais te donner une chance de me persuader que tu n'es pas une oie après tout.” Non, il lui arrache la tête, ouvre sa poitrine et lui mange le cœur. Allez-y. Arrachez-moi la tête.

– Vous n'êtes pas un animal, Dmitri, nous ne sommes pas des bêtes. Vous êtes un homme et nous sommes des humains à qui on a confié la tâche de rendre la justice ou de s'en approcher au plus près. Aidez-nous dans cette tâche. Faites confiance à la loi, aux procédures juridiques qui ont fait leurs preuves. Racontez-nous votre histoire, en commençant par la défunte Ana Magdalena. Pour vous, qui était Ana Magdalena ?

– Ana Magdalena était une professeure de danse et l'épouse du directeur de l'Académie de danse. L'Académie occupe l'étage au-dessus du musée où je travaillais. Je la voyais tous les jours.

– Poursuivez.

– J'aimais Ana Magdalena. Je l'ai aimée dès le premier instant où je l'ai vue. Je la vénérais. Je l'adorais. Je baisais le sol qu'elle foulait. Mais elle n'avait rien à faire de moi. Elle me trouvait fruste. Elle se riait de moi. Je l'ai donc tuée. Je l'ai violée et après je l'ai étranglée. C'est tout.

– Ce n'est pas tout, Dmitri. Vous vénériez Ana Magdalena, vous l'adoriez et cependant vous l'avez violée et étranglée. Nous trouvons cela difficile à comprendre. Aidez-nous. Si la femme que l'on aime nous rejette, les sentiments sont blessés, mais on ne réagit certes pas en se retournant contre elle, en la tuant. Il doit y avoir une cause supplémentaire, une chose qui s'est passée le jour où vous avez commis votre action. Racontez-nous plus en détail ce qui s'est passé ce jour-là. »

Même d'où il se trouve, Simón peut voir la rage envahir le visage de Dmitri, l'intensité avec laquelle il empoigne le micro.

« Condamnez-moi ! hurle-t-il. Qu'on en finisse !
– Non, Dmitri. Nous n'allons pas obéir à votre ordre. Nous sommes ici pour rendre justice.
– Vous ne pouvez pas rendre justice ! Vous ne pouvez pas mesurer ma culpabilité ! Elle n'est pas mesurable !
– Au contraire, c'est la raison exacte de notre présence ici : mesurer votre culpabilité et décider de la peine qui lui convient.
– Comme un chapeau convient à une tête !
– Oui, comme un chapeau qui convient à une tête. Rendre justice, non seulement à votre endroit, mais aussi à l'égard de votre victime.
– La femme que vous appelez ma victime se moque de ce que vous faites. Elle est morte. Elle est partie. Personne ne peut la ramener.
– Au contraire, Dmitri. Ana Magdalena n'est pas partie, elle est parmi nous aujourd'hui, ici, dans ce théâtre. Elle nous hante, vous plus que quiconque. Elle ne s'en ira pas tant que la justice ne l'aura pas satisfaite. C'est pourquoi il faut nous raconter ce qui s'est passé le 4 mars. »

On entend un claquement sec quand la coque du micro se brise dans les mains de Dmitri. Les larmes coulent de ses yeux serrés, comme de l'eau qu'on presserait d'une pierre. Il balance lentement la tête. Des mots étranglés parviennent : « Je ne peux pas ! Je ne le ferai pas ! »

Le juge remplit un verre d'eau et indique au gardien de le porter à Dmitri. Il sirote à grand bruit.

« Nous pouvons continuer, Dmitri ? demande le juge.
– Non », répond Dmitri. À présent il laisse libre cours à ses larmes. « Non.

– Nous ferons donc une pause pour vous permettre de vous remettre. Nous reprendrons cet après-midi à quatorze heures. »

Un grondement mécontent monte de l'assistance. Le juge donne un coup de marteau sec.

« Silence ! ordonne-t-il. Il ne s'agit pas d'un divertissement. Un peu de considération ! »

Il s'éloigne d'un pas digne, suivi par les deux assesseurs, puis par le gardien qui pousse Dmitri devant lui.

Lui, Simón, se mêle à la foule qui descend l'escalier. Au foyer il est étonné de tomber sur Diego, le frère d'Inés, et, avec lui, David.

« Que fais-tu ici ? demande-t-il au garçon, ignorant Diego.

– Je voulais venir. Je voulais voir Dmitri.

– Je pense que Dmitri se trouve suffisamment humilié sans avoir en plus des enfants de l'Académie qui le regardent bouche bée. Inés t'a-t-elle donné la permission de venir ?

– Il veut être humilié, assure le garçon.

– Non pas. Ce n'est pas une chose qu'un enfant puisse comprendre. Dmitri ne veut pas être traité comme un dément. Il veut conserver sa dignité. »

Un étranger, un jeune homme mince à l'allure d'oiseau, portant une serviette, les écoute. Il intervient :

« Cet homme est certainement malade dans sa tête. Comment peut-on commettre un tel crime sans avoir l'esprit tordu ? Et il insiste pour recevoir la sentence la plus lourde… Quel être normal agirait de la sorte ?

– Ici, à Estrella, quelle est la peine la plus lourde ? demande Diego.

– Les mines de sel. Les travaux forcés dans les mines de sel à perpétuité. »

Diego rit.

« Ainsi, vous avez encore des mines de sel ! »

Le jeune homme est perplexe.

« Oui, nous avons des mines de sel. Qu'est-ce qu'il y a de bizarre ? »

– Rien », dit Diego.

Mais il continue de sourire.

« C'est quoi, une mine de sel ? demande le garçon.

– Un endroit où on creuse pour trouver du sel. Comme une mine d'or quand on cherche de l'or.

– C'est là où ira Dmitri ?

– C'est là où vont les brebis galeuses, dit Diego.

– Pourrons-nous lui rendre visite ? Pourrons-nous aller dans les mines de sel ?

– Ne précipitons pas les choses, dit-il, lui, Simón. Je ne crois pas que le juge va envoyer Dmitri dans les mines de sel. À mon sens, voilà comment ça va se passer : je pense qu'il va déclarer que Dmitri a une maladie mentale et va l'envoyer se soigner à l'hôpital. Dont il sortira dans un an ou deux, tel un homme nouveau avec une tête complètement neuve.

– Vous ne semblez pas faire grand cas de la psychiatrie, dit le jeune homme à la serviette. Désolé, je ne me suis pas présenté. Je m'appelle Mario. Je suis étudiant à la faculté de droit, d'où ma présence aujourd'hui. C'est une affaire fascinante. Elle soulève des problèmes de fond. Par exemple, la cour a pour mission de rééduquer les délinquants, mais jusqu'où peut-elle pousser à la rééducation un délinquant qui ne veut pas de rééducation, comme ce Dmitri ? On devrait peut-être lui offrir le choix : rééducation par les travaux forcés ou rééducation par la psychiatrie. D'un autre côté, peut-on autoriser un délinquant à jouer le moindre rôle dans sa condamnation ? Dans les milieux juridiques, il y a une forte résistance dans ce domaine, vous pouvez l'imaginer. »

Diego, il le constate, commence à s'énerver. Il connaît Diego. Les conversations intellectuelles, comme il les appelle, l'ennuient, il le sait.

« Il fait beau, Diego. Pourquoi David et toi ne cherchez-vous pas quelque chose de plus intéressant à faire ?

– Non, lance le garçon. Je veux rester !

– C'était son idée de venir, pas la mienne, dit Diego. Je ne me soucie pas une seconde de ce qui peut arriver à ce Dmitri.

– Tu ne t'en soucies pas, mais moi je m'en soucie, dit l'enfant. Je ne veux pas que Dmitri ait une nouvelle tête ! Je veux qu'il aille dans une mine de sel ! »

Le procès reprend à quatorze heures. Le public est nettement moins dense. Diego, le garçon et lui n'ont aucune difficulté à trouver des places.

Dmitri est ramené sur scène, suivi par le juge et les assesseurs.

« J'ai sous les yeux un rapport du directeur du musée où vous étiez employé, Dmitri, dit le président. Il écrit que vous avez toujours accompli vos tâches avec loyauté et que, jusqu'aux événements récents, il avait toutes les raisons de penser que vous étiez un honnête homme. J'ai également un rapport du docteur Alejandro Toussaint, spécialiste des maladies du système nerveux, à qui la cour a commandé une évaluation de votre état mental. Le docteur Toussaint indique qu'il lui a été impossible de mener à bien cette évaluation à cause de votre comportement violent et peu coopératif. Souhaitez-vous faire un commentaire ? »

Dmitri garde un silence de pierre.

« Enfin j'ai un compte-rendu du médecin du commissariat sur les événements du 4 mars. Il précise qu'un rapport sexuel complet a eu lieu, ce qui signifie un rapport se terminant par l'éjaculation de semence, qui s'est déroulé pendant que la défunte était encore en vie. Par la suite, elle a été étranglée à mains nues. Contestez-vous l'un ou l'autre point ? »

Dmitri garde le silence.

« Vous pouvez vous demander pourquoi je reviens sur ces derniers faits déplaisants. Je le fais pour établir clairement que la cour est parfaitement consciente du crime terrible que vous avez commis. Vous avez violé une femme qui vous faisait confiance et vous l'avez tuée sans la moindre pitié. Je frémis, nous frémissons tous, à la pensée de ce qu'elle a enduré pendant ses derniers instants. Ce qui nous manque, c'est de comprendre pourquoi vous avez commis cet acte insensé et injustifié. Êtes-vous, Dmitri, un être humain égaré ou appartenez-vous à une autre espèce, sans âme, sans conscience ? Je vous en conjure à nouveau : expliquez-vous.

– J'appartiens à une espèce étrangère. Je n'ai aucune place sur terre. Éliminez-moi. Tuez-moi. Écrasez-moi sous votre talon.

– C'est tout ce que vous dites ? »

Dmitri garde le silence.

« Ce n'est pas suffisant, Dmitri, pas suffisant. Vous ne serez plus appelé à parler. La cour s'est pliée en quatre pour vous rendre justice et vous avez résisté à chaque étape. À présent vous devez en supporter les conséquences. Mes collègues et moi, nous allons nous retirer pour délibérer. » Il s'adresse au garde : « Faites sortir l'accusé. »

Un mouvement gêné traverse la foule. Doit-on rester ? Combien de temps toute cette affaire va-t-elle prendre ? Pourtant, à peine l'auditorium commence-t-il à se vider qu'on ramène Dmitri sur scène ; les juges reprennent leur siège.

« Levez-vous, Dmitri, dit le président. En vertu des pouvoirs qui me sont conférés, je vais à présent prononcer la sentence. Je serai bref.

» Vous n'avez pas plaidé les circonstances atténuantes. Au contraire, vous avez demandé que nous fassions preuve de la plus grande sévérité. La question qui se pose à nous est la suivante : cette demande émane-t-elle de votre cœur, par contrition pour vos odieux forfaits, ou d'un esprit dérangé ? C'est une question difficile à trancher. Rien dans votre comportement n'indique la contrition. Envers le mari meurtri de votre victime, vous n'avez pas prononcé le moindre mot d'excuse. Vous vous présentez comme un être sans conscience. Mes collègues et moi avons toutes les raisons de vous envoyer dans les mines de sel et de refermer votre dossier.

» D'un autre côté, il s'agit d'un premier méfait. Vous avez été un bon employé. Vous traitiez la défunte avec respect jusqu'au jour où vous vous êtes retourné contre elle. Quelle force maligne s'est emparée de vous ce jour-là, cela reste un mystère à nos yeux. Vous avez opposé une fin de non-recevoir à tous nos efforts pour comprendre.

» Notre sentence : vous serez emmené d'ici à l'hôpital psychiatrique pour déments criminels, et interné. Les autorités médicales examineront votre cas une fois par an et feront un rapport à la cour. Selon les termes de ces rapports, vous serez ultérieurement rappelé ou non devant ce tribunal pour révision de la sentence. C'est tout. »

Une sorte de soupir collectif émane du public. Un soupir destiné à Dmitri ? Est-on désolé pour lui ? Difficile à croire. Les juges quittent la scène. Tête basse, Dmitri est emmené.

« Au revoir, Diego. Au revoir, David, dit-il, lui, Simón. Quels sont vos projets pour ce week-end ? Va-t-on se voir ?

– Pouvons-nous parler à Dmitri ? demande le garçon.

– Non, ce n'est pas possible.

– Je le veux ! »

Et sans crier gare le voilà qui s'élance sur le côté et grimpe sur la scène. En toute hâte, Diego et lui le suivent dans les coulisses, dévalent un couloir sombre. Tout au bout ils tombent sur Dmitri, et sur son gardien qui observe la rue à travers une porte entrouverte.

« Dmitri ! » crie le garçon.

Faisant fi de ses chaînes, Dmitri soulève l'enfant dans les airs et l'embrasse. Le gardien cherche mollement à les séparer.

« Ils ne vont pas te laisser aller dans les mines de sel, Dmitri ?

– Non, pour moi ce ne sera pas les mines de sel, mais la maison de fous. Mais je m'évaderai, ne t'inquiète surtout pas. Je m'échapperai et je prendrai le premier bus pour les mines de sel. Je dirai : “Dmitri présent, prêt au travail, messieurs.” On n'osera pas me repousser. Ne t'inquiète donc pas, jeune homme. Dmitri est encore maître de son destin.

– Simón dit qu'ils vont te couper la tête et t'en donner une neuve. »

La porte s'ouvre, les inondant de lumière.

« Allez, dit le gardien, le fourgon est là.

– Le fourgon est là, répète Dmitri. C'est l'heure du départ pour Dmitri. » Il embrasse le garçon à pleine bouche et le dépose. « Au revoir, mon jeune ami. Oui, on veut me donner une nouvelle tête. C'est le prix du pardon. On me pardonne, mais ensuite on me coupe la tête. Prenez garde au pardon, c'est ce que je dis.

– Je ne te pardonne pas ! crie l'enfant.

– C'est bien. Apprends la leçon de Dmitri : fais qu'on ne te pardonne jamais, et n'écoute pas quand on te promet une nouvelle vie. Une nouvelle vie, c'est un mensonge, mon garçon, le plus grand qui soit. Il n'y a pas une autre vie. C'est la seule que nous ayons. Si on te coupe la tête, c'en est fini de toi. L'obscurité, juste l'obscurité, rien que l'obscurité. »

Dans la lumière aveuglante du soleil deux hommes en uniforme arrivent et traînent Dmitri en bas des marches. Alors qu'ils sont en train de le pousser à l'arrière du fourgon, il se retourne et crie :

« Dis à Simón de brûler ce que tu sais ! Dis-lui que je viendrai lui trancher la gorge s'il ne le fait pas ! »

Les portières claquent, le panier à salade s'ébranle.

« C'était quoi, ce dernier truc ? demande Diego.

– Ce n'est rien. Il a laissé des affaires qu'il voudrait que je détruise. Des images découpées dans des revues – ce genre de choses.

– Des dames sans vêtements, dit le garçon. Il me les a montrées. »

Chapitre 14

On le fait entrer dans le bureau du directeur du musée.

« Merci d'accepter de me recevoir, dit-il. Je viens à la demande d'un de vos employés, Dmitri, qui aimerait éviter au musée, et à lui-même, d'éventuels ennuis. Il me dit que, dans ce bâtiment, se trouve une collection de photos obscènes qui lui appartiennent. Il aimerait qu'elles soient détruites avant que les journaux ne mettent la main dessus. Le permettriez-vous ?

– Des photos obscènes… Les avez-vous vues, señor Simón ?

– Non, mais mon fils les a vues. Mon fils est inscrit à l'Académie de danse.

– Et vous dites que ces photos ont été volées dans nos archives ?

– Non, non, pas ce genre de photos. Il s'agit de photos de femmes découpées dans des magazines pornographiques. Je peux vous montrer l'endroit – Dmitri me l'a indiqué. »

Le directeur sort un jeu de clés, le mène dans le sous-sol et ouvre le meuble de rangement décrit par Dmitri. Le tiroir du bas contient une petite boîte en carton qu'il ouvre.

La première photo est celle d'une blonde aux lèvres d'un rouge criard, assise jambes écartées sur un sofa, présentant à pleines mains des seins plutôt gros.

Avec une exclamation de dégoût, le directeur referme la boîte.

« Débarrassez-les ! Je ne veux plus en entendre parler. »

Il y en a une demi-douzaine du même genre, découvre Simón quand il ouvre la boîte dans l'intimité de sa chambre. En outre, sous les photos se trouve une enveloppe contenant deux culottes, noires ; une boucle d'oreille solitaire au dessin simple ; la photographie d'une jeune fille, clairement Ana Magdalena, un chat dans les bras, tout sourire face à l'objectif ; et enfin, attachées par un élastique, des lettres adressées à « *Mi amor* », signées « AM ». Aucune d'elles ne comporte de date ni d'adresse, mais il suppose qu'elles ont été envoyées de la station balnéaire d'Aguaviva. Elles décrivent diverses activités de vacances (nage, ramassage de coquillages, marches dans les dunes), mentionnent nommément Joaquín et Damian (mais pas le señor Arroyo). *J'aspire à me retrouver dans tes bras*, signale l'une. *Je te désire passionnément (*apasionadamente*)*, souligne une autre.

Il les passe en revue, lentement, du début jusqu'à la fin, les relit, se familiarisant avec l'écriture plutôt enfantine, à laquelle il ne s'attendait pas, pleine de *i* surmontés d'un petit cercle minutieux, puis les remet dans l'enveloppe avec les photos, la boucle d'oreille, les culottes, range le tout dans la boîte et la glisse sous son lit.

Sa première pensée : Dmitri voulait qu'il lise les lettres – afin qu'il sache que lui, Dmitri, était aimé d'une femme que lui, Simón, désirait de loin sans être assez viril pour la posséder. Mais plus il y songe, moins cette explication lui semble plausible. Si Dmitri avait, de fait, une relation avec Ana Magdalena, si tout son discours sur le sol qu'elle foulait et le mépris qu'elle lui montrait n'était qu'une couverture pour des accouplements clandestins dans le sous-sol du musée, pourquoi au cours de ses diverses confessions a-t-il clamé qu'il l'avait violée ? En outre, pourquoi Dmitri aurait-il tenu à ce que lui, Simón, apprenne la vérité, sachant que Simón, selon toute vraisemblance, en informerait sur-le-champ les autorités, qui ordonneraient aussitôt un nouveau procès ? L'explication la plus simple reste, après tout, la meilleure : Dmitri lui a fait confiance pour brûler la boîte et son contenu sans les examiner.

La plus grande énigme subsiste : si Ana Magdalena n'était pas la femme que tout le monde croyait, si sa mort était survenue dans des conditions différentes, pourquoi Dmitri a-t-il menti à la police et au tribunal ? Pour ne pas salir son nom ? Pour épargner l'humiliation à son mari ? Par noblesse de cœur, Dmitri prenait-il toute la culpabilité à son compte afin que le nom des Arroyo ne soit pas traîné dans la boue ?

Qu'avait bien pu dire ou faire Ana Magdalena la nuit du 4 mars pour être tuée par un homme dont elle désirait – *apasionadamente* – les bras ?

Et si, au contraire, Ana Magdalena n'avait jamais écrit ces lettres ? S'il s'agissait de faux, si lui, Simón, se trouvait instrumentalisé dans un complot destiné à salir le nom de cette femme ?

Il frémit. C'est vraiment un fou ! se dit-il. Le juge avait raison après tout ! C'est l'asile qu'il lui faut, enchaîné, derrière une porte fermée de sept tours de clé !

Il s'en veut. Il n'aurait jamais dû s'impliquer dans les affaires de Dmitri. Il n'aurait jamais dû répondre à ses injonctions, rencontrer le directeur du musée, regarder le contenu de la boîte. À présent le génie est sorti de sa bouteille, et il ne sait pas quoi faire. S'il remet les lettres à la police, il devient le complice d'un complot dont l'objectif lui demeure obscur ; de même s'il les rend au directeur du musée ; tandis que s'il les brûle ou les dissimule, il devient le complice d'une autre intrigue, visant à présenter Ana Magdalena comme une martyre immaculée.

Au milieu de la nuit, il se lève, prend la boîte sous le lit, l'enveloppe dans une courtepointe de rechange et la place au sommet de sa penderie.

Le lendemain matin, alors qu'il s'apprête à partir pour le dépôt afin de ramasser les prospectus qu'il distribuera dans la journée, la voiture d'Inés se range devant chez lui. Diego en sort, suivi du garçon.

Diego, de toute évidence, est de mauvaise humeur.

« Hier toute la journée, aujourd'hui à nouveau, cet enfant nous a harcelés. Il nous a épuisés, Inés et moi. C'est pourquoi nous sommes ici. Dis-lui, David – dis à Simón ce que tu veux.

– Je veux voir Dmitri. Je veux aller aux mines de sel. Mais Inés ne le permet pas.

– Bien sûr. Je pensais que tu avais compris : Dmitri n'est pas dans une mine de sel. On l'a envoyé dans un hôpital.

– Oui, mais Dmitri ne veut pas aller à l'hôpital, il veut aller dans une mine de sel !

– Je ne suis pas certain de ce qui se passe dans une mine de sel, David. Mais d'abord la mine de sel se trouve à cent kilomètres d'ici, et ensuite il ne s'agit pas d'un centre de vacances. C'est pourquoi le juge a envoyé Dmitri dans un hôpital : pour lui épargner la mine. Une mine de sel est un endroit où l'on souffre beaucoup.

– Mais Dmitri ne veut pas être épargné ! Il veut souffrir ! Pouvons-nous aller à l'hôpital ?

– Certainement pas. L'hôpital où l'on a envoyé Dmitri n'est pas un hôpital normal. C'est un lieu pour des gens dangereux. Les visiteurs n'y sont pas admis.

– Dmitri n'est pas dangereux.

– Au contraire, Dmitri est extrêmement dangereux, il l'a prouvé. De toutes les façons, je ne vais pas t'emmener à l'hôpital, pas plus que Diego. Je ne veux plus avoir à faire avec Dmitri.

– Pourquoi ?

– Je t'ai déjà dit pourquoi.

– C'est parce que tu détestes Dmitri ! Tu détestes tout le monde !

– Tu emploies ce mot bien trop largement. Je ne déteste personne. Je ne veux simplement plus rien avoir à faire avec Dmitri. Ce n'est pas une bonne personne.

– C'est une bonne personne ! Il m'aime ! Il reconnaît ce que je fais ! Tu ne m'aimes pas !

– Ce n'est pas vrai. Je t'aime vraiment. Je t'aime plus que Dmitri. Il ne sait pas ce que signifie l'amour.

– Dmitri aime beaucoup de gens. Il les aime parce qu'il a un grand cœur. Il me l'a dit. Cesse de rire, Diego ! Pourquoi ris-tu ? »

Diego ne peut s'empêcher de pouffer.

« Il a vraiment dit ça – si on a un grand cœur on peut aimer des tas de gens ? Il voulait peut-être dire des tas de filles. »

Le rire de Diego met le garçon en rage. Le ton de sa voix monte.

« C'est vrai ! Dmitri a un grand cœur et Simón a un cœur minuscule – c'est ce que raconte Dmitri. Il dit que Simón a un tout petit cœur, gros comme une punaise, c'est pour cela qu'il ne peut aimer personne. Simón, c'est vrai que Dmitri a fait un rapport sexuel à Ana Magdalena pour la faire mourir ?

– Je ne répondrai pas à cette question. Elle est stupide. Elle est ridicule. Tu ne sais pas ce qu'est un rapport sexuel.

– Si, je le sais. Inés m'a raconté. Elle a fait des rapports sexuels plein de fois et elle déteste ça. Elle dit que c'est horrible.

– Quoi qu'il en soit, je ne répondrai plus aux questions sur Dmitri. Je ne veux plus entendre son nom. J'en ai terminé avec lui.

– Mais pourquoi lui a-t-il fait un rapport sexuel ? Pourquoi ne veux-tu pas me le dire ? Voulait-il lui arrêter le cœur ?

– Ça suffit, David. Calme-toi. » Se tournant vers Diego : « Tu vois bien que cet enfant est bouleversé. Il fait des cauchemars depuis… depuis le drame. Tu devrais l'aider, pas te moquer de lui.

– Dis-moi ! crie le garçon. Pourquoi ne veux-tu rien me dire ? Voulait-il faire un bébé en elle ? Voulait-il arrêter son cœur ? Peut-elle avoir un bébé si son cœur est arrêté ?

– Non, ce n'est pas possible. Si une mère meurt, l'enfant qu'elle porte meurt aussi. C'est la loi de la nature. Mais Ana Magdalena n'attendait pas d'enfant.

– Comment le sais-tu ? Tu ne sais rien de rien. Dmitri a-t-il rendu le bébé tout bleu ? Pouvons-nous remettre le cœur d'Ana Magdalena en marche ?

– Ana Magdalena n'attendait pas de bébé, et non, on ne peut pas relancer son cœur, ce n'est pas comme ça que le cœur fonctionne. Quand il cesse de battre, il s'arrête pour de bon.

– Mais quand elle aura sa nouvelle vie, son cœur va battre à nouveau, n'est-ce pas ?

– Dans un sens, oui. Dans la vie à venir, Ana Magdalena aura un nouveau cœur. Non seulement elle aura une nouvelle vie et un nouveau cœur, mais elle ne se souviendra pas de ce triste gâchis. Elle aura oublié l'Académie, oublié Dmitri, ce qui sera une bénédiction. Elle pourra tout reprendre à zéro, comme toi et moi l'avons fait, nettoyée de tout passé, sans mauvais souvenirs qui pourraient la tourmenter.

– Simón, tu as pardonné à Dmitri ?

– Je ne suis pas de ceux que Dmitri a blessés, ce n'est donc pas à moi de lui pardonner. C'est le pardon d'Ana Magdalena qu'il devrait implorer. Et celui du señor Arroyo.

– Je ne lui ai pas pardonné. Il tient à ce que personne ne lui pardonne.

– C'est de la vantardise de sa part, une fanfaronnade perverse. Il veut qu'on le considère comme une personne extravagante qui fait des choses que les personnes normales ont peur de faire. David, j'en ai assez de parler de cet homme. En ce qui me concerne, il est mort et enterré. Maintenant, il faut que je parte faire mes tournées. La prochaine fois que tu fais de mauvais rêves, souviens-toi qu'il te suffit de balancer tes bras et ils s'évaporeront comme de la fumée. Lève les bras et crie “Partez !” comme Don Quichotte. Fais-moi la bise. Je te vois vendredi. Au revoir, Diego.

– Je veux voir Dmitri ! Si Diego ne veut pas m'emmener, j'irai tout seul !

– Tu peux toujours essayer, mais on ne te laissera pas entrer. L'endroit où il est détenu n'est pas un hôpital normal. C'est un hôpital pour criminels, entouré de murs, avec des gardiens et des chiens de garde.

– J'emmènerai Bolívar. Il tuera les chiens de garde. »

Diego lui tient la portière de la voiture. Le garçon monte et s'assied, les bras croisés, la moue aux lèvres.

« Si tu veux mon opinion, dit Diego calmement, ce gamin est hors de contrôle. Inés et toi, vous devriez vous en occuper. L'envoyer à l'école, pour commencer. »

Il s'est trompé sur l'hôpital, complètement trompé. L'hôpital psychiatrique qu'il s'était figuré, dans la campagne lointaine avec de hauts murs et des chiens, n'existe pas. Tout ce qu'il y a, c'est l'hôpital municipal, avec son aile psychiatrique plutôt modeste – ce même hôpital où Dmitri travaillait avant d'entrer dans l'équipe du musée. Parmi les garçons de salle, certains se souviennent de lui avec affection. Ignorant qu'il a avoué un meurtre, ils le dorlotent, lui apportent des en-cas prélevés à la cuisine, lui procurent des cigarettes. Il a sa chambre à lui dans la partie de l'aile marquée « Accès limité », avec une cabine de douche, un bureau et une lampe.

Tout ceci – les en-cas, les cigarettes, la cabine de douche –, il l'apprend le lendemain de la visite de Diego, en rentrant de sa tournée à vélo : il trouve le meurtrier étendu de tout son long sur son lit, endormi, alors que le garçon, assis par terre les jambes croisées, fait une patience. Il est tellement surpris qu'il lâche un cri, auquel l'enfant, un doigt sur les lèvres, répond en un murmure :

« Chut. »

Il s'avance et secoue furieusement Dmitri.

« Vous ! Que faites-vous ici ? »

Dmitri s'assied.

« Calmez-vous, Simón. Je m'en vais tout de suite. Je voulais juste m'assurer que… vous savez… Avez-vous fait ce que je vous ai demandé ? »

Il esquive la question.

« David, comment cet homme est-il arrivé ici ? »

C'est Dmitri qui répond :

« Nous avons pris le bus, Simón, comme des gens ordinaires. Calmez-vous. Le jeune David est venu me rendre visite, en bon ami qu'il est. On a discuté. Puis j'ai enfilé l'uniforme d'un garçon de salle, comme jadis, le petit m'a pris par la main et nous sommes sortis comme ça, tous les deux. "C'est mon fils", j'ai dit. "Quel gentil garçon", ont-ils répondu. L'uniforme a aidé, bien sûr. Les gens font confiance à l'uniforme – c'est une des choses qu'on apprend dans la vie. Nous sommes sortis de l'hôpital et venus directement ici. Dès que vous et moi aurons terminé notre affaire, je reprends le bus. Personne n'aura remarqué mon absence.

– C'est vrai, David ? On laisse ainsi sortir cet homme d'un hôpital pour aliénés criminels ?

– Il voulait du pain. Il dit qu'on ne lui donne pas de pain à l'hôpital.

– C'est absurde. Il reçoit trois repas par jour, avec autant de pain qu'il veut.

– Il dit qu'il n'y a pas de pain, je lui ai donc donné du pain.

– Asseyez-vous, Simón, dit Dmitri. Vous me rendriez un service ? » Il tire une cigarette de son paquet et l'allume. « Ne m'insultez pas, pas devant le garçon. Ne me qualifiez pas d'"aliéné criminel". Parce que ce n'est pas vrai. Criminel peut-être, mais aliéné, pas le moins du monde. Voulez-vous entendre ce que disent les médecins, ceux à qui on a demandé ce qui ne va pas chez moi ?... Non ? D'accord. Je passe sur les médecins. Parlons plutôt des Arroyo. J'apprends qu'ils ont dû fermer l'Académie. Quel dommage ! J'aimais bien l'Académie. J'aimais me trouver parmi les jeunes, les petits danseurs, tous si heureux, si pleins de vie. J'aurais souhaité, enfant, aller dans une académie de ce genre. Qui sait, j'aurais pu devenir quelqu'un de différent. Cependant, cela ne vaut pas la peine de regretter le lait renversé. Ce qui est fait est fait. »

Lait renversé. L'expression l'enrage.

« Beaucoup de gens pleurent le lait que vous avez renversé ! éclate-t-il. Vous avez laissé derrière vous des cœurs brisés et beaucoup de colère !

– Je le comprends, dit Dmitri en tirant tranquillement sur sa cigarette. Vous pensez que je ne mesure pas l'énormité de mon crime, Simón ? Pourquoi donc croyez-vous que je me suis porté volontaire pour les mines de sel ? Ces mines ne sont pas pour les pleurnichards. Il faut être un homme pour affronter les mines de sel. Si seulement l'hôpital me donnait l'ordre de marche, je partirais pour les mines demain. "C'est moi, Dmitri, je dirais au capitaine, en pleine forme et prêt pour le service !" Mais ils ne veulent pas me laisser partir, les psychologues et les psychiatres, les spécialistes de telle ou telle déviance. "Parlez-moi de votre mère, me disent-ils. Votre mère vous aimait-elle ? Vous donnait-elle le sein quand vous étiez nourrisson ? Cela vous faisait quoi, de lui téter le sein ?" Que suis-je censé répondre ? Que puis-je me rappeler de ma mère et de ses seins quand j'arrive à peine à me souvenir d'hier ? Alors je réponds ce qui me passe par la tête.

“Cela ressemblait à sucer un citron, je dis. Cela ressemblait à du porc, comme sucer une côtelette de porc.” Parce que c’est comme ça que fonctionne la psychiatrie, n’est-ce pas ? On dit la première chose qui vous passe par la tête, ils s’en vont, l’analysent et reviennent vous dire ce qui ne va pas chez vous.

» Ils s’intéressent tellement à moi, Simón ! Cela m’épate. Je ne m’intéresse pas à moi-même, eux si. À mes yeux, je suis un criminel ordinaire, banal comme un brin d’herbe. Mais pour eux je suis un cas spécial. Je n’ai aucune conscience ou alors j’ai trop de conscience, ils n’arrivent pas à trancher. “Si vous avez une trop grande conscience, j’ai envie de leur dire, votre conscience vous dévore, il ne reste plus rien de vous, comme une araignée avalant une guêpe ou une guêpe avalant une araignée – je n’arrive pas à me rappeler qui fait quoi –, ne laissant que la carapace de l’autre.” Qu’en penses-tu, jeune homme ? Sais-tu ce qu’est la conscience ? »

Le garçon opine.

« Bien sûr, tu le sais ! Tu comprends le vieux Dmitri mieux que quiconque – mieux que tous les psychologues du monde. “De quoi rêvez-vous ? me demandent-ils. Peut-être rêvez-vous de tomber dans des trous noirs ou d’être avalé par des dragons. – Oui, je réponds, oui, c’est exactement ça !” Alors que toi, tu n’as jamais eu à me demander mes rêves. Tu m’as jeté un regard et tu m’as compris d’un seul coup. *Je te comprends et je ne te pardonne pas.* Il est vraiment particulier, votre gamin, Simón. Un cas à part. Sage, bien au-delà de son âge. Il vous en apprendrait beaucoup.

– David n’est pas un cas à part. Ça n’existe pas, un cas à part. Il n’est pas plus que vous un cas à part.

Personne n'est dupe de la folie que vous simulez, Dmitri, pas une minute. J'espère qu'on vous enverra dans les mines de sel. Cela mettra un terme à vos inepties.

– Bien parlé, Simón, bien parlé ! Je vous aime pour cela. Je voudrais vous embrasser, mais vous n'aimeriez pas, vous n'êtes pas un homme à bises. Tandis que votre fils a toujours été prêt à donner une bise au vieux Dmitri – n'est-ce pas, mon garçon ?

– Dmitri, pourquoi as-tu arrêté le cœur d'Ana Magdalena ? demande l'enfant.

– Bonne question ! C'est la grande réponse que les médecins veulent savoir par-dessus tout. Cette pensée les excite – serrer une belle femme tellement fort dans ses bras qu'on arrête son cœur –, simplement ils ont trop honte de la poser. Ils n'osent pas me questionner directement, comme toi ; non, ils usent de circonvolutions, comme les serpents. "Est-ce que votre mère vous aimait ? Il avait quel goût, le lait de votre mère ?" Ou ce juge : "Qui êtes-vous ? Êtes-vous vous-même ?"

» Pourquoi ai-je arrêté son cœur ? Je vais te le dire. Nous étions ensemble, elle et moi, quand soudain une pensée m'a traversé – a surgi dans ma tête et ne m'a plus quitté. Je me suis dit : Pourquoi ne pas poser tes mains autour de son cou pendant qu'elle est au beau milieu de ça, tu sais, et lui serrer un peu la gorge ? Lui montrer qui est le maître. Lui montrer ce qu'est véritablement l'amour.

» Tuer la personne qu'on aime : c'est une chose que le vieux Simón ne comprendra jamais. Mais toi, tu comprends, n'est-ce pas ? Tu comprends Dmitri. Tu l'as compris au premier instant.

– Elle ne t'aurait pas épousé ?

– M'épouser ? Non. Pourquoi une dame comme Ana Magdalena épouserait-elle un homme comme moi ? Je ne suis qu'une saleté. Le vieux Simón a raison. Je ne suis qu'une saleté et ma crasse déteint sur tous ceux que je touche. C'est pourquoi il me faut aller dans les mines de sel, où tout n'est que saleté, je serai chez moi. Non, Ana Magdalena m'a rejeté. Je l'aimais, je l'adorais, j'aurais fait n'importe quoi pour elle, mais elle ne voulait rien avoir à faire avec moi, tu l'as vu, tout le monde le voyait. Je lui ai donc fait une grosse surprise, j'ai arrêté son cœur. Lui ai donné une leçon. Lui ai donné à réfléchir. »

Le silence tombe. Puis Simón prend la parole :

« Vous m'avez questionné au sujet de vos papiers, ces papiers que vous vouliez que je détruise.

– Oui. Pour quelle autre raison aurais-je pris la peine de quitter mon hôpital pour venir ici ? Pour me renseigner sur ces papiers, évidemment. Allez-y. Dites-moi. Je vous ai fait confiance et vous avez brisé cette confiance. C'est bien ce que vous allez me dire ? Dites-le.

– Je n'ai brisé aucune confiance. Mais je dirai ceci. J'ai vu ce qu'il y avait dans la boîte, y compris ce que vous savez. C'est pourquoi je sais que l'histoire que vous venez de raconter n'est pas vraie. Je n'en dirai pas plus. Mais je ne vais pas rester ici docilement comme un mouton à écouter des mensonges. »

Dmitri se tourne vers le garçon.

« As-tu de quoi manger, mon enfant ? Dmitri a un peu faim. »

Le garçon se lève, farfouille dans le placard, revient avec un paquet de biscuits.

« Au gingembre ! s'exclame Dmitri. Voulez-vous un biscuit au gingembre, Simón ?... Non ? Et toi, David ? »

Le garçon prend un biscuit et mord dedans.

« C'est donc de notoriété publique ? demande Dmitri.

– Non, ce n'est pas de notoriété publique.

– Mais vous allez vous en servir contre moi ?

– Se servir de quoi contre toi ? demande le garçon.

– Ne t'inquiète pas, mon fils. Il s'agit d'une affaire entre le vieux Simón et moi.

– Cela dépend de ce que vous entendez par “contre”. Si vous tenez votre promesse, si vous disparaissez dans les mines de sel pour le restant de vos jours, ce que nous évoquons n'aura plus d'importance, d'une façon ou d'une autre.

– Arrêtez de jouer avec moi, Simón. Vous savez, et je sais, ce que “contre” veut dire. Pourquoi n'avez-vous pas agi comme je vous l'ai demandé ? Voyez dans quelle panade vous vous retrouvez…

– Moi ? Je ne suis pas dans la panade. *Vous* y êtes.

– Non, Simón. Demain, après-demain ou le jour suivant je serai libre d'aller dans les mines de sel, de payer ma dette, la conscience tranquille, tandis que vous – *vous* – vous resterez en rade, la panade plein les mains.

– Quelle panade, Dmitri ? demande le garçon. Pourquoi ne veux-tu pas me le dire ?

– Je vais te le dire. “Pauvre Dmitri ! Avons-nous vraiment rendu justice ? Est-ce que nous n'aurions pas plutôt dû essayer de le sauver, de le transformer en un bon citoyen, en un élément productif de la société ? À quoi ressemblent ses jours, languissant là-bas dans les mines de sel, alors que nous menons une vie confortable à Estrella ? N'aurions-nous pas pu faire preuve d'un minimum de pitié ? Ne devrions-nous pas le rappeler en disant : Tout est pardonné, Dmitri, reprenez votre emploi, votre uniforme, votre retraite, vous n'avez qu'à dire que vous êtes désolé afin que nous nous sentions meilleurs ?” Voilà le gâchis, mon garçon. Se vautrer dans les excréments comme un cochon. Se vautrer dans sa propre merde. Pourquoi n'avez-vous pas fait ce que je vous demandais, Simón, plutôt que de vous embourber dans cette mascarade stupide, cette idée de me sauver de moi-même ? "Envoyez-le chez les médecins, dites-leur de lui dévisser la tête et de lui en revisser une nouvelle." Et toutes ces pilules qu'on nous donne ! C'est pire que les mines de sel, de se retrouver dans le quartier des fous ! N'y passer que vingt-quatre heures, c'est déjà patauger dans la boue. Tic-tac tic-tac. Je n'en peux plus d'attendre ! Il me tarde de recommencer à vivre. »

Lui, Simón, est à bout de nerfs.

« Ça suffit, Dmitri. S'il vous plaît, partez. Partez sur-le-champ, sinon j'appelle la police.

– Oh, c'est donc un au-revoir, n'est-ce pas ? Et toi, David ? Vas-tu dire au revoir à Dmitri aussi ? "Au revoir – on se revoit dans l'autre vie." C'est comme ça que ça va se passer ? Je pensais qu'on se comprenait bien, toi et moi. Le vieux Simón t'a-t-il travaillé au corps, a-t-il ébranlé ta confiance en moi ? "C'est un méchant homme, comment peux-tu aimer un tel homme ?" Qui a jamais cessé d'aimer une personne parce qu'elle était méchante ? J'ai fait le pire à Ana Magdalena, pourtant elle n'a jamais cessé de m'aimer. Elle me détestait, peut-être, mais cela ne voulait pas dire qu'elle ne m'aimait pas. Amour et haine : on ne peut pas avoir l'un sans l'autre. Comme le sel et le poivre. Comme le noir et le blanc. C'est ce que les gens oublient. Elle m'aimait et me détestait, comme toute personne normale. Comme Simón que voici. Tu crois que Simón t'aime tout le temps ? Bien sûr que non. Il t'aime et il te déteste, ça se mélange au fond de son cœur, sauf qu'il ne te le dira pas. Non, il le garde secret, il prétend que tout est paisible au fond de lui, sans vagues, sans rides. Tout comme sa façon de parler, notre homme de raison. Mais crois-moi, le vieux Simón est autant déboussolé que toi et moi. Plus que ça. Parce que moi, au moins, je ne prétends pas être ce que je ne suis pas. "Voici qui je suis, je dis, voici ma façon de parler, déboussolée." Tu écoutes, mon garçon ? Saisis bien mes paroles tant que tu le peux, car Simón veut me chasser de ta vie. Écoute avec attention. Quand tu m'écoutes, tu entends la vérité, et, au bout du compte, que voulons-nous d'autre que la vérité ?

– Mais quand tu verras Ana Magdalena dans l'autre vie, tu ne vas pas arrêter son cœur encore une fois, n'est-ce pas ?

– Je ne sais pas, mon garçon. Peut-être n'y aura-t-il pas d'autre vie – ni pour moi ni pour aucun d'entre nous. Peut-être le soleil grandira-t-il soudain dans le ciel, et il nous avalera, et ce sera notre fin à tous. Plus de Dmitri. Plus de David. Juste une grosse boule de feu. C'est comme ça que je vois les choses, parfois. C'est ma vision.

– Et après ?

– Après, rien. Plein de flammes, suivies d'un grand silence.

– C'est vrai ?

– Vrai ? Qui peut le dire ? C'est dans l'avenir, et l'avenir est un mystère. Que crois-tu ?

– Je crois que ce n'est pas vrai. Je crois que tu dis ça comme ça.

– Eh bien, si tu dis que ce n'est pas vrai, alors ce n'est pas vrai, parce que toi, jeune David, tu es le roi de Dmitri, ta parole est un ordre pour Dmitri. Mais pour revenir à ta question, non, je ne le ferai plus. Les mines de sel vont me guérir de ma méchanceté, ma rage, ma folie meurtrière. On m'extirpera toutes ces bêtises de la tête. Tu n'as donc rien à craindre, Ana Magdalena est en sécurité.

– Mais tu ne devras plus lui faire de rapport sexuel.

– Pas de rapport sexuel ! Votre enfant est bien strict, Simón, très carré. Mais il se radoucira en grandissant. Les rapports sexuels, ça fait partie de la nature humaine, mon garçon, on ne peut pas y échapper. Même Simón en sera d'accord. On ne peut pas y échapper, hein, Simón ? On n'échappe pas au coup de foudre. »

Lui, Simón, reste muet. Quand a-t-il été frappé pour la dernière fois par un coup de foudre ? Pas dans cette vie-là.

Et puis, soudain, Dmitri semble cesser de s'intéresser à eux. Son regard inquiet papillonne dans la pièce.

« Il est temps de partir. De retourner dans ma cellule solitaire. Cela vous gêne si je garde les biscuits ? J'aime en grignoter de temps à autre. Reviens me voir, jeune homme. On pourra faire un tour en bus ou visiter le zoo. Cela me ferait plaisir. J'ai toujours aimé te parler. Tu es le seul à comprendre le vieux Dmitri. Avec leurs questions, les psychologues et les psychiatres ne peuvent déterminer ce que je suis, homme ou bête. Mais toi, tu vois au fond de mon cœur. Viens donner l'accolade à Dmitri. »

Il soulève le garçonnet, le serre fort, lui murmure des mots à l'oreille que lui, Simón, n'arrive pas à entendre. Le garçon approuve avec vigueur.

« Au revoir, Simón. Ne croyez pas tout ce que je dis. Ce n'est que du vent, et le vent va où il veut. »

La porte se referme sur lui.

Chapitre 15

Dans la liste des cours d'espagnol offerts par l'Institut, il choisit la composition (niveau élémentaire). *Les étudiants s'inscrivant à ce cours doivent avoir une bonne maîtrise orale de l'espagnol. Nous vous apprendrons à écrire avec clarté, logique et style.*

Il est le plus vieux de la classe. Même la professeure est jeune : jeune et séduisante, cheveux sombres et yeux noirs, qui demande qu'on l'appelle tout simplement Martina.

« Nous allons faire un tour de table, chacun me dira qui il est et ce qu'il attend de ce cours », commence Martina.

Quand vient son tour, il dit :

« Je m'appelle Simón, je suis dans la publicité, en bas de l'échelle toutefois. Je parle espagnol depuis plus d'un an, je me débrouille bien. Le temps est venu pour moi de l'écrire avec clarté, logique et style.

– Merci, Simón. Au suivant. »

Cela va de soi, il voudrait écrire avec aisance. Qui ne le voudrait ? Mais ce n'est pas le motif de sa présence ici, pas exactement. La raison profonde, il la découvrira au fil des cours.

Martina distribue un manuel.

« S'il vous plaît, traitez cet ouvrage avec considération, comme vous traiteriez un ami. À la fin du cycle, je vous demanderai de me le rendre, afin qu'il devienne l'ami d'un autre étudiant. »

Son exemplaire à lui est tout écorné, avec beaucoup de phrases soulignées, à l'encre ou au crayon.

Ils lisent deux exemples de lettres commerciales : une lettre de Juan qui postule pour un poste de vendeur, une lettre de Luisa à son propriétaire pour mettre fin au bail de son appartement. Ils notent les formules d'appel et de politesse. Ils étudient le découpage en paragraphes et les alinéas.

« Un paragraphe, c'est une unité de pensée, dit Martina. Il dessine une pensée, la relie à la pensée précédente et à la suivante. »

Pour leur premier devoir, ils doivent mettre en pratique la composition en paragraphes.

« Racontez-moi quelque chose sur vous, ordonne Martina. Pas toute votre vie, mais un bout. Racontez-le en l'espace de trois paragraphes, reliés les uns aux autres. »

Il approuve la philosophie de la composition exprimée par Martina, il rédige son devoir de son mieux.

Je suis arrivé dans ce pays avec un objectif primordial : protéger du danger un petit garçon tombé sous ma garde et le conduire à sa mère. En temps voulu, j'ai trouvé sa mère et je les ai réunis.

Voilà son premier paragraphe.

Cependant mes obligations ne s'arrêtent pas là, écrit-il. « Cependant » : le mot qui fait la liaison. *J'ai continué de veiller sur la mère, l'enfant et leur bien-être. Lorsqu'une menace a pesé sur ce bien-être, je les ai emmenés à Estrella, où nous avons été bien accueillis et où l'enfant, qui répond au nom de David, s'épanouit. Il vit à présent chez sa mère Inés et son oncle Diego (Inés et moi ne partageons plus le même domicile).*

Fin du deuxième paragraphe. Début du troisième et dernier paragraphe, introduit par le mot de liaison « maintenant » :

Maintenant, à contrecœur, il me faut accepter que la tâche est accomplie, que le garçon n'a plus besoin de moi. Le temps est venu de clore un chapitre de ma vie et d'en ouvrir un nouveau. L'entame de cette nouvelle page est liée à mon projet d'apprendre à bien écrire – liée d'une manière qui n'est pas encore très claire dans ma tête.

C'est suffisant, ces trois paragraphes demandés, judicieusement reliés. Le quatrième paragraphe, superflu pour le devoir, s'il avait à l'écrire, traiterait de Dmitri. Il n'a pas encore trouvé la liaison, le mot qui permettrait à ce quatrième paragraphe de succéder clairement et logiquement au troisième ; mais après ce mot il écrirait :

Ici, à Estrella, j'ai rencontré un homme nommé Dmitri qui, par la suite, a connu la notoriété comme violeur et meurtrier. À plusieurs occasions Dmitri a tourné en ridicule ma façon de parler, qui le choque, trop cool et rationnelle. Il réfléchit et remplace le mot « cool » par « froide ». *Dmitri croit que le style révèle l'homme. Dmitri n'écrirait pas comme je le fais maintenant, en paragraphes reliés les uns aux autres. Dmitri qualifierait cela d'« écriture sans passion », comme il me traite d'« homme sans passion ». « Un homme de passion, dirait Dmitri, s'épanche sans faire de paragraphes. »*

Bien que je n'aie aucun respect pour ce Dmitri, continuerait-il dans ce qui constituerait un cinquième paragraphe, *je suis troublé par ses critiques. Pourquoi suis-je troublé ? Parce qu'il dit (et sur ce point je pourrais être d'accord avec lui) qu'un être froidement rationnel n'est pas le meilleur mentor pour un garçon qui, par nature, est impulsif et passionné.*

C'est pourquoi (sixième paragraphe) *je veux devenir une personne différente.*

C'est à ce point qu'il s'arrête, au milieu du paragraphe. C'est suffisant, plus que suffisant.

Pour le deuxième cours, Martina aborde le style de la lettre professionnelle, en particulier la lettre de candidature.

« Cette lettre de candidature, on peut l'envisager comme un acte de séduction. Par ce biais nous nous présentons sous le jour le plus favorable. Voici qui je suis, disons-nous – ne suis-je pas attrayant ? Embauchez-moi et je serai à vous. » Un murmure amusé parcourt la salle. « Mais, bien entendu, notre lettre doit en même temps être pratique. Il faut trouver un équilibre. Il faut donc un certain art pour composer une bonne lettre de candidature : l'art de la présentation de soi. Aujourd'hui nous allons étudier cet art, en vue de le maîtriser et de nous l'approprier. »

Martina l'intrigue : si jeune et déjà si sûre d'elle.

Une pause de dix minutes au milieu du cours. Tandis que les étudiants se dirigent vers le corridor ou les toilettes, Martina passe en revue les devoirs. Elle les leur rend quand ils reviennent. Sur sa copie elle a noté : *Bon usage des paragraphes. Texte inhabituel.*

Comme deuxième devoir, il leur faut écrire une lettre de candidature en vue de ce que Martina appelle « le métier de vos rêves, le métier que vous voudriez vraiment exercer ». Elle ajoute :

« Rappelez-vous : soyez séduisants. Rendez-vous attractifs. »

Estimado señor Director, écrit-il. *Je réponds à l'annonce parue dans le* Star *de ce jour pour le poste de gardien de musée. Même si je n'ai pas d'expérience dans ce domaine, je possède certaines qualités qui me rendent engageant. D'abord je suis une personne mûre et fiable. Ensuite j'ai beaucoup d'appétence, ou du moins de respect, pour l'art, y compris les arts visuels. Enfin, je n'ai pas de grandes ambitions. Si j'étais nommé au poste de gardien, je ne chercherais pas à être promu gardien chef le lendemain, encore moins directeur.*

Il divise l'ensemble de sa prose en cinq parties, cinq paragraphes courts.

En toute honnêteté, ajoute-t-il, *je ne peux pas prétendre que devenir gardien de musée ait jamais été le rêve de ma vie. Cependant, j'ai atteint un point crucial de ma vie. Tu dois changer, me dis-je. Mais changer en quoi ? Peut-être l'annonce sur laquelle mon regard est tombé est-elle un signe, un signe venu du ciel. Suis-la, me dit le* Star. *C'est pourquoi je la suis, cette lettre en est la conséquence.*

Voilà son sixième paragraphe.

Il remet sa lettre et ses six paragraphes à Martina. Il ne quitte pas la salle durant la pause, il demeure à son pupitre, observant en douce la professeure pendant sa lecture, les mouvements rapides et décidés de son stylo. Elle lève les yeux et surprend son regard.

À la fin de la pause, elle rend les copies. Sur la sienne, elle a noté : *Venez me voir s'il vous plaît après le cours.*

Il attend que tous les étudiants s'en aillent à l'issue de la classe.

« Simón, j'ai lu votre copie avec intérêt, dit-elle. Vous écrivez bien. Cependant, je me demande si ce cours vous convient vraiment. Ne vous sentiriez-vous pas plus à l'aise dans un atelier d'écriture ? Il n'est pas trop tard pour changer de cours, vous savez.

– Si vous me dites de quitter ce cours, je le ferai. Mais je ne considère pas ma manière d'écrire comme créative. À mes yeux, elle s'apparente à celle d'un journal intime. Tenir son journal, ce n'est pas créatif. C'est une forme d'écriture épistolaire. On s'écrit des lettres à soi-même. Toutefois, je comprends ce que vous dites. Je ne suis pas à ma place ici. Je ne tiens pas à vous faire perdre votre temps. Merci. » Il sort le manuel de sa serviette. « Permettez-moi de vous le rendre.

– Ne le prenez pas mal. Ne partez pas, ne quittez pas le cours. Je vais continuer à lire vos devoirs. Mais je les lirai sous le même angle que les autres copies, comme un professeur d'écriture, pas comme une confidente. Vous l'acceptez ?

– Je l'accepte. Merci. J'apprécie votre gentillesse. »

Comme troisième devoir, elle leur demande de décrire leurs expériences professionnelles et de résumer leur parcours éducatif.

J'ai été longtemps un travailleur manuel, écrit-il. *Aujourd'hui je gagne ma vie en glissant des prospectus dans les boîtes aux lettres. Parce que je ne suis plus aussi fort qu'autrefois. En plus de manquer de force, je manque de passion. C'est du moins l'opinion de Dmitri, l'homme dont j'ai parlé précédemment, un homme de passion. La passion de Dmitri bouillonnait tellement qu'un soir il a tué sa maîtresse. Quant à moi, je ne désire tuer personne, surtout pas quelqu'un que je pourrais aimer. Dmitri se gausse quand je dis ça*

– je ne tuerai jamais quelqu'un que j'aime. D'après Dmitri, nous désirons tous, au tréfonds de nous, tuer la personne que nous aimons. Chacun désire tuer l'être aimé, mais seuls quelques élus ont le courage d'agir selon leur désir.

Un enfant flaire les couards, dit Dmitri. Un enfant sent les menteurs aussi, les hypocrites. D'où, d'après lui, l'amour déclinant de David à mon égard, moi qui suis un couard, menteur et hypocrite avéré. Par contraste, dans l'attirance de David pour des individus comme lui (meurtrier autoproclamé) ou son oncle Diego (un bon à rien, une brute, à mon avis, mais passons), Dmitri décèle une profonde sagesse. Les enfants viennent au monde avec l'intuition de ce qui est bien ou mal, estime-t-il, mais perdent ce pouvoir en se socialisant. David est une exception, selon lui. David a conservé ses facultés innées dans leur forme la plus pure. C'est pour cela qu'il le respecte – en fait, le révère, ou, comme il l'exprime, le reconnaît. « Mon souverain », « mon roi », l'appelle-t-il, non sans une touche de moquerie.

Comment reconnaître quelqu'un que l'on n'a jamais vu auparavant ? C'est la question que j'aimerais poser à Dmitri.

Ma rencontre avec Dmitri (que je n'aime pas et que je méprise d'un point de vue moral) fut une expérience pédagogique. J'irai même jusqu'à l'inclure dans mes compétences pédagogiques.

Je crois que je suis ouvert aux idées nouvelles, y compris celles de Dmitri. Je pense qu'il est hautement probable que le jugement de Dmitri à mon encontre soit exact : en tant que père ou beau-père ou guide dans la vie, je ne suis pas la bonne personne pour un enfant tel que David, un enfant exceptionnel, un enfant qui ne manque jamais de me rappeler que je ne le connais pas, ni ne le comprends. C'est pourquoi le temps est peut-être venu de me retirer et de me trouver un autre rôle dans la vie, de trouver un autre objet, une autre âme sur laquelle déverser ce qui me submerge, parfois une simple conversation, parfois des larmes, parfois ce que je persiste à appeler une attention affectueuse.

« Attention affectueuse », voilà une formule que j'emploierais sans hésitation dans mon journal. Mais ceci n'est pas un journal, bien sûr. Le souhait d'être animé par une attention affectueuse est donc à prendre au sens large.

À suivre.

Sous la forme d'une note de bas de page, permettez-moi d'ajouter quelques mots sur les larmes.

Certaines musiques m'amènent les larmes aux yeux. Si je suis dépourvu de passion, d'où viennent ces larmes ? Je n'ai pas encore vu Dmitri ému jusqu'aux larmes par la musique.

Sous la forme d'une seconde note de bas de page, permettez-moi de mentionner Bolívar, le chien d'Inés, plus précisément le chien qui a accompagné Inés quand elle a consenti à devenir la mère de David, et qui est à présent devenu le chien de David au sens où nous qualifions de « gardien » celui qui nous « garde », alors que nous n'avons aucun pouvoir sur lui.

À l'instar des enfants, les chiens ont la réputation de flairer les pleutres, les menteurs et ainsi de suite. Pourtant Bolívar m'a accepté dans la famille, dès le premier jour et sans réserve. Il y a là matière à réflexion pour Dmitri.

Lorsque la señora Martina – il ne se résout pas à l'appeler Martina tout court, malgré sa jeunesse – distribue les copies annotées à la classe, elle ne lui rend pas la sienne. Elle passe près de son pupitre et murmure :

« On se voit après le cours, Simón. »

Paroles et légère bouffée d'un parfum sur lequel il ne parvient pas à mettre de nom.

La señora Martina est jeune, elle est belle, elle est intelligente, il admire son assurance, sa compétence et ses yeux sombres, mais il n'est pas amoureux d'elle, tout comme il n'était pas amoureux d'Ana Magdalena, qu'il connaissait mieux (il l'avait vue nue) et qui est morte à présent.

Ce n'est pas de l'amour qu'il cherche auprès de la señora Martina, mais autre chose. Il aimerait qu'elle l'écoute et lui dise si son discours – le discours qu'il a essayé de coucher de son mieux sur le papier – sonne juste ou si, au contraire, ce n'est qu'un tissu de mensonges du début à la fin. Il aimerait qu'elle lui dise que faire de lui-même : continuer à partir tous les matins faire ses tournées à vélo et passer ses après-midi sur son lit, à se reposer, à écouter la radio, à boire (de plus en plus), à s'endormir, à dormir comme une souche huit, neuf, parfois dix heures ; ou se lancer à l'aventure, dans une activité très différente.

C'est beaucoup espérer d'une professeure de composition, cela va bien au-delà de son métier. Mais pour l'enfant qui, sur l'autre rive, était monté à bord du navire, il y avait beaucoup à espérer, notamment que cet homme solitaire en vêtements ternes le prenne sous son aile et guide ses pas dans un pays étranger.

Ses camarades de cours – avec lesquels il devrait échanger plus qu'un signe de tête – quittent la salle.

« Asseyez-vous, Simón », dit la señora Martina. Il s'assied en face d'elle. « Vous me demandez plus que ce dont je peux me charger. »

Elle le regarde posément.

« Ce n'est que de la prose, répond-il. Vous ne pouvez pas traiter cela comme de la prose ?

– Il s'agit d'un appel. Vous faites appel à moi. J'ai un travail le matin, des cours à donner le soir, un mari, un enfant et une maison à entretenir. C'est trop pour moi. » Elle soulève la copie dans l'air comme pour évaluer son poids. « C'est trop, répète-t-elle.

– On est parfois appelé au moment où on s'y attend le moins.

– Je comprends ce que vous dites, mais c'est beaucoup trop pour moi. »

Il reprend les trois pages et les range dans son sac. « Au revoir, dit-il. Encore merci. »

Deux choses peuvent se passer à présent. La première, c'est que rien ne se passe ; la seconde, c'est que la señora Martina change d'avis, le traque jusqu'à sa chambre où il passe ses après-midi sur son lit à écouter la radio, et lui dise : « Très bien, señor Simón, éclairez ma lanterne : qu'attendez-vous de moi ? » Il lui donne trois jours.

Trois jours s'écoulent. La señora Martina ne frappe pas à sa porte. Clairement c'est la première hypothèse qui a prévalu : rien.

Sa chambre, peinte il y a longtemps d'une couleur jaune d'œuf déprimante, n'est jamais devenue son chez-lui. Le couple âgé qui la lui loue reste à distance, ce dont il lui est reconnaissant, mais il y a des nuits où, à travers les murs peu épais, il entend tousser en continu l'homme, qui ne va pas bien.

Il hante les couloirs de l'Institut. Il suit un cours accéléré de cuisine, cherchant des manières d'enrichir son morne quotidien : mais les plats que propose le moniteur requièrent un four et il n'en a pas. Il n'a rien d'autre à montrer que le petit plateau remis à tous les étudiants : cumin, gingembre, cannelle, curcuma, poivre rouge, poivre noir.

Il fait une incursion dans un cours d'astrologie. L'enseignement se focalise sur les sphères : les étoiles appartiennent-elles aux sphères ou suivent-elles, au contraire, des trajectoires qui leur sont propres ? Les sphères sont-elles en nombre défini ou infini ? La professeure pense que le nombre des sphères est défini – défini, mais inconnu et inconnaissable, comme elle dit.

« Si le nombre des sphères est défini, qu'y a-t-il au-delà ? demande un étudiant.

– Il n'y a pas d'au-delà », répond la professeure.

L'étudiant semble perplexe.

« Il n'y a pas d'au-delà », répète-t-elle.

Les sphères ne l'intéressent pas, ni même les étoiles. En ce qui le concerne, ce sont des boules en matière insensible, se déplaçant dans l'espace vide en obéissant à des lois d'origine mystérieuse. Ce qu'il aimerait savoir, c'est ce que les étoiles ont à voir avec les nombres, ce que les nombres ont à voir avec la musique, et comment une personne intelligente comme Juan Sebastián Arroyo s'y prend pour évoquer d'un trait les étoiles, les nombres et la musique. Mais la professeure ne montre aucun intérêt pour les nombres ni pour la musique. Son sujet, c'est la configuration des étoiles et comment celle-ci influence la destinée humaine.

Il n'y a pas d'au-delà. Comment cette femme peut-elle être aussi affirmative ? À son avis à lui, qu'il y en ait ou non, on sombrerait dans le désespoir si l'on ne pouvait pas s'accrocher à l'idée d'un au-delà.

Chapitre 16

Inés reçoit un appel des trois sœurs : une question urgente a surgi, il faudrait qu'elle se rende au domaine avec lui, Simón.

Ils sont accueillis avec une tasse de thé et un gâteau au chocolat sortant du four. Encouragé par les sœurs, David dévore deux grandes tranches.

« David, lui dit Alma quand il a fini, j'ai quelque chose qui pourrait t'intéresser – une famille de marionnettes, que Roberta a retrouvées au grenier, avec lesquelles nous jouions quand nous étions petites. Tu sais ce qu'est une marionnette ?… Oui ? Veux-tu aller les voir ? »

Alma guide l'enfant dehors ; ils vont pouvoir aborder le sujet.

« Nous avons reçu la visite du señor Arroyo, dit Valentina. Il était accompagné de ses deux charmants garçons. Il voudrait savoir si nous envisagerions de l'aider à remettre l'Académie sur pied. Il a perdu beaucoup d'élèves à la suite du drame, mais il a l'espoir, si l'Académie rouvrait bientôt ses portes, d'en voir certains revenir. Quelle est votre opinion, Inés, Simón ? Vous qui avez l'expérience directe de l'Académie.

– Permettez-moi de commencer, dit-il, lui, Simón. C'est bien beau de la part du señor Arroyo de déclarer son académie rouverte, mais qui va se charger de l'enseignement ? Et qui va s'occuper de l'administration ? La señora Arroyo portait tout cela sur ses épaules. Trouvera-t-il à Estrella une personne pour la remplacer, quelqu'un qui partage ses vues, sa philosophie ?

– Il nous a dit que sa belle-sœur allait venir lui donner un coup de main, explique Valentina. Il parle aussi en termes élogieux d'un jeune homme nommé Alyosha. Il estime qu'Alyosha est capable de reprendre une partie de la charge de travail. Mais, fondamentalement, l'Académie s'orienterait plus vers une académie de musique que vers une académie de danse, l'enseignement serait assuré par le señor Arroyo lui-même. »

Inés prend la parole et ne perd pas de temps à donner son point de vue.

« Quand nous avons envoyé David chez les Arroyo, on nous a promis – promis, je dis bien – qu'à côté de la danse il recevrait un enseignement normal. On nous a affirmé qu'il apprendrait à lire, à écrire, à manier les nombres, comme les enfants dans une école habituelle. Il n'a rien reçu de tout cela. Le señor Arroyo est un homme sympathique, j'en suis sûre, mais il n'est pas un véritable enseignant. Je serais très réticente à l'idée de remettre David entre ses mains.

– À quoi pensez-vous en disant qu'il n'est pas un véritable enseignant ? demande Valentina.

– Je veux dire qu'il a la tête dans les nuages. Je veux dire qu'il ne voit pas ce qui se passe sous son nez. »

Les sœurs échangent des regards. Lui, Simón, se penche vers Inés.

« Est-ce le meilleur moment pour en parler ? murmure-t-il.

– Oui, c'est le bon moment, dit Inés. Cela vaut toujours mieux d'être franc. Nous parlons de l'avenir d'un enfant, un jeune enfant dont l'éducation jusqu'ici a été calamiteuse et qui régresse. Je suis très réticente à l'idée de le soumettre à une autre expérience.

– Voilà qui clôt le débat, dit Consuelo. Vous êtes la mère de David, vous avez le droit de décider ce qui est le mieux pour lui. Faut-il donc comprendre que vous considérez l'Académie comme un mauvais investissement ?

– Oui, dit Inés.

– Et vous, Simón ?

– Ça dépend. » Il se tourne vers Inés. « Si l'Académie de danse ferme pour de bon, Inés, et s'il n'y a pas de place pour David dans l'Académie de chant, ce qui pourrait bien être le cas, et si les écoles publiques ne sont pas accessibles, quelle solution proposez-vous ? Où peut-il recevoir une éducation ? »

Avant qu'Inés puisse répondre, Alma revient avec le garçon, qui porte une boîte en bois tout abîmée.

« Alma dit que je peux les prendre, annonce-t-il.

– Ce sont les marionnettes, dit Alma. Nous n'en avons plus l'usage, j'ai pensé que David aimerait les emporter.

– Bien sûr, dit Consuelo. J'espère que t'amuseras bien avec. »

Inés ne se laisse pas dérouter.

« Où David peut-il recevoir un bon enseignement ? Je vous l'ai dit. Nous devrions embaucher un précepteur, quelqu'un de véritablement qualifié, diplômé, sans croyances étranges sur l'origine des enfants ou le fonctionnement de leur psychisme, quelqu'un qui irait s'asseoir avec David, couvrir le programme enseigné par toutes les écoles ordinaires et l'aider à rattraper les bases qu'il a perdues. Voilà ce que nous devrions faire.

– Qu'en penses-tu, David ? demande Simón. Devrions-nous te chercher un précepteur ? »

David s'assied, la boîte sur les genoux.

« Je veux être avec le señor Arroyo.

– Tu veux être avec lui seulement parce que tu peux le mener par le bout du nez, dit Inés.

– Si vous m'envoyez dans une école publique, je m'enfuirai.

– Nous ne t'enverrons nulle part. Nous embaucherons un instituteur qui te fera cours à la maison.

– Je veux aller chez le señor Arroyo. Il sait qui je suis. Vous ne savez pas qui je suis. »

Inés pousse un grognement d'exaspération. Bien qu'il n'ait pas le cœur à ça, Simón prend le relais :

« Que nous soyons un peu spéciaux, cela n'a pas d'importance, David, il y a un certain nombre de choses qu'il faut s'astreindre à apprendre. Nous devons apprendre à lire – et ne pas lire qu'un seul livre –, sinon nous ne saurons pas ce qui se passe dans le monde. Nous devons être capables de faire des additions, sinon nous ne saurons pas manier l'argent. Inés a aussi en tête – corrigez-moi si je me trompe, Inés – que nous devons apprendre les bonnes habitudes, comme l'autodiscipline et le respect des opinions d'autrui.

– Je sais ce qui se passe dans le monde, dit le garçon. C'est toi qui ne le sais pas.

– Que se passe-t-il dans le monde, David ? demande Alma. Nous nous sentons coupées du monde, ici, au domaine. Peux-tu nous le dire ? »

Le garçon dépose la boîte aux marionnettes, court vers Alma et chuchote longuement à son oreille.

« Qu'a-t-il dit, Alma ? demande Consuelo.

– Je ne me sens pas autorisée à le raconter. Seul David peut le faire.

– Veux-tu nous le dire, David ? » demande Consuelo.

Le garçon secoue la tête de manière catégorique de gauche à droite.

« Cela met donc un terme à la réunion, dit Consuelo. Merci, Inés, merci, Simón, pour votre avis sur le señor Arroyo et son académie. Si vous décidez d'embaucher un précepteur, je suis certaine que nous participerons aux frais. »

Consuelo le prend à part.

« Il faut que vous ayez prise sur cet enfant, Simón, murmure-t-elle. Pour son bien. Vous comprenez ce que je veux dire.

– Je comprends. Il a un autre côté, croyez-moi. Il n'est pas toujours si sûr de lui. Le fond de son cœur est bon.

– Je suis soulagée de l'entendre, conclut Consuelo. Allez, à présent. »

Réussir à entrer dans l'Académie ou l'ex-Académie lui prend un temps fou. Il appuie sur la sonnette, attend, appuie encore, plusieurs fois, commence à cogner sur la porte, d'abord du poing et finalement avec le talon. Il finit par entendre du mouvement à l'intérieur. La clé tourne dans la serrure, Alyosha ouvre, ébouriffé comme s'il venait de se réveiller, alors que midi est largement passé.

« Bonjour, Alyosha, vous vous souvenez de moi ? Le père de David. Comment allez-vous ? Le maestro est-il là ?

– Le señor Arroyo est en plein dans sa musique. Si vous voulez le voir, il va falloir attendre. Peut-être longtemps. »

Le studio, où Ana Magdalena donnait ses cours, est vide. Le parquet en cèdre, qui a été poli par des pieds de jeunes danseurs en chaussons, a perdu de son lustre.

« Je vais attendre. Mon temps importe peu. »

Il suit Alyosha au réfectoire et s'assied à une longue table.

« Du thé ? demande Alyosha.

– Ce serait gentil. »

Il entend le faible tintement du piano. La musique s'arrête, repart, s'arrête à nouveau.

« On m'a dit que le señor Arroyo aimerait rouvrir l'Académie et que vous alliez reprendre une partie de l'enseignement.

– Je vais enseigner la flûte à bec et assurer les cours de danse élémentaire. C'est ce qui est prévu. Si nous rouvrons l'Académie.

– Vous allez donc continuer les cours de danse. J'avais compris que l'Académie deviendrait une académie purement musicale. Une académie de musique pure.

– Derrière la musique, il y a toujours la danse. Si nous écoutons avec attention, si nous nous donnons à la musique, l'âme va se mettre à danser en nous. C'est une des pierres angulaires de la philosophie du señor Arroyo.

– Et vous croyez à cette philosophie ?

– Oui, j'y crois.

– David ne va pas revenir, malheureusement. Il le voudrait beaucoup, mais sa mère y est farouchement opposée. Moi-même, je ne sais pas trop quoi penser. D'un côté je trouve difficile de prendre au sérieux la philosophie de l'Académie, cette philosophie que vous partagez. J'espère que vous ne m'en voudrez pas de parler de la sorte. En particulier toute cette histoire astrologique. D'un autre côté David s'est attaché aux Arroyo, notamment à la mémoire d'Ana Magdalena. Profondément attaché. Il s'y accroche. Il ne lâchera pas.

– Oui, je l'ai constaté. » Alyosha sourit. « Au début il l'a mise à l'épreuve. Vous auriez dû voir ça : sa façon de tester les gens, de leur imposer sa volonté. Il a essayé de lui donner des ordres ; mais elle ne l'a pas toléré, pas un instant. "Tant que tu es sous mon aile, tu feras comme je dis, lui a-t-elle répliqué. Et ne me jette pas ce genre de regard. Tes regards n'ont aucune prise sur moi." Après cela, il n'a plus jamais fait des siennes. Il la respectait. Il lui obéissait. Avec moi c'est différent, il sait que je suis doux. Cela m'est égal.

– Et ses condisciples ? Elle leur manque à eux aussi ?

– Tous les plus jeunes adoraient Ana Magdalena, affirme Alyosha. Elle était stricte, exigeante, mais ils lui étaient tout acquis. Après son décès, j'ai fait de mon mieux pour les protéger, mais trop d'histoires circulaient en ville et les parents sont revenus les retirer. Je ne peux donc pas vous dire s'ils en ont été affectés. Quelle tragédie ! On ne peut pas attendre des enfants qu'ils sortent indemnes d'une telle tragédie.

– Personne ne le peut. Il y a aussi le personnage de Dmitri. Ils en ont été secoués. Dmitri était leur grand copain. »

Alyosha s'apprête à répondre quand la porte du réfectoire s'ouvre avec fracas. Joaquín et son frère déboulent, tout excités, suivis un peu plus tard par une étrangère, une femme aux cheveux gris s'appuyant sur une canne.

« Tante Mercedes dit qu'on peut avoir des biscuits, dit Joaquín. On peut ?

– Bien sûr », dit Alyosha. Il fait les présentations d'un ton embarrassé : « Señora Mercedes, voici le señor Simón, qui est le père d'un des élèves de l'Académie. Señor Simón, voici la señora Mercedes, qui est venue de Novilla nous rendre visite. »

La señora Mercedes, la tante Mercedes, lui offre une main osseuse. Dans ses traits fins, aquilins, son teint cireux, il ne parvient à détecter aucune ressemblance avec Ana Magdalena.

« Il ne faut pas vous interrompre, dit-elle d'une voix très basse, presque un croassement. Les garçons ne sont là que pour un goûter.

– Vous n'interrompez rien », répond-il, lui, Simón.

Ce n'est pas vrai. Il aimerait qu'Alyosha lui en raconte plus. Il est impressionné par le jeune homme, par son bon sens, son sérieux.

« Je fais simplement une pause en attendant de voir le señor Arroyo. Alyosha, vous pourriez peut-être lui rappeler que je suis là. »

En soupirant, la señora Mercedes s'assied sur une chaise.

« Votre fils ne vous accompagne pas ?

– Non, il est resté à la maison avec sa mère.

– Il s'appelle David, intervient Joaquín. C'est le meilleur de la classe. »

Son frère et lui se sont assis tout au bout de la table, une boîte de biscuits devant eux.

« Je suis venu parler avec le señor Arroyo de l'avenir de mon fils, explique-t-il à Mercedes. De son avenir et de celui de l'Académie, après le drame récent. Permettez-moi de vous dire combien nous sommes abattus par le décès de votre sœur. C'était une enseignante exceptionnelle, une personne exceptionnelle.

– Ana Magdalena n'était pas ma sœur, dit Mercedes. Ma sœur, la mère de Joaquín et Damián, est décédée il y a dix ans. Ana Magdalena est – était – la seconde épouse de Juan Sebastián. La famille Arroyo est compliquée. Heureusement, je ne fais pas partie de cette complication. »

Bien sûr ! Marié deux fois ! Quelle erreur stupide de sa part.

« Mes excuses, dit-il. Je n'ai pas réfléchi.

– Mais, cela va de soi, je la connaissais, Ana Magdalena, continue la señora Mercedes, imperturbable. Elle a même été brièvement une de mes étudiantes. C'est ainsi qu'elle a rencontré Juan Sebastián. Et c'est ainsi qu'elle est entrée dans la famille. »

Son erreur stupide a ouvert, semble-t-il, une brèche laissant échapper de vieilles animosités.

« Vous enseigniez la danse ? demande-t-il.

– J'enseignais la danse. Je l'enseigne toujours, même si vous ne le croiriez pas en me voyant. »

Elle frappe le sol avec sa canne.

« J'avoue que la danse est une sorte de langue étrangère pour moi, dit-il. David a renoncé à me l'expliquer.

– Mais alors, pourquoi l'envoyer dans une académie de danse ?

– David n'en fait qu'à sa tête. Sa mère et moi n'avons plus aucun contrôle sur lui. Il a une voix splendide, mais ne veut pas chanter. C'est un danseur doué, mais il ne veut pas danser devant moi. Il refuse, un point c'est tout. Il affirme que je ne comprends pas.

– Si votre fils pouvait expliquer sa danse, il ne serait plus jamais capable de danser. C'est le paradoxe dans lequel nous sommes coincés, nous les danseurs.

– Croyez-moi, *señora*, vous n'êtes pas la première à me le faire remarquer. Le señor Arroyo, Ana Magdalena, mon fils n'ont cessé de souligner la stupidité de mon questionnement. »

Mercedes lâche un rire, grave et fort, comme un aboiement.

« Il vous faut apprendre à danser, Simón – je peux vous appeler Simón ? Cela vous guérirait de votre stupidité. Ou cela mettrait fin à votre questionnement.

– Je suis incurable, je le crains, Mercedes. Pour être franc, je ne vois pas la question à laquelle la danse répond.

– Je vois bien que vous ne voyez pas. Mais vous avez sans doute été amoureux une fois dans votre vie. Quand vous étiez amoureux, ne voyiez-vous pas la question à laquelle répondait l'amour – ou étiez-vous aussi un amant obtus ? »

Il garde le silence.

« N'étiez-vous pas amoureux d'Ana Magdalena, juste un peu ? insiste-t-elle. C'est l'effet qu'elle produisait sur la plupart des hommes. Et toi, Alyosha – qu'en était-il ? Étais-tu aussi amoureux d'Ana Magdalena ? »

Alyosha rougit, mais ne parle pas.

« Je vous le demande avec sérieux : à quelle question Ana Magdalena était-elle, dans bien des cas, la réponse ? »

Il s'agit d'une question profonde, il le sent bien. Mercedes est une femme sérieuse, une personne sérieuse. Mais est-ce une discussion à mener devant des enfants ?

« Je n'étais pas amoureux d'Ana Magdalena, dit-il. D'aussi loin que je me souvienne, je n'ai pas été amoureux. De personne. Mais, de façon abstraite, j'admets la force de votre question. Que nous manque-t-il quand il ne nous manque rien, quand nous nous suffisons à nous-même ? Que nous manque-t-il quand nous ne sommes pas amoureux ?

– Dmitri était amoureux d'elle. »

C'est Joaquín qui interrompt, de sa voix claire et aiguë d'enfant.

« Dmitri, c'est l'homme qui a tué Ana Magdalena, explique Simón.

– J'ai entendu parler de Dmitri. Je doute qu'il y ait quelqu'un dans le pays qui ne connaisse pas son histoire. Frustré en amour, Dmitri s'est retourné contre l'objet inaccessible de son amour et l'a tué. C'est une chose abominable qu'il a commise, bien sûr. Abominable, mais pas très difficile à comprendre.

– Je ne suis pas d'accord, dit-il. Dès le début j'ai trouvé ses actions incompréhensibles. Ses juges les ont trouvées incompréhensibles aussi. C'est pourquoi il est enfermé dans un hôpital psychiatrique. Parce que aucun être sain d'esprit n'aurait agi comme il l'a fait. »

Dmitri n'était pas un amant frustré. Voilà ce qu'il ne peut pas dire ouvertement. Voilà qui est véritablement incompréhensible, pire qu'incompréhensible. *Il l'a tuée parce qu'il en a eu l'envie. Il l'a tuée pour voir à quoi cela ressemblait d'étrangler une femme. Il l'a tuée sans raison aucune.*

« Je ne comprends pas Dmitri, et je n'y tiens pas, poursuit-il. Ce qui lui arrive me laisse indifférent. Il peut languir dans un asile psychiatrique jusqu'à ce qu'il devienne un vieillard chenu, on peut l'envoyer dans les mines de sel afin qu'il se tue au travail – c'est du pareil au même. »

Mercedes et Alyosha échangent un regard rapide.

« Un point douloureux, dit Mercedes. Pardonnez-moi d'avoir mis le doigt dessus.

– Que diriez-vous d'une promenade ? propose Alyosha aux enfants. Une promenade dans le parc. Emportez du pain – on pourra nourrir les poissons rouges. »

Ils partent. Mercedes et lui se retrouvent seuls. Mais il n'est pas d'humeur loquace ; d'évidence, elle non plus. À travers la porte ouverte leur parviennent les sons que produit Arroyo sur son clavier. Il ferme les yeux, essaie de se calmer pour laisser entrer la musique. Les paroles d'Alyosha lui reviennent : « Si nous écoutons avec attention, l'âme va se mettre à danser en nous. » Quand, pour la dernière fois, son âme a-t-elle dansé ?

À la façon dont la musique s'arrête et repart sans cesse, il a d'abord présumé qu'Arroyo s'exerçait. Mais il se trompait. Les pauses sont trop longues et la musique semble se perdre en chemin. L'homme ne s'exerce pas, il compose. Il écoute avec une attention différente.

La musique est trop changeante dans son rythme, trop compliquée dans sa logique pour qu'un homme aussi balourd que lui puisse la suivre, mais elle lui remet en mémoire la danse des petits oiseaux qui voltigent et fusent, leurs battements d'ailes trop rapides pour être perçus. La question est : où se trouve l'âme ? Quand l'âme émergera-t-elle de sa cachette pour ouvrir ses ailes ?

Il n'a pas de rapport intime avec son âme. Ce qu'il sait de l'âme en général, ce qu'il en a lu, c'est qu'elle s'envole dès qu'elle fait face à un miroir et par conséquent ne saurait être aperçue par celui à qui elle appartient, celui qui lui appartient.

Incapable de voir son âme, il n'a pas remis en question ce que les gens lui en disent : qu'il s'agit d'une âme desséchée, manquant de passion. Sa propre intuition, obscure – à savoir que, loin de manquer de passion, son âme souffre d'un désir indéfinissable –, il la traite avec scepticisme, comme une histoire que se raconterait un être doté d'une âme desséchée, rationnelle, déficiente, pour préserver son respect de soi.

Il essaie donc de ne pas penser, de ne rien faire qui puisse alerter l'âme timide qui niche en lui. Il s'abandonne à la musique, lui permettant de le pénétrer et de le submerger. Et la musique, comme si elle savait de quoi il retourne, perd son caractère « marche-arrêt », se met à couler. Au bord ultime de la conscience, son âme, pareille en effet à un petit oiseau, émerge, bat des ailes et entame sa danse.

C'est ainsi qu'Alyosha le retrouve : assis à la table, le menton reposant sur les mains, profondément endormi. Alyosha le secoue.

« Le señor Arroyo va vous recevoir. »

De la femme à la canne, la belle-sœur Mercedes, il n'y a pas trace. Combien de temps a-t-il été absent ?

Il se traîne dans le corridor à la suite d'Alyosha.

Chapitre 17

Il est introduit dans une pièce agréablement lumineuse et aérée, laissant passer la lumière du soleil par des panneaux de verre dans le toit. Elle est nue, hormis une table avec un fatras de papiers et un piano à queue. Arroyo se lève pour le saluer.

Il s'attendait à un homme en deuil, un homme brisé. Mais Arroyo, en pantoufles, une veste d'intérieur prune sur son pyjama, semble aussi robuste et enjoué que jamais. Il propose une cigarette à Simón, qui décline.

« Quel plaisir de vous revoir, señor Simón. Je n'ai pas oublié notre discussion au bord du lac Calderón au sujet des étoiles. De quoi allons-nous parler aujourd'hui ? »

Conséquence de la musique et de son petit somme, sa langue est pâteuse, son esprit embrouillé.

« De mon fils David. Je suis venu parler de lui. De son avenir. Il redevient sauvage ces derniers temps – en l'absence de vie scolaire. Nous avons déposé une demande d'admission à l'Académie de chant, mais nos espoirs sont faibles. Nous nous inquiétons pour lui, sa mère tout particulièrement. Elle a songé à embaucher un précepteur. Mais la rumeur dit que vous pourriez rouvrir vos portes. Nous nous demandons…

– Vous vous demandez, si nous rouvrons, qui se chargera de l'enseignement. Vous vous demandez qui prendra la place de ma femme. Qui en effet ! Parce que votre fils était très proche d'elle, comme vous le savez. Qui peut la remplacer dans son cœur ?

– Vous avez raison. Il s'accroche toujours à son souvenir. Ne veut rien lâcher. » Le brouillard dans sa tête commence à se dissiper. « David a beaucoup de respect pour vous, señor Arroyo. Il dit que vous savez qui il est. "Le señor Arroyo sait qui je suis." Il affirme, en ce qui me concerne, que je ne le sais pas, ni ne l'ai jamais su. Il me faut vous demander : qu'a-t-il en tête quand il dit que vous savez qui il est ?

– Vous êtes son père, et cependant vous ne savez pas qui il est ?

– Je ne suis pas son vrai père, je ne l'ai jamais revendiqué. Je me considère comme un beau-père. Je l'ai rencontré sur le navire qui nous a amenés ici. J'ai bien vu qu'il était perdu, c'est pourquoi je l'ai pris en charge, j'ai pris soin de lui. Plus tard, j'ai réussi à le remettre à sa mère, Inés. Voilà d'un mot notre histoire.

– Et maintenant vous voudriez que je vous dise qui il est, cet enfant que vous avez rencontré à bord du navire. Si j'étais philosophe, je répondrais en disant : cela dépend de ce que signifie pour vous "qui", ce que signifie "il", ce que signifie "est". Qui est-il ? Qui êtes-vous ? En effet, qui suis-je ? Ce que je peux dire avec certitude, c'est qu'un jour un enfant de sexe masculin venu de nulle part est apparu sur le seuil de cette académie. Vous le savez aussi bien que moi, puisque c'est vous qui l'avez amené ici. Depuis ce jour, ç'a été un grand plaisir d'être son accompagnateur musical. Je l'ai accompagné dans ses danses, tout comme j'accompagne les enfants à ma charge. J'ai aussi parlé avec lui.

Nous avons beaucoup parlé, David et moi. C'était éclairant.

– Señor Arroyo, nous nous sommes mis d'accord pour l'appeler David, mais son vrai prénom, si je peux employer cette expression, si cela signifie quelque chose, n'est pas David, comme vous devez le savoir, si vous savez qui il est réellement. David, c'est juste le prénom écrit sur sa carte, le nom qu'on lui a donné sur le quai. De la même façon, je pourrais dire que Simón n'est pas mon vrai nom, simplement un nom imposé sur le quai. À mes yeux, les noms ne sont pas importants, pas la peine d'en faire tout un foin. Je suis bien conscient que vous êtes d'un avis différent ; quand il s'agit de noms et de nombres, vous et moi appartenons à des écoles de pensée différentes. Laissez-moi vous expliquer mon point de vue. Dans mon école de pensée, les noms sont simplement une commodité, comme les nombres. Il n'y a rien de mystérieux à leur égard. Le garçon dont nous parlons aurait pu être affublé du nom Soixante-six et moi de Quatre-vingt-dix-neuf. "Soixante-six" et "Quatre-vingt-dix-neuf" auraient sonné tout aussi bien que "David" et "Simón", une fois qu'on s'y habitue. Je n'ai jamais saisi pourquoi ce garçon que j'appelle David trouve les noms tellement significatifs – le sien en particulier. Nos prétendus vrais noms, les noms que nous portions avant "David" et "Simón", ne sont que des substituts, me semble-t-il, des noms que nous avions avant, et ainsi de suite. C'est comme feuilleter un livre en arrière pour chercher la page un. Sauf qu'il n'y a pas de page un. Le livre n'a pas de commencement, son début se perd dans les brumes de l'oubli général. C'est du moins ainsi que je vois les choses. Je répète donc ma question : que veut dire David quand il affirme que vous savez *qui il est* ?

– Si j'étais un philosophe, señor Simón, je répondrais en disant : cela dépend de ce que vous entendez par "savoir". Ai-je rencontré ce garçon dans une vie antérieure ? Comment puis-je en être certain ? La mémoire se perd, comme vous dites, dans l'oubli général. J'ai des intuitions, comme vous devez avoir les vôtres, mais les intuitions ne sont pas des souvenirs. Vous vous souvenez d'avoir rencontré le garçon à bord du navire, d'avoir décidé qu'il était perdu et de l'avoir pris en charge. Peut-être se souvient-il des choses différemment. Peut-être étiez-vous celui qui semblait perdu ; peut-être est-ce *lui* qui a décidé de *vous* prendre en charge.

– Vous vous trompez sur mon compte. Il peut m'arriver d'avoir des souvenirs, mais je n'ai pas d'intuitions. Elles ne font pas partie de mon fonds de commerce.

– Les intuitions sont comme des étoiles filantes. Elles fusent à travers le ciel, présentes un instant, parties le suivant. Si on ne les voit pas, c'est peut-être qu'on avait les yeux fermés.

– Mais *qu'est-ce* qui fuse à travers le ciel ? Si vous connaissez la réponse, pourquoi ne me la donnez-vous pas ? »

Le señor Arroyo écrase sa cigarette.

« Cela dépend de ce que vous entendez par "réponse". »

Il se lève et l'attrape, lui, Simón, aux épaules, le fixe dans les yeux.

« Courage, mon ami, lance-t-il de son souffle enfumé. Le jeune David est un enfant exceptionnel. À son endroit, j'emploie le mot "complet". Il est complet par rapport aux autres enfants qui ne le sont pas. On ne peut rien lui enlever. Rien lui ajouter. Qui il est, ou ce que vous et moi pourrions croire qu'il est, n'a aucune importance. Néanmoins, je prends très au sérieux votre souhait d'obtenir réponse à votre question. La réponse viendra au moment où vous vous y attendrez le moins. Sinon, elle ne viendra pas. Cela arrive aussi. »

Il se dégage, irrité.

« Je n'ai pas de mots, señor Arroyo, pour vous dire combien j'ai horreur de ces paradoxes et de ces mystifications faciles. Ne vous méprenez pas. Je vous respecte, comme je respectais votre épouse défunte. Vous êtes des éducateurs, vous prenez votre profession au sérieux, votre souci à l'égard des élèves est authentique – je ne remets rien de cela en cause. Mais à l'encontre de votre système, *el sistema Arroyo*, j'ai les doutes les plus profonds. Je le dis, toute déférence gardée envers le musicien que vous êtes. Les étoiles. Les météores. La danse comme arcane. La numérologie. Les noms secrets. Les révélations mystiques. Cela peut impressionner de jeunes esprits, mais, de grâce, n'essayez pas de me les imposer. »

En quittant l'Académie, préoccupé, de mauvaise humeur, il trébuche contre la belle-sœur d'Arroyo, manquant de la renverser. Sa canne dégringole l'escalier à grand bruit. Il va la lui rechercher, s'excuse pour sa maladresse.

« Ne vous excusez pas, dit-elle. Il faudrait de la lumière dans cet escalier, je ne vois pas pourquoi ce bâtiment doit être si sombre et lugubre. Tant que je vous ai, prêtez-moi votre bras. J'ai besoin de cigarettes. Je ne tiens pas à envoyer les garçons en chercher, cela leur donne un mauvais exemple. »

Il l'accompagne au kiosque au coin de la rue. Elle marche lentement, mais il n'est pas pressé. La journée est belle. Il commence à se détendre.

« Voudriez-vous prendre un café ? » lui propose-t-il.

Ils prennent place à la terrasse d'un café, appréciant le soleil sur leur visage.

« J'espère que je ne vous ai pas offensé par mes remarques, dit-elle. Je veux dire, mes remarques à propos d'Ana Magdalena et de son effet sur les hommes. Elle n'était pas mon genre, mais en fait je l'aimais beaucoup. Et sa mort… personne ne mérite de mourir de la sorte. »

Il garde le silence.

« Comme je l'ai indiqué, je lui ai donné des cours quand elle était jeune. Elle était prometteuse, elle travaillait dur, elle prenait sa carrière au sérieux. Mais elle a mal vécu la transition vers l'âge adulte. Il s'agit d'une période toujours difficile pour un danseur, dans son cas tout particulièrement. Elle voulait conserver la pureté de sa ligne, ce qui nous est facile quand on est impubère, mais n'y est pas parvenue, sa féminité ne cessait de se développer, de s'exprimer. Elle a donc abandonné, s'est trouvé d'autres occupations. Je l'ai perdue de vue. Et puis, après le décès de ma sœur, elle a soudain réapparu aux côtés de Juan Sebastián. J'en ai été toute surprise – je ne savais pas qu'ils se connaissaient – mais je n'ai rien dit.

» Elle a été bonne avec lui, je dirai, une bonne épouse. Sans une femme comme elle, il aurait été perdu. Elle a pris les enfants en charge – le plus jeune était encore un bébé à l'époque –, elle est devenue une mère pour eux. Elle a sorti Juan Sebastián de son métier, la réparation d'horloges, où il n'avait aucun avenir, et l'a poussé à ouvrir son académie. Ne vous méprenez donc pas. C'était une personne admirable à bien des égards. »

Il garde le silence.

« Juan Sebastián est un érudit. Avez-vous lu son livre ?... Non ? Il a écrit un livre sur sa philosophie de la musique. On le trouve toujours en librairie. Ma sœur l'avait aidé. Ma sœur avait un bagage musical. C'était une excellente pianiste. Juan Sebastián et elle jouaient à quatre mains. De son côté, Ana Magdalena, jeune femme parfaitement intelligente, n'était ni une musicienne ni une personne jouant de son intellect. Elle a substitué de l'enthousiasme à l'intellect. Elle a adopté la philosophie de Juan Sebastián en bloc, avec ferveur. Elle l'a appliquée à ses cours de danse. Dieu sait ce qu'en ont fait les petits. Permettez-moi de vous demander, Simón : qu'a tiré votre fils David de l'enseignement d'Ana Magdalena ? »

Qu'a tiré David de l'enseignement d'Ana Magdalena ? Il se prépare à donner sa réponse, une réponse mûrement réfléchie, quand une émotion l'étreint. Est-ce le souvenir de sa sortie furieuse face à Arroyo, ou est-il simplement las, fatigué d'être raisonnable, il ne saurait dire, mais il sent son visage se chiffonner et reconnaît à peine la voix qui sort de sa gorge tellement elle est fêlée, sèche.

« Mon fils, Mercedes, est celui qui a découvert Ana Magdalena sur son lit de mort. Ses souvenirs d'elle sont pollués par cette vision, cette horreur. Elle était morte depuis quelque temps, vous savez. Une scène qu'aucun enfant ne devrait voir.

» Mon fils, pour répondre à votre question, essaie de s'accrocher au souvenir d'Ana Magdalena telle qu'elle était dans la vie et aux histoires qu'elle lui racontait. Il aimerait croire à un royaume des cieux où les nombres danseraient éternellement. Il aimerait croire que, lorsqu'il exécute les danses qu'elle lui a apprises, les nombres descendent et dansent avec lui. À la fin de chaque jour de classe, Ana Magdalena rassemblait les enfants autour d'elle et faisait résonner ce qu'elle appelait son arc – j'ai découvert par la suite qu'il s'agissait d'un banal diapason – en leur demandant de fermer les yeux et de muser sur cette note. Cela leur calmerait l'âme, disait-elle, les amènerait en harmonie avec la note que lâchent les étoiles quand elles tournent sur leur axe : la note céleste. En rejoignant la danse des étoiles, aimerait croire David, nous participons à leur existence céleste. Mais comment le pourrait-il, *señora*, *comment le pourrait-il*, après ce qu'il a vu ? »

Mercedes tend la main par-dessus la table et lui caresse le bras.

« Allons, allons, dit-elle. Vous avez vécu des moments difficiles, tous, les uns autant que les autres. Peut-être serait-il préférable que votre fils fasse une croix sur l'Académie, avec les mauvais souvenirs qui s'y attachent, et aille dans une école ordinaire avec des instituteurs normaux. »

Une seconde vague de fatigue s'abat sur lui. Que fait-il là, à échanger des mots avec cette étrangère qui ne comprend rien à rien ?

« Mon fils n'est pas un enfant normal. Je suis désolé, je ne me sens pas bien, je ne souhaite pas m'attarder. »

Il fait signe au serveur.

« Vous êtes affligé, Simón. Je ne vous retiens pas. Laissez-moi juste vous dire que je ne suis pas ici pour mon beau-frère, qui me tolère à peine, mais pour les enfants de ma sœur, deux petits garçons auxquels personne ne pense le moins du monde. Votre fils ira de l'avant, mais eux, quel est leur avenir ? Ils ont perdu leur mère, puis leur belle-mère, ils restent seuls dans ce rude monde d'hommes, avec leurs idées d'hommes. Je me désole pour eux, Simón. Ils ont besoin de douceur comme tous les enfants ont besoin de douceur, même les garçons. Ils ont besoin d'être caressés, cajolés, de respirer les douces odeurs des femmes, sentir la douceur d'une main féminine. Où la trouveront-ils ? Ils grandiront incomplets, incapables de s'épanouir. »

La douceur. Celle de Mercedes, avec son nez pointu comme un bec, ses mains osseuses et arthritiques, ne lui saute pas aux yeux. Il paie, se lève.

« Il faut que j'y aille. Demain c'est l'anniversaire de David. Je dois m'occuper des préparatifs. »

Chapitre 18

Inés est bien décidée à ce que l'anniversaire du garçon soit célébré comme il se doit. Sont invités à la fête autant de camarades de l'ancienne Académie qu'elle a pu en retrouver, ainsi que les garçons du bloc d'immeubles avec lesquels il joue au football. Elle a commandé à la *pastelería* un gâteau en forme de ballon de foot ; elle a apporté à la maison une *piñata*, un grand panier de friandises aux couleurs vives qui a la forme d'un âne ; elle a emprunté à Claudia les bâtons qui permettront aux enfants de le réduire en pièces ; elle a engagé un prestidigitateur pour effectuer des tours de magie. Elle n'a pas dévoilé à Simón le cadeau qu'elle offrira, mais il sait qu'elle a dépensé beaucoup d'argent pour ça.

Son premier réflexe est d'égaler la munificence d'Inés, mais il se ravise : comme il est le parent secondaire, il se doit d'offrir un cadeau moindre. Dans l'arrière-salle d'un magasin d'antiquités, il dégote l'objet idoine : une maquette de bateau ressemblant fort au navire sur lequel ils sont arrivés, avec cheminée, hélice, passerelle et petits passagers en bois, appuyés au bastingage ou se promenant sur le pont supérieur.

Tout en explorant les échoppes du quartier ancien d'Estrella, il cherche le livre mentionné par Mercedes, l'ouvrage d'Arroyo sur la musique. Il n'arrive pas à le trouver. Aucun des libraires n'en a entendu parler.

« J'ai assisté à certains de ses récitals, dit l'un d'eux. Il s'agit d'un pianiste étonnant, un véritable virtuose. J'ignorais qu'il écrivait aussi des livres. Vous en êtes certain ? »

En accord avec Inés, le garçon passe la veille de la fête dans la chambre que loue Simón, afin qu'elle puisse décorer l'appartement.

« Ta dernière nuit de petit garçon, fait-il remarquer. À partir de demain tu auras sept ans, et à sept ans on est un grand garçon.

– Sept est un nombre noble, dit David. Je connais tous les nombres nobles. Veux-tu que je te les récite ?

– Pas ce soir, merci. Quels autres secteurs de la numérologie as-tu étudiés, à part les nombres nobles ? As-tu étudié les fractions, ou bien les fractions sont-elles dépassées ? Tu connais le mot "numérologie" ? C'est la science qu'exerce le señor Arroyo dans son académie. Les numérologues sont des gens qui croient que les chiffres existent en dehors de nous. Ils croient que, si une gigantesque inondation survenait et noyait toutes les espèces vivantes, les nombres survivraient.

– Si l'inondation était vraiment énorme, jusqu'au ciel, les nombres se noieraient eux aussi. Plus rien ne resterait, seuls les étoiles noires et les chiffres noirs.

– Les étoiles noires ? Qu'est-ce que c'est ?

– Les étoiles entre les étoiles brillantes. On ne les voit pas parce qu'elles sont noires.

– Il s'agit d'une de tes découvertes ? D'après ce que je comprends, il n'est fait aucune mention des étoiles noires en numérologie. En outre, selon les numérologues, les nombres ne peuvent pas se noyer, si haut que l'eau monte. Ils ne peuvent se noyer, car ils ne respirent pas, ni ne boivent, ni ne mangent. Ils existent, tout simplement. Nous les humains, nous arrivons, nous partons, nous voyageons d'une vie à l'autre, mais les nombres restent immuables à tout jamais. C'est ce que des gens comme le señor Arroyo écrivent dans leurs livres.

– J'ai trouvé un moyen de revenir de l'autre vie. Je te le raconte ? C'est génial ! Tu attaches une corde à un arbre, une longue, une très longue corde, et quand tu arrives dans l'autre vie tu attaches l'autre bout de la corde à un arbre, un autre arbre. Ainsi, quand tu veux revenir de l'autre vie, tu t'accroches à la corde. Comme le monsieur dans le *laberinto*.

– *Laberinto*. C'est un plan futé, très ingénieux. Malheureusement, je vois une faille : pendant que tu nageras vers notre vie, en tenant la corde, les vagues vont t'atteindre, et vont emporter tous tes souvenirs. Ce qui fait que, de retour de ce côté-ci, tu ne te souviendras de rien de ce que tu as vu de l'autre côté. Comme si tu ne l'avais pas du tout visité. Comme si tu avais dormi sans rêver.

– Pourquoi ?

– Parce que, comme j'ai dit, tu auras été immergé dans les eaux de l'oubli.

– Mais pourquoi ? Pourquoi me faudra-il oublier ?

– Parce que c'est la règle. Tu ne peux pas revenir de l'autre vie et raconter ce que tu as vu là-bas.

– Pourquoi cette règle ?

– La règle n'est qu'une règle. Les règles n'ont pas à se justifier. Elles existent, c'est tout. Comme les nombres. Il n'y a pas de *pourquoi* concernant les nombres. L'univers est un univers de lois. Il n'y a pas de *pourquoi* concernant l'univers.

– Pourquoi ?

– Là, tu deviens bête. »

Plus tard, alors que David s'est endormi sur le sofa et que lui, Simón, repose sur son lit en écoutant la course des souris dans les combles, il se demande ce que le garçon retiendra de ces conversations. Simón se voit comme un homme sain, rationnel, qui offre au garçon des explications saines et rationnelles au pourquoi des choses. Mais les besoins de son âme d'enfant sont-ils mieux alimentés par ses courtes homélies sèches ou par le voyage fantastique offert à l'Académie ? Pourquoi ne pas lui laisser passer ces précieuses années à danser avec les nombres et à communier avec les étoiles en compagnie d'Alyosha et du señor Arroyo, en attendant que le bon sens et la raison viennent en temps voulu ?

Une corde entre deux terres : il devrait raconter cela à Arroyo, lui écrire une note. *Mon fils, celui qui affirme que vous connaissez son vrai nom, a élaboré un plan pour notre salut général : tendre une corde d'une rive à l'autre ; une main après l'autre, les âmes franchiraient l'océan, certaines en route pour la vie nouvelle, d'autres se dirigeant vers la vieille vie. Si un tel pont existait, dit mon fils, cela signifierait la fin de l'oubli. Nous saurions tous qui nous sommes, pour notre plus grand bonheur.*

Il devrait vraiment écrire à Arroyo. Non pas une note, mais un texte plus long et plus fouillé, où il dirait ce qu'il aurait pu dire s'il n'avait pas mis fin brutalement à leur rencontre. S'il n'était pas somnolent, léthargique, il allumerait la lumière et se mettrait à rédiger.

Estimable Juan Sebastián, excusez mon accès de mauvaise humeur ce matin. Je passe par une période perturbée, même si le poids qui m'accable est de loin plus léger que le vôtre. Précisément je me trouve en pleine mer (j'emploie une métaphore banale), dérivant de plus en plus loin de la terre ferme. Comment ?

Permettez-moi d'être franc. En dépit d'efforts ardus, je n'arrive pas à croire aux nombres, aux nombres supérieurs, aux nombres tout là-haut, comme vous et comme toute personne en liaison avec votre académie semble le croire, y compris mon fils David. Je ne comprends rien aux nombres, pas un iota, du début à la fin. Votre foi en eux vous a aidé (je présume) à traverser ces temps difficiles, tandis que moi, qui ne partage pas cette foi, je suis devenu susceptible, irascible, enclin aux emportements (vous l'avez remarqué ce matin) – difficile à supporter pour mon entourage et pour moi-même.

« La réponse viendra au moment où vous l'attendrez le moins. Ou pas. » J'ai une aversion pour les paradoxes, Juan Sebastián, que vous semblez ne pas partager. Me faut-il passer par là pour atteindre la paix de l'esprit : avaler les paradoxes à mesure qu'ils surgissent ? Et, puisqu'on y est, aidez-moi à comprendre pourquoi un enfant éduqué chez vous, quand on lui demande d'expliquer les nombres, répond qu'on ne peut pas les expliquer, mais seulement les danser. Ce même enfant, avant de s'inscrire dans votre académie, avait peur de sauter d'un pavé à l'autre, craignant de tomber dans l'interstice et de disparaître dans le néant. À présent, il danse sans appréhension au-dessus des interstices. Quels sont les pouvoirs magiques de la danse ?

Il devrait. Il devrait écrire ce texte. Juan Sebastián lui répondrait-il ? Le personnage ne paraît pas du genre à se lever au milieu de la nuit pour jeter une corde à un homme qui, s'il ne se noie pas, patauge lourdement.

Alors qu'il s'enfonce dans le sommeil, une image des matchs de foot dans le parc lui revient : le garçon, tête baissée, poings serrés, courant telle une force irrésistible. Pourquoi, pourquoi, pourquoi, lui qui est plein de vie – de cette vie-ci, la vie présente –, s'intéresse-t-il tant à la vie d'après ?

À la fête, les premiers arrivés sont deux garçons de l'appartement du dessous, des frères, mal à l'aise dans leurs chemise et short bien propres, cheveux humides et peignés. Ils se hâtent d'offrir leur cadeau, dans son emballage coloré, que David dépose dans un coin qu'il a dégagé.

« C'est ma pile de cadeaux, annonce-t-il, j'ouvrirai mes cadeaux quand tout le monde sera parti. »

La pile actuelle comporte déjà les marionnettes offertes par les trois sœurs et son cadeau à lui, Simón, le bateau empaqueté dans une boîte en carton, scellée par un ruban.

La sonnette retentit ; David se précipite pour saluer les nouveaux invités et accepter encore des cadeaux.

Comme Diego se charge de faire passer les rafraîchissements, ses tâches à lui sont réduites. Il sent que la plupart des invités prennent Diego pour le père du garçon, et lui, Simón, pour son grand-père, ou même un parent éloigné.

La fête se présente bien, même si la poignée d'enfants de l'Académie, circonspecte face à ceux plus tapageurs des appartements voisins, se regroupe et parle à voix basse. Inés – cheveux ondulés, à la mode, robe noir et blanc, à tous égards une mère dont un garçon peut se sentir fier – semble ravie du déroulement des opérations.

« Jolie robe, remarque-t-il. Elle vous va bien.

– Merci. C'est l'heure du gâteau. Voulez-vous l'apporter ? »

Il a le privilège de porter jusqu'à la table l'énorme ballon de foot, installé sur son lit de massepain vert. Il sourit d'un air bienveillant quand, d'un seul souffle, David éteint les sept bougies.

« Bravo ! lance Inés. Il faut que tu fasses un vœu à présent.

– J'ai déjà fait mon vœu, dit le garçon. C'est un secret. Je ne le dirai à personne.

– Même pas à moi ? fait Diego. À mon oreille ? »

Il penche la tête tout contre le garçon.

« Non. »

Un contretemps survient lors du découpage du gâteau : le couteau s'enfonce, la coque en chocolat s'effondre, le gâteau se casse en deux parties inégales. L'une d'elles roule hors du plateau et se fragmente sur le dessus de table, renversant un verre de limonade.

Avec un cri de triomphe, David brandit le couteau au-dessus de sa tête.

« C'est un tremblement de terre ! »

Inés se dépêche de nettoyer les dégâts.

« Sois prudent avec le couteau, l'admoneste-t-elle, tu pourrais blesser quelqu'un.

– C'est mon anniversaire, je peux faire ce que je veux. »

Le téléphone sonne. C'est le prestidigitateur. Il a pris du retard, il n'arrivera que dans quarante-cinq minutes, une heure peut-être. Inés raccroche avec colère.

« Quelle drôle de façon de diriger son entreprise ! » crie-t-elle.

Il y a trop d'enfants dans l'appartement. Diego a tordu un ballon dans tous les sens pour lui donner l'aspect d'un nain aux grandes oreilles qui devient l'objet d'une course-poursuite chez les garçons. Ils courent à travers les pièces, renversant les meubles. Bolívar se dresse, sort de la cuisine, son repaire. Les enfants battent en retraite, inquiets. Il incombe à Simón de retenir le chien par le collier.

« Son nom est Bolívar, annonce David. Il ne mord pas. Il ne mord que les méchants.

– Je peux le caresser ? demande une des filles.

– Bolívar n'est pas de bonne humeur pour l'instant, répond Simón. Il est habitué à dormir l'après-midi. C'est un animal plein d'habitudes. »

Il manœuvre pour faire retourner Bolívar à la cuisine.

Par bonheur, Diego persuade les garçons les plus remuants, dont David, d'aller faire une partie de foot. Inés et lui restent pour distraire les timides. Puis les footballeurs reviennent en masse avaler les biscuits et jusqu'au dernier morceau du gâteau.

On frappe à la porte. Le prestidigitateur, un petit homme semblant énervé avec des joues roses, en habit et gibus, porte un panier d'osier. Inés ne lui laisse pas le temps de parler.

« Trop tard ! hurle-t-elle. Quelle est cette façon de traiter les clients ? Allez-vous-en ! Vous n'aurez pas un kopeck ! »

Les invités s'en vont. Armé de ciseaux, David commence à ouvrir ses cadeaux. Il défait le paquet d'Inés et Diego.

« Une guitare ! s'écrie-t-il.

– C'est un ukulélé, dit Diego. Il y a une brochure pour t'indiquer la façon d'en jouer. »

Le garçon gratte l'ukulélé, un son discordant s'en échappe.

« Il faut d'abord l'accorder, dit Diego. Je vais te montrer.

– Pas maintenant », dit le garçon. Il ouvre le cadeau de Simón. « C'est génial ! s'exclame-t-il. On peut aller au parc et le faire voguer ?

– C'est une maquette, répond-il. Je ne suis pas sûr qu'il puisse flotter sans chavirer. On peut essayer dans la baignoire. »

Ils remplissent la baignoire. Le navire flotte gaiement, sans vouloir s'incliner.

« C'est génial ! répète le garçon. C'est le plus beau de mes cadeaux.

– Quand tu auras appris à en jouer, l'ukulélé deviendra ton meilleur cadeau, dit-il. L'ukulélé n'est pas une maquette, c'est un véritable instrument de musique. As-tu remercié Inés et Diego ?

– Juan Pablo dit que l'Académie est une école de chochottes. Il dit que seules les tapettes vont à l'Académie. »

Il sait qui est Juan Pablo : un garçon des appartements alentour, plus âgé et plus grand que David.

« Juan Pablo n'a jamais franchi les portes de l'Académie. Il n'a aucune idée de ce qui s'y passe. Si tu étais une chochotte, est-ce que Bolívar te laisserait le mener à la baguette – Bolívar qui dans une prochaine vie sera un loup ? »

Inés le rattrape sur le seuil de la porte, alors qu'il s'en va, lui colle des papiers dans les mains.

« Il y a une lettre de l'Académie, le journal d'hier, les offres de cours. Nous devons décider d'un précepteur pour David. J'ai souligné les plus crédibles. Nous ne pouvons pas attendre plus longtemps. »

La lettre, adressée conjointement à Inés et lui, ne vient pas d'Arroyo, mais de l'Académie de chant. En raison du niveau exceptionnel des candidatures pour le prochain trimestre, on les informe qu'il n'y a, hélas, pas de place pour David. On les remercie pour leur intérêt.

La lettre à la main, il retourne le lendemain matin à l'Académie de danse. L'air sévère, il s'assied dans le réfectoire.

« Dites au señor Arroyo que je suis ici, ordonne-t-il à Alyosha. Dites-lui que je ne partirai pas tant que je ne lui aurai pas parlé. »

Quelques minutes plus tard, le maître lui-même fait son apparition.

« Señor Simón ! Vous êtes de retour !

– Oui, je suis de retour. Vous êtes un homme occupé, señor Arroyo, je serai donc bref. J'ai signalé la fois dernière que nous avions déposé la candidature de David à l'Académie de chant. Sa candidature est refusée. Nous en sommes réduits au choix entre les écoles publiques ou les cours particuliers. Je vous ai caché certains faits dont vous devriez avoir connaissance. Quand ma partenaire Inés et moi-même avons quitté Novilla pour Estrella, c'était pour échapper à la loi. Non que nous soyons de mauvais sujets, mais parce que les autorités à Novilla voulaient nous enlever David, pour des raisons que je ne vais pas détailler, afin de le placer dans une institution. Nous nous y sommes opposés. Nous sommes donc, Inés et moi, techniquement parlant, des délinquants. Nous avons amené David ici, il s'est intégré comme chez lui dans votre académie – un foyer qui s'est révélé provisoire. J'en arrive au fait. Si nous inscrivons David dans une école publique, nous avons toutes les raisons de penser qu'il sera identifié et renvoyé à Novilla. Nous évitons donc les écoles publiques. Le recensement, qui doit intervenir dans moins d'un mois, constitue une complication supplémentaire. Nous avons besoin d'effacer toute trace de lui devant les recenseurs.

– Je cacherai mes fils aussi. David pourra les rejoindre. Il y a plein de recoins sombres dans ce bâtiment.

– Pourquoi avez-vous besoin de cacher vos enfants ?

– Ils n'ont pas été enregistrés lors du dernier recensement, ils n'ont par conséquent aucun numéro d'identité, du coup ils n'existent pas. Ce sont des fantômes. Mais continuez. Vous me disiez que vous alliez éviter les écoles publiques.

– Oui. Inés est favorable à un précepteur pour David. Nous avons déjà connu cette expérience. Elle n'était pas concluante. Le garçon a une forte personnalité. Il est habitué à parvenir à ses fins. Il a besoin de devenir un animal social. Il a besoin de se retrouver en classe avec d'autres enfants, sous la houlette d'un enseignant qu'il respecte. Je suis conscient que vos moyens sont limités, señor Arroyo. S'il vous est possible de rouvrir l'Académie, si David y est admis, je vous offre mon assistance non rémunérée. Je peux effectuer des tâches de concierge : balayer, nettoyer, porter du bois et ainsi de suite. Je peux m'occuper des pensionnaires. Je n'ai pas peur du travail physique. À Novilla j'ai travaillé comme docker.

» J'ai beau ne pas être le père de David, j'en suis pourtant le gardien et le protecteur. Malheureusement, le respect qu'il manifestait jadis à mon égard s'est perdu, me semble-t-il. C'est une partie de l'extravagance de la situation actuelle. Il me tourne en dérision comme un vieil homme qui le poursuit, l'index levé, et l'admoneste. Mais il vous respecte, señor Arroyo, vous et votre épouse défunte. Si vous rouvrez vos portes, vos anciens élèves reviendront, j'en suis convaincu. David sera le premier. Je ne prétends pas comprendre votre philosophie, mais cela fera du bien au garçon d'être sous votre aile, je le sais.

» Qu'en dites-vous ? »

Le señor Arroyo l'a écouté avec la plus grande gravité, ne l'interrompant pas une fois. Il prend la parole :

« Señor Simón, puisque vous êtes franc avec moi, je le serai avec vous. Vous dites que votre fils vous tourne en dérision : dans les faits, ce n'est pas vrai. Il vous aime et vous admire, même s'il ne vous obéit pas toujours. Il me raconte avec fierté que, quand vous étiez docker, vous portiez les charges les plus lourdes, plus lourdes que celles de vos compagnons plus jeunes. Ce qu'il vous reproche, c'est que, bien que vous conduisant comme son père, vous ne savez pas qui il est. Vous en êtes conscient, nous avons déjà abordé la question.

– Il ne se contente pas de me le reprocher, señor Arroyo, il me le balance à la figure.

– Il vous le balance à la figure et cela vous fâche, on le conçoit. Permettez-moi de reformuler ce que je vous ai dit la dernière fois que nous nous sommes vus, pour vous rassurer peut-être.

» Chacun de nous a fait l'expérience d'arriver dans un nouveau pays et de se voir attribuer une nouvelle identité. Nous vivons, tous autant que nous sommes, sous un nom qui n'est pas le nôtre. Mais nous nous habituons vite à cette nouvelle vie inventée. Votre fils est une exception. Il ressent avec une intensité particulière la fausseté de cette nouvelle vie. Il n'a pas succombé à la pression d'oublier. Ce dont il se souvient, je ne saurais le dire. Mais cela inclut ce qu'il pense être son vrai nom. Quel est ce nom ? À nouveau je ne saurais le dire. Il refuse de le révéler – ou il est incapable de le révéler, je ne sais pas exactement. Peut-être, au final, vaut-il mieux que son secret reste secret. Quelle différence, comme vous le disiez l'autre jour, si nous le connaissons sous le nom de David ou

Tomás, Soixante-six ou Quatre-vingt-dix-neuf, Alpha ou Oméga ? La terre tremblerait-elle sous nos pieds si on nous révélait son vrai nom, les étoiles tomberaient-elles du ciel ? Bien sûr que non. Consolez-vous. Vous n'êtes pas le premier, ni le dernier père rejeté.

» Concernant l'autre affaire : vous offrez bénévolement vos services à l'Académie. Merci. J'ai envie d'accepter, avec gratitude. La sœur de ma première épouse défunte aussi se propose gentiment de nous aider. Elle est – je ne sais pas si elle vous en a parlé – une pédagogue reconnue, d'une autre école cependant. Et mon dessein de rouvrir l'Académie a reçu des appuis dans plusieurs milieux. Tout cela m'encourage à croire que nous pouvons surmonter nos difficultés actuelles. Donnez-moi toutefois encore un peu de temps pour prendre une décision. »

La discussion s'interrompt. Il prend congé. *Nos difficultés actuelles* : cette phrase lui laisse un goût amer. Arroyo a-t-il la moindre idée de ce que sont ces difficultés ? Combien de temps encore sera-t-il à l'abri de la vérité au sujet d'Ana Magdalena ? Plus Dmitri restera à l'hôpital, plus il sera enclin à plastronner auprès de ses amis, évoquant l'épouse glaciale du maestro qui ne pouvait s'empêcher de le caresser. L'histoire se répandra comme une traînée de poudre. Les gens commenceront à ricaner dans le dos d'Arroyo ; de personnage de tragédie, il deviendra un objet de risée. Lui, Simón, aurait dû trouver un moyen de le prévenir, afin qu'il soit préparé le jour où commenceront les rumeurs.

Et ces lettres, ces lettres compromettantes ! Il aurait dû les brûler depuis longtemps. *Te quiero apasionadamente.* Il se maudit pour la énième fois d'être mêlé aux affaires de Dmitri.

Chapitre 19

C'est dans cet état d'esprit contrarié qu'il arrive chez lui et trouve, affalé contre sa porte, rien de moins que Dmitri, en uniforme de garçon de salle, trempé jusqu'aux os – la pluie s'est remise à tomber –, arborant cependant un large sourire.

« Salut, Simón. Quel temps infect, n'est-ce pas ? Vous me laissez entrer ?

– Certainement pas ! Comment êtes-vous arrivé jusqu'ici ? David est-il avec vous ?

– David n'est au courant de rien. Je suis venu ici sans aide : par le bus, puis à pied. Personne ne m'a jeté le moindre regard. Brrr ! Il fait froid. Je donnerais cher pour une tasse de thé chaud !

– Pourquoi êtes-vous là, Dmitri ? »

Il glousse.

« Une belle surprise, n'est-ce pas ? Vous devriez voir votre tête. "Complicité" : je vois ce mot vous traverser l'esprit. Complicité avec un criminel. Ne vous inquiétez pas. Je m'en vais bientôt. Vous ne me verrez plus, pas dans cette vie. Allez, laissez-moi entrer. »

Il déverrouille la porte. Dmitri pénètre dans la pièce, arrache la couverture du lit et s'en enveloppe.

« Ça va mieux, dit-il. Vous voulez savoir pourquoi je suis là ? Je vais vous le dire, écoutez bien. À l'aube, dans quelques petites heures, je prendrai la route du nord, direction les mines de sel. C'est ma décision, ma décision finale. Je vais m'en remettre aux mines de sel, advienne que pourra. Les gens m'ont toujours dit : "Dmitri, tu es comme un ours, rien ne peut te tuer." Peut-être était-ce vrai jadis, mais il n'en est plus rien. Les coups de fouet, les chaînes, le pain et l'eau – combien de temps pourrai-je les endurer avant de tomber à genoux et supplier : "Assez ! Débarrassez-vous de moi ! Donnez-moi le *coup de grâce*[1] !"

» Dans cette ville plongée dans l'ignorance, Simón, il n'y a que deux hommes dotés d'intelligence, vous et le señor Arroyo. Il est hors de question d'aller voir Arroyo, ce ne serait pas convenable, étant le meurtrier de sa femme et tout le toutim. Il ne reste donc plus que vous. À vous, je peux encore parler. Vous pensez que je parle trop, je le sais, et vous avez raison, en un sens, je suis parfois ennuyeux. Mais mettez-vous à ma place : si je ne parle pas, si je ne m'explique pas, qui suis-je ? Un bœuf. Un rien du tout. Peut-être un psychopathe. Peut-être. Mais un rien du tout, sans aucun doute, un zéro pointé, sans aucune place dans le monde. Vous ne comprenez pas ça, n'est-ce pas ? Vous êtes économe en paroles, vous. Chaque mot est étudié, pesé, avant d'être prononcé. Il faut de tout.

» J'aimais cette femme, Simón. Dès l'instant où j'ai posé mon regard sur elle, j'ai su qu'elle était mon étoile, mon destin. Un trou s'est ouvert dans mon existence, un trou qu'elle seule pouvait combler. S'il faut parler vrai, je suis encore amoureux d'elle, Ana Magdalena, même si elle est enterrée ou réduite en cendres – personne ne m'a rien dit. "Et alors ? rétorquez-vous.

1. En français dans le texte.

Chaque jour des gens tombent amoureux." Mais pas comme moi. J'étais indigne d'elle, voilà la vérité profonde. Vous comprenez ? Pouvez-vous comprendre ce que cela représentait d'être avec cette femme, au plein sens du mot, je le dis avec délicatesse – quand on oublie qui on est, le temps suspendu, ce genre d'union, euphorique, quand vous êtes en elle et elle en vous –, et de rester bien conscient dans un coin de son cerveau que tout cela clochait, non pas moralement, j'ai toujours refusé de copiner avec la moralité, je suis du genre indépendant, non, cela clochait sur le plan cosmologique, comme si les planètes mal alignées dans les cieux nous disaient : "Non, non, non" ? Vous comprenez ? Non, vous ne comprenez pas, bien sûr, qui peut vous le reprocher. Je m'exprime mal.

» Comme je l'ai dit, je n'étais pas digne d'elle, d'Ana Magdalena. Cela revient à ça, au bout du compte. Je n'aurais pas dû me trouver là-bas, à partager son lit. Ce n'était pas bien. C'était une offense – envers les étoiles, envers les choses, je ne sais pas quoi. C'était le sentiment que j'avais, ce sentiment obscur qui ne me quittait pas. Pouvez-vous comprendre ? Une petite lueur ?

– Je n'ai pas la moindre curiosité pour vos sentiments passés et présents, Dmitri. Vous n'avez pas à me raconter tout ça. Je ne vous y encourage pas.

– Évidemment, vous ne m'y encouragez pas ! Personne n'est plus respectueux de mon droit à l'intimité. Vous êtes un type bien, Simón, un rare exemple de type vraiment bien. Mais je ne veux pas sombrer dans la confidence ! Je veux être humain, et un humain, c'est un animal doué de parole. C'est pour ça que je vous raconte toutes ces choses : afin de redevenir humain, d'entendre une voix humaine sortir à nouveau de ma poitrine, la poitrine de Dmitri ! Et si je ne peux pas vous les raconter, à qui d'autre le ferai-je ? Qui reste-t-il ? Alors permettez-moi de vous le dire : l'amour, nous le faisions, elle et moi, chaque fois que c'était possible, chaque fois qu'il y avait une heure de libre, voire une minute, ou deux, ou trois. Je peux être franc là-dessus, n'est-ce pas ? Parce que je n'ai aucun secret pour vous, Simón – pas depuis que vous avez lu ces lettres que vous ne deviez pas lire.

» Ana Magdalena, vous l'avez vue, Simón, vous êtes d'accord, était une beauté, une vraie beauté, authentique, sans défaut de la tête aux pieds. J'aurais dû être fier de tenir une beauté pareille entre mes bras, mais je ne l'étais pas. Non, j'avais honte. Parce qu'elle méritait mieux, mieux qu'un rien du tout comme moi, hideux, hirsute, ignorant. Je songe à ses bras frais, frais comme du marbre, refermés sur moi, m'attirant en elle – *moi ! moi !* –, et je secoue la tête. Il y a quelque chose qui cloche, Simón, profondément. La belle et la bête. C'est pourquoi j'ai employé ce mot de "cosmologique". Une erreur au sein des étoiles, des planètes, un cafouillage.

» Vous ne m'encouragez pas, j'apprécie, réellement. Une marque de respect de votre part. Toutefois, vous devez vous interroger sur le point de vue d'Ana Magdalena. Parce que si j'étais indigne d'elle, et c'était ma certitude, pourquoi couchait-elle avec moi ? La réponse, Simón, c'est que *je n'en sais vraiment rien*. Que voyait-elle en moi, alors qu'elle avait un mari mille fois plus digne d'elle, qui l'aimait et le lui montrait, du moins le disait-elle.

» Nul doute que le mot "appétit" vous vient à l'esprit : Ana Magdalena devait avoir grand appétit pour ce que je pouvais lui offrir. Mais ce n'était pas le cas ! L'appétit ne venait que de mon côté. De sa part, ce n'était que grâce et douceur, comme si une déesse fondait sur un mortel pour l'honorer d'une touche d'immortalité. J'aurais dû la vénérer, je l'ai fait, jusqu'au jour où tout a mal tourné. C'est pourquoi je suis en route vers les mines de sel, Simón : à cause de mon ingratitude. C'est un terrible péché, l'ingratitude, le pire de tous, peut-être. D'où me vient-elle, cette ingratitude ? Qui sait ? "Le cœur d'un homme est une sombre forêt", dit-on. J'étais reconnaissant à Ana Magdalena, jusqu'au jour où – boum – je suis devenu ingrat, juste comme ça.

» Et pourquoi ? Pourquoi lui ai-je porté ce dernier coup – la chose ultime ? Je me cogne la tête – Pourquoi, espèce d'imbécile, pourquoi, pourquoi ? – mais ne reçois aucune réponse. Parce que je le regrette, aucun doute à ce sujet. Si je pouvais la ramener d'où elle se trouve, de son trou dans la terre ou de la poussière dispersée sur les vagues, je le ferais à l'instant. Je me traînerais à ses pieds. "Mille regrets, mon ange, je lui dirais (c'est comme ça que je l'appelais, parfois : mon ange), je ne le ferai plus." Mais les regrets ne fonctionnent pas, n'est-ce pas – les regrets, la contrition. La flèche du temps ne se retourne pas. Pas de retour en arrière.

» On ne comprend pas ces choses à l'hôpital. La grâce, la beauté, la gratitude – c'est du chinois pour les médecins. Ils se penchent sur ma tête avec leurs lampes, leurs microscopes, leurs télescopes, cherchant les connexions ou un interrupteur allumé qui devrait être éteint. "Le défaut n'est pas dans ma tête, il est dans mon âme !" je leur raconte, mais ils m'ignorent, évidemment. Ils me donnent des pilules. "Avalez ça, pour voir si cela vous retape. – Les pilules n'ont aucun effet sur moi, je réponds, seul le fouet en aura ! Donnez-moi le fouet !”

» Seul le fouet me fera de l’effet, Simón, le fouet et les mines de sel. Un point c’est tout. Merci de m’avoir écouté. À partir de maintenant, je le promets, mes lèvres seront scellées. Jamais plus le nom sacré d’Ana Magdalena ne les franchira. Année après année j’accomplirai mon labeur en silence, remontant du sel pour les braves gens du pays jusqu’au jour où je ne le pourrai plus. Mon cœur, mon fidèle cœur d’ours, capitulera. Et quand je rendrai mon dernier souffle, la bienheureuse Ana Magdalena descendra, plus fraîche et plus adorable que jamais, et posera un doigt sur mes lèvres. “Viens, Dmitri, dira-t-elle, viens avec moi dans l’autre vie, le passé est pardonné, oublié.” C’est comme ça que je me l’imagine. »

Tandis qu’il prononce les mots « pardonné », « oublié », la voix de Dmitri s’étrangle. Ses yeux scintillent de larmes. Malgré lui, Simón est ému. Puis Dmitri se ressaisit.

« J’en arrive au fait, dit-il. Puis-je rester pour la nuit ? Dormir ici pour rassembler mes forces ? Parce que demain, ce sera un jour long et difficile.

– Si vous me promettez de disparaître au matin, et si vous me jurez de ne plus me revoir, au grand jamais, alors, oui, vous pouvez dormir ici.

– Je le jure ! Plus jamais ! Sur la tête de ma mère, je le jure ! Merci, Simón. Vous êtes un chic type. Qui pourrait deviner que vous, l’homme le plus correct, le plus intègre de la ville, finiriez par devenir complice d’un criminel. Une autre faveur : pourriez-vous me prêter des vêtements ? Je proposerais bien de vous les acheter, mais je n’ai pas d’argent, on me l’a confisqué à l’hôpital.

– Je vous donnerai des vêtements, je vous donnerai de l'argent, je vous donnerai tout ce qu'il faudra pour me débarrasser de vous.

– Votre générosité me couvre de honte. Vraiment. Je vous ai fait du tort, Simón. Je racontais des sornettes dans votre dos. Vous ne le saviez pas, n'est-ce pas ?

– Beaucoup de gens se moquent de moi. Je suis habitué. Cela me passe au-dessus de la tête.

– Vous savez ce qu'Ana Magdalena disait de vous ? Elle disait que vous faisiez mine d'être un citoyen estimable, un homme de raison, mais qu'en réalité vous étiez un enfant perdu. C'étaient ses paroles : "un enfant qui ne sait pas où il vit ni ce qu'il veut". Une femme perspicace, n'est-ce pas ? "Tandis que toi, disait-elle de moi, Dmitri – au moins tu sais ce que tu veux, ça, on peut le dire." Et c'est vrai ! J'ai toujours su ce que je voulais, c'est pour ça qu'elle m'aimait. Les femmes aiment les hommes qui savent ce qu'ils veulent, qui ne tournent pas autour du pot.

» Une dernière chose, Simón. *Quid* d'un en-cas, pour me fortifier avant le voyage ?

– Prenez ce que vous pourrez trouver dans le placard. Je vais faire un tour. Besoin d'air pur. Je m'en vais pour un bout de temps. »

À son retour, Dmitri est endormi dans son lit. Son ronflement le réveille au cours de la nuit. Il se lève du sofa et va le secouer.

« Vous ronflez. »

Dmitri se retourne d'un grand mouvement. Une minute plus tard, le ronflement reprend.

Par la suite, il s'aperçoit que les oiseaux se sont mis à piailler dans les arbres. Il fait un froid de loup. Dmitri, agité, marche à pas feutrés dans la pièce.

« Faut que je parte, chuchote-t-il. Vous m'aviez parlé d'argent et de vêtements… »

Il se lève, allume la lumière, trouve une chemise et un pantalon pour Dmitri. Ils ont la même taille, mais Dmitri est plus large d'épaules, de torse, de hanches : à peine parvient-il à boutonner la chemise. Simón sort cent *reales* de son portefeuille, les donne à Dmitri.

« Prenez mon manteau. Il est accroché à la porte.

– Je vous en suis éternellement reconnaissant. À présent je dois partir à la rencontre de mon destin. Dites au revoir de ma part à votre petit. Si d'aucuns viennent renifler par ici, dites-leur que j'ai pris le train pour Novilla. » Il marque une pause. « Simón, je vous ai dit que j'étais sorti tout seul de l'hôpital. Ce n'est pas exact. En fait, c'est carrément un mensonge. Votre garçon m'a donné un coup de main… Comment ? Je lui ai téléphoné. "Dmitri a grand besoin de liberté. Peux-tu l'aider ?" Une heure plus tard, il était là, et m'a fait sortir comme la première fois. Propre comme un sou neuf. Personne ne nous a remarqués. Comme si nous étions invisibles. C'est tout. Je vous ai raconté ça pour que les choses soient bien claires entre nous. »

Chapitre 20

Chez Modas Modernas, Claudia et Inés organisent un événement : un défilé de mode pour promouvoir les collections de printemps. Jamais Modas Modernas n'a abrité de défilé. Tandis que les deux femmes supervisent les couturières, embauchent les mannequins et commandent des publicités, Diego est chargé de s'occuper du garçon. Diego n'est pas à la hauteur. Il s'est fait de nouveaux amis à Estrella, il sort avec eux la plupart du temps. Il est parfois absent toute la nuit, rentre à l'aube, dort jusqu'à midi. Inés le tance, mais il n'en tient pas compte. « Je ne suis pas une bonne d'enfant, dit-il. Si tu en veux une, embauche-la. »

Tout ceci, David le lui rapporte, à lui, Simón. Las d'être seul, le garçon le suit dans ses tournées à bicyclette. Ils travaillent bien ensemble. L'énergie du garçon semble sans bornes. Il court d'une maison à l'autre, remplissant les boîtes aux lettres de prospectus qui offrent un monde merveilleux : le porte-clés qui brille dans l'obscurité, la Wonderbelt qui fait fondre la cellulite pendant le sommeil ou l'Électrodog qui aboie chaque fois que retentit la sonnette, mais encore la señora Victrix, consultations astrales, sur rendez-vous uniquement, ou bien Brandy, modèle en lingerie, sur rendez-vous uniquement elle aussi, ou encore Ferdi, le clown qui garantit l'ambiance à votre prochaine fiesta. Sans parler des cours de cuisine, de méditation, de gestion de la colère et de deux pizzas pour le prix d'une.

« Qu'est-ce que ça veut dire, Simón ? » demande l'enfant en brandissant un flyer imprimé sur du papier brun bon marché.

L'homme, le mesureur de toute chose, indique le prospectus. *Une conférence de l'éminent universitaire Javier Moreno, Institut d'études continues, cours du jeudi, 20.00. Entrée gratuite, dons bienvenus.*

« Je ne vois pas bien. Il doit s'agir d'arpentage. Un géomètre est quelqu'un qui divise le sol en parcelles, afin qu'elles soient achetées et vendues. Tu ne vas pas trouver ça intéressant.

– Et ça ?

– *Talkie-walkie*. C'est un mot absurde pour un téléphone sans fil. On le porte sur soi, on peut appeler ses amis à distance.

– Je peux en avoir un ?

– On les vend par paire, un pour toi, un pour ton ami. Dix-neuf *reales* quatre-vingt-quinze. C'est bien cher pour un jouet.

– Il y a marqué : "Venez vite vite avant la rupture de stock."

– Laisse tomber. Le monde ne va pas manquer de talkies-walkies, je peux te l'assurer. »

Le garçon fourmille de questions au sujet de Dmitri. « Tu penses qu'il se trouve dans les mines de sel, à présent ? Va-t-on vraiment le fouetter ? Pouvons-nous aller le voir ? »

Il répond aussi honnêtement qu'il le peut, puisqu'il ignore tout des mines de sel.

« Je suis sûr que les prisonniers ne passent pas toute leur journée à creuser dans le sel. Ils doivent avoir des moments de récréation pendant lesquels ils jouent au foot ou lisent des livres. Une fois calmé, Dmitri nous écrira pour nous raconter sa nouvelle vie. Il nous faut juste être patients. »

Plus difficiles sont les réponses à propos du crime commis par Dmitri qui lui vaut les mines de sel. Ces questions reviennent sans cesse : « Quand il a arrêté le cœur d'Ana Magdalena, ça lui a fait mal ? Pourquoi a-t-elle viré au bleu ? Je deviendrai bleu quand je mourrai ? » La plus pénible de toutes les questions : « Pourquoi l'a-t-il tuée ? Pourquoi, Simón ? »

Il ne veut pas esquiver les questions du garçon. Sans réponse, elles risqueraient de suppurer. Il invente donc l'histoire la plus facile, la plus supportable possible.

« L'espace de quelques minutes, Dmitri est devenu fou. Cela arrive à certains. Quelque chose se rompt dans leur tête. Dmitri est devenu fou dans sa tête, et dans sa folie il a tué, il a tué la personne qu'il aimait le plus. Peu après, il est revenu à lui. La folie s'est estompée, il a eu plein de regrets. Il a essayé désespérément de faire revenir Ana Magdalena à la vie, mais n'a pas su comment faire. Il a adopté une conduite honorable. Il a avoué son crime et a demandé à être puni. À présent, il est parti pour les mines de sel pour payer sa dette – envers Ana Magdalena, envers le señor Arroyo, envers tous les garçons et les filles de l'Académie qui ont perdu leur maîtresse bien-aimée. Chaque fois que nous salons nos aliments, nous pouvons nous rappeler que nous aidons Dmitri à payer sa dette. Un jour, dans l'avenir, quand il aura totalement payé sa dette, il reviendra des mines et nous serons tous réunis.

– Mais pas avec Ana Magdalena.

– Pas avec elle. Pour la revoir, il nous faut attendre l'autre vie.

– Les médecins voulaient donner une nouvelle tête à Dmitri, une tête qui ne deviendrait pas folle.

– C'est exact. Ils voulaient s'assurer qu'il ne redeviendrait plus jamais fou. Malheureusement, ça prend du temps de remplacer la tête d'une personne, et Dmitri était pressé. Il a quitté l'hôpital avant que les médecins n'aient eu l'occasion de guérir sa vieille tête ou de lui en donner une nouvelle. Il voulait en toute hâte payer sa dette. Il a pensé que payer sa dette était plus important que de guérir sa tête.

– Il peut redevenir fou, n'est-ce pas, s'il a toujours sa vieille tête ?

– C'est l'amour qui a rendu Dmitri fou. Dans les mines de sel, il n'y a pas de femme dont il pourrait tomber amoureux. Les chances que Dmitri redevienne fou sont donc très minces.

– Tu ne vas pas devenir fou, n'est-ce pas, Simón ?

– Non. Je n'ai pas le genre de tête qui sombre dans la folie. Toi non plus. Ce qui est heureux pour nous.

– Mais Don Quichotte l'avait. Il avait le genre de tête qui sombre dans la folie.

– C'est vrai. Mais Don Quichotte et Dmitri sont des personnes très différentes. Don Quichotte était une bonne personne, sa folie l'a conduit à de bonnes actions, comme sauver des vierges des pattes des dragons. Don Quichotte est un bon modèle à suivre dans ta vie. Mais pas Dmitri. Il n'y a rien de bon à apprendre de sa part.

– Pourquoi ?

– Parce que, en dehors de la folie dans sa tête, Dmitri n'est pas une bonne personne avec un bon cœur. De prime abord, il semble amical et généreux, mais c'est juste une apparence extérieure destinée à nous leurrer. Tu l'as entendu dire que la pulsion visant à tuer Ana Magdalena avait surgi de nulle part. Ce n'est pas vrai. Elle ne venait pas de nulle part. Elle venait de son cœur, en embuscade comme un serpent. Il n'y a rien, David, que toi ou moi puissions faire pour aider Dmitri. Aussi longtemps qu'il refusera d'examiner le fond de son cœur, il ne changera pas. Il dit qu'il cherche le salut, mais la seule façon d'être sauvé c'est de se sauver soi-même, et Dmitri est trop paresseux, trop satisfait de lui pour y parvenir. Tu comprends ?

– Et les fourmis ? Les fourmis ont-elles un cœur mauvais elles aussi ?

– Les fourmis sont des insectes. Elles n'ont pas de sang, et, par conséquent, pas de cœur.

– Et les ours ?

– Les ours sont des animaux, leur cœur n'est donc ni bon ni mauvais, c'est juste un cœur. Pourquoi poses-tu ces questions sur les fourmis et les ours ?

– Les docteurs devraient peut-être donner un cœur d'ours à Dmitri.

– C'est une idée intéressante. Malheureusement les médecins n'ont pas encore mis au point la transplantation d'un cœur d'ours sur un être humain. Avant qu'on y arrive, Dmitri devra assumer la responsabilité de ses actes. »

Le garçon lui lance un regard qu'il a du mal à interpréter : gaîté ? dérision ?

« Pourquoi me regardes-tu de la sorte ? demande-t-il.

– Parce que », répond le garçon.

La journée se termine. Il raccompagne l'enfant chez Inés, puis s'en retourne chez lui, dans sa chambre où le brouillard tant redouté l'assaille. Il se verse un verre de vin, puis un second. *La seule façon d'être sauvé, c'est de se sauver soi-même.* L'enfant s'adresse à lui pour avoir des conseils, et tout ce qu'il lui offre, ce sont des idioties faciles et pernicieuses. Ne dépendre que de soi. Si lui, Simón, devait compter sur lui-même, quel espoir de salut aurait-il ? Sauvé de quoi ? De l'oisiveté ? D'une vie sans but ? D'une balle dans la tête ?

Il descend la petite boîte de la penderie, ouvre l'enveloppe, contemple la fille qui tient un chat dans ses bras, cette fille qui deux décennies plus tard choisira cette photo-là pour son amant. Il relit toutes ses lettres, du début à la fin.

> *Joaquín et Damián se sont liés d'amitié avec deux filles de la pension. Nous les avons invitées à la plage aujourd'hui. L'eau était glaciale, mais ils ont tous plongé sans s'en préoccuper. Nous étions une famille heureuse parmi des dizaines d'autres, mais en vérité je n'étais pas là. J'étais absente. J'étais avec toi, comme, dans mon cœur, je suis avec toi chaque minute de chaque jour. Juan Sebastián le sent. Je fais tout ce que je peux pour qu'il se sente aimé, mais il est conscient d'une altération entre nous. Mon Dmitri, comme je me languis de toi, comme je frémis en pensant à toi ! Dix jours pleins ! Le temps finira-t-il par passer ?…*

> *La nuit je reste éveillée en pensant à toi, impatiente face au temps qui se traîne, aspirant à me retrouver nue dans tes bras…*

> *Crois-tu en la télépathie ? Je me trouvais sur la falaise contemplant la mer, concentrant toute mon énergie sur toi. À un moment, je le jure, j'ai entendu ta voix. Tu as prononcé mon nom, j'ai répondu. C'est*

arrivé hier, mardi ; il devait être dix heures du matin. L'as-tu ressenti aussi ? M'as-tu entendue ? Pouvons-nous nous parler à travers l'espace ? Dis-moi que c'est vrai !...

Je te désire, mon chéri, je te désire apasionadamente *! Encore deux jours !*

Il replie les lettres, les remet dans l'enveloppe. Il aimerait croire que ce sont des faux rédigés par Dmitri lui-même, mais ce n'est pas vrai. Elles sont ce qu'elles expriment : les mots d'une femme amoureuse. Il n'arrête pas de mettre l'enfant en garde contre Dmitri. Si tu veux un modèle pour ta vie, regarde-moi, dit-il : regarde Simón, le beau-père exemplaire, l'homme de raison, le lourdaud ; ou, si ce n'est moi, prends ce vieux fou inoffensif de Don Quichotte. Mais si cet enfant veut vraiment une éducation, quelle meilleure figure à étudier que l'homme qui a su inspirer un tel amour inadéquat, incompréhensible ?

Chapitre 21

De son sac à main, Inés sort une lettre froissée.

« Je voulais vous la montrer, mais j'ai oublié », dit-elle.

Adressée conjointement au señor Simón et à la señora Inés, écrite sur le papier à en-tête de l'Académie de danse dont le logo a été rayé d'un coup de stylo, signée par Juan Sebastián Arroyo, elle les invite à une réception en l'honneur de l'éminent philosophe Javier Moreno Gutiérrez qui se tiendra dans les locaux du musée des Arts. *Suivre les flèches à l'entrée de la rue Hugo, monter au premier étage.* Des rafraîchissements seront offerts.

« C'est ce soir, dit Inés. Je ne peux pas y aller, j'ai trop à faire. Par-dessus le marché, il y a cette histoire de recensement. Nous l'avions complètement oublié quand nous avons programmé le défilé, les invitations étaient déjà parties lorsque nous nous en sommes souvenues. Le défilé commence demain à quinze heures, tous les lieux commerciaux doivent fermer à dix-huit heures afin que les employés rentrent tôt chez eux. Je ne sais pas comment nous allons nous débrouiller. Allez donc à la réception. Emmenez David avec vous.

– C'est quoi une réception ? C'est quoi cette histoire de recensement ? demande le garçon.

– Un recensement, c'est un décompte, explique Simón. Demain soir, on va compter tous les habitants d'Estrella et constituer la liste de leurs noms. Inés et moi, nous avons décidé de te cacher aux agents du recensement. Tu ne seras pas le seul : le señor Arroyo va cacher ses enfants aussi.

– Pourquoi ?

– Pourquoi ? Pour des raisons diverses. Le señor Arroyo croit qu'attacher des nombres aux gens les transforme en fourmis. Nous, nous ne voulons pas que tu apparaisses sur la liste officielle. Quant à la réception, c'est une fête pour adultes. Tu peux venir. Il y aura de quoi manger. Si tu trouves cela trop ennuyeux, tu pourras rendre visite à la ménagerie d'Alyosha. Cela fait un bail que tu n'y es pas allé.

– Si l'on me compte dans le recensement, on me reconnaîtra ?

– Peut-être. Peut-être pas. Nous ne voulons pas courir le risque.

– Vous allez me cacher tout le temps ?

– Bien sûr que non – juste pendant le recensement. Nous ne voulons pas donner à l'administration une raison de t'enfermer dans une de leurs tristes écoles à Punta del Este. Une fois que tu auras passé l'âge scolaire, tu pourras te détendre, tu seras ton propre maître.

– Et je pourrai porter la barbe ?

– Tu pourras porter la barbe, tu pourras changer de nom, tu pourras faire toutes sortes de choses pour éviter d'être reconnu.

– Mais je veux être reconnu !

– Non, tu ne veux pas être reconnu, pas tout de suite, tu ne veux pas courir ce risque. David, je n'ai pas l'impression que tu comprennes ce que veut dire “reconnaître” ou “être reconnu”. Mais n'en discutons pas. Quand tu seras adulte, tu pourras être qui tu veux, faire ce que tu veux. Jusque-là, Inés et moi aimerions que tu fasses ce qu'on te demande. »

Le garçon et lui arrivent en retard à la réception. Il est surpris par le grand nombre d'invités. Le philosophe, invité d'honneur, doit avoir un large public.

Il salue les trois sœurs.

« Nous avons écouté maître Moreno lors de son dernier passage, dit Consuelo. Quand était-ce déjà, Valentina ?

– Il y a deux ans.

– Deux ans, reprend Consuelo. Quel homme intéressant ! Bonsoir, David. Tu ne nous embrasses pas ? »

Le garçon dépose consciencieusement une bise sur la joue des sœurs.

Arroyo les rejoint, accompagné de sa belle-sœur Mercedes, qui porte une robe de soie grise et une étonnante mantille écarlate, et de maître Moreno lui-même, un petit homme ramassé avec des cheveux flottants, la peau grêlée et de longues lèvres fines comme celles d'une grenouille.

« Javier, tu connais la señora Consuelo et ses sœurs, permets-moi de te présenter le señor Simón. Le señor Simón est lui-même philosophe. Il est aussi le père de cet excellent jeune homme dont le nom est David.

– David n'est pas mon vrai nom, dit le garçon.

– David n'est pas son vrai nom, j'aurais dû le mentionner, dit le señor Arroyo, mais c'est son nom quand il passe parmi nous. Simón, je crois que vous avez déjà rencontré ma sœur Mercedes, qui vient de Novilla. »

Il s'incline devant Mercedes qui, en retour, lui sourit. Son aspect s'est adouci depuis leur dernière conversation. Une belle femme, dans le genre intransigeant. Il se demande à quoi ressemblait sa sœur disparue.

« Qu'est-ce qui vous amène à Estrella, señor Moreno ? demande-t-il pour lancer la conversation.

– Je voyage beaucoup, *señor*. Ma profession m'a rendu nomade, péripatéticien. Je donne des conférences partout dans le pays, dans plusieurs instituts. Mais, à dire vrai, je suis à Estrella pour voir mon vieil ami Juan Sebastián. Lui et moi avons un long passé commun. Jadis, nous gérions ensemble une affaire de réparation horlogère. Nous jouions dans un quatuor.

– Javier est un violoniste de premier ordre, glisse Arroyo. De première classe. »

Moreno lève les épaules.

« Peut-être, mais néanmoins amateur. Comme je l'ai dit, nous gérions notre entreprise quand Juan Sebastián a commencé à avoir des doutes, et, en un mot, nous avons fermé boutique. Il a créé son académie de danse tandis que je partais de mon côté. Nous sommes restés en contact. Nous avons nos divergences, mais, globalement, nous avons la même approche du monde. Si nous ne l'avions pas, comment aurions-nous pu collaborer tout au long de ces années ? »

Cela lui revient.

« Ah ! Vous devez être le señor Moreno qui a donné une conférence sur l'arpentage ! Nous avons vu l'annonce, David et moi.

– L'arpentage ? s'interroge Moreno.

– Mesure topographique.

– "L'homme mesure de toute chose", dit Moreno. C'est aussi le titre de mon intervention de ce soir. Cela n'a rien à voir avec l'arpentage. Il s'agira de Mètros et de son héritage intellectuel. Je croyais que c'était clair.

– Mes excuses. C'est moi qui ai confondu. Nous sommes avides de vous entendre. Mais le titre de la conférence, tel qu'il était annoncé, était bien "L'homme le mesureur" – je le sais, parce que c'est moi-même qui ai distribué les prospectus, c'est mon métier. Qui est Mètros ? »

Moreno s'apprête à répondre, mais un couple qui attendait avec impatience coupe la conversation :

« Maître, nous sommes galvanisés de vous savoir de retour ! Ici, à Estrella, on se sent tellement coupés de la vraie vie de l'esprit ! Ce sera votre seule prestation ? »

Il s'éloigne.

« Pourquoi le señor Arroyo t'a-t-il qualifié de philosophe ? demande le garçon.

– C'était une blague. Tu dois connaître, à présent, les façons du señor Arroyo. C'est parce que je ne suis pas un philosophe qu'il me traite de philosophe. Prends quelque chose à manger. La soirée sera longue. Après la réception, nous irons assister à la conférence du señor Moreno. Tu vas l'apprécier. Cela va se dérouler comme la lecture d'une histoire. Le señor Moreno montera sur l'estrade et traitera d'un homme nommé Mètros, dont je ne sais rien mais qui est, de toute évidence, un homme important. »

Les rafraîchissements promis se réduisent à une grande théière, plus chaude que bouillante, et quelques plateaux de petits biscuits durs. Le garçon mord dans l'un d'eux, fait la grimace et le recrache.

« C'est horrible », dit-il.

Lui, Simón, nettoie calmement les dégâts.

« Trop de gingembre dans ces biscuits. » Mercedes s'est approchée sans bruit. Pas de trace de sa canne ; elle semble se mouvoir avec facilité. « Mais ne le dis pas à Alyosha. On ne tient pas à le vexer. Il a cuisiné tout l'après-midi avec les garçons. C'est donc toi, le célèbre David ! Les garçons me disent que tu es un bon danseur.

– Je danse tous les nombres.

– C'est ce qu'on m'a dit. À côté des danses de nombres, tu connais d'autres danses ? Des danses humaines ?

– Quelle danse humaine ?

– Tu es un être humain, n'est-ce pas ? Connais-tu une seule danse qu'exécutent les humains : danser pour la joie ou danser corps à corps avec quelqu'un qu'on aime ?

– Ana Magdalena ne nous a pas appris ça.

– Veux-tu que je t'apprenne ?

– Non.

– Eh bien, tu ne seras pas un humain à part entière si tu n'apprends pas ce que font les humains. Quelles autres choses ne fais-tu pas ? Tu joues avec des amis ?

– Je joue au football.

– Tu fais du sport, mais est-ce que tu joues tout simplement ? Joaquín dit que tu ne parles jamais aux autres enfants à l'école, tu leur donnes des ordres, tu leur dis ce qu'il faut faire. C'est vrai ? »

Le garçon garde le silence.

« Eh bien ! Ce n'est pas simple d'avoir une conversation humaine avec toi, jeune David. Je pense que je vais chercher quelqu'un à qui parler. »

Sa tasse de thé à la main, elle s'éloigne.

« Et si tu allais saluer les animaux, suggère-t-il à David. Prends les biscuits d'Alyosha. Peut-être les lapins les grignoteront. »

Il se fraie un chemin vers les gens qui font cercle autour de Moreno.

« Sur la vie de Mètros, nous ne savons rien, explique Moreno, et à peine plus sur sa philosophie, puisqu'il n'a pas laissé d'écrits. Néanmoins il a une grande importance sur le monde moderne. C'est du moins mon opinion. Selon une partie de la légende, Mètros dit qu'il n'y a rien dans l'univers qui ne puisse être mesuré. Selon une autre source, il dit qu'il ne saurait y avoir de mesure absolue – que la mesure est toujours relative au mesureur. Les philosophes disputent encore sur le fait de savoir si ces deux affirmations sont compatibles.

– À laquelle croyez-vous ? demande Valentina.

– J'enjambe le fossé, comme je vais l'expliquer ce soir. Ensuite mon ami Juan Sebastián aura l'opportunité de me répondre. Nous avons élaboré cette soirée sous forme de débat – nous avons pensé que ça la rendrait plus vivante. Par le passé, Juan Sebastián s'est montré critique face à mon intérêt pour Mètros. Il critique les *métra* en général, cette idée que tout est mesurable dans l'univers.

– Que tout dans l'univers devrait être mesuré, nuance Arroyo. Il y a une différence.

– Que tout dans l'univers devrait être mesuré – merci pour cette correction. C'est pourquoi mon ami a décidé d'abandonner l'horlogerie. Qu'est-ce qu'une horloge, après tout, si ce n'est un mécanisme pour imposer un *métron* sur le cours du temps.

– Un "*métron*" ? demande Valentina. Qu'est-ce ?

– C'est un mot forgé d'après le nom de Mètros. Toute unité de mesure est un *métron* : un gramme, par exemple, ou un mètre, ou une minute. Sans *métra*, les sciences naturelles ne seraient pas possibles. Prenons le cas de l'astronomie. Nous savons que l'astronomie traite des étoiles, mais ce n'est pas la stricte vérité. En réalité, elle traite des *métra* des étoiles : leur masse, la distance entre elles, et ainsi de suite. Nous ne pouvons pas mettre les étoiles elles-mêmes en équations mathématiques, mais nous pouvons réaliser des opérations mathématiques sur leurs *métra* et, de ce fait, découvrir les lois de l'univers. »

David a réapparu à son côté, il le tire par le bras.

« Viens voir, Simón, chuchote-t-il.

– Les lois mathématiques de l'univers, dit Arroyo.

– Les lois mathématiques », résume Moreno.

Pour un homme aussi peu attrayant, Moreno parle avec une assurance remarquable.

« C'est fascinant, dit Valentina.

– Viens voir, Simón, murmure le garçon.

– Dans un instant, chuchote-t-il.

– Fascinant en effet, dit en écho Consuelo. Mais il se fait tard. Il faut se mettre en route pour l'Institut. Une question rapide, señor Arroyo : quand allez-vous rouvrir l'Académie ?

– La date n'est pas arrêtée. Ce que je peux vous dire c'est que, jusqu'à ce que nous trouvions un professeur de danse, elle restera une académie de musique.

– Je pensais que la señora Mercedes serait la nouvelle professeure de danse.

– Hélas, non. Mercedes a des obligations contraignantes à Novilla. Elle est venue à Estrella pour voir ses neveux, mes fils, pas pour enseigner. Il nous faut encore embaucher un professeur de danse.

– Il vous incombe d'embaucher un professeur de danse, précise Consuelo. Je ne sais rien de ce Dmitri en dehors de ce que j'ai lu dans le journal, mais – excusez-moi – j'espère qu'à l'avenir vous serez plus rigoureux dans le choix de votre personnel.

– Dmitri n'était pas employé par l'Académie, intervient Simón. Il travaillait comme gardien au musée. C'est le musée qui devrait être plus rigoureux dans ses choix.

– Un fou criminel dans ce bâtiment… Cette idée me fait frémir, gronde Consuelo.

– En effet, c'était un fou criminel. Mais il était aussi affable. Les enfants de l'Académie l'adoraient. » Il prend la défense non pas de Dmitri mais d'Arroyo, l'homme tellement accaparé par la musique qu'il a laissé sombrer son épouse dans un imbroglio fatal avec un subalterne. « Les enfants sont innocents. Être innocent, c'est prendre les choses pour argent comptant. Cela signifie ouvrir son cœur à la personne qui vous sourit, qui vous appelle "mon gentil petit bonhomme" et qui distribue des bonbons. »

David prend la parole :

« Dmitri ne pouvait pas se retenir. Il dit que c'est la passion qui l'a fait tuer Ana Magdalena. »

Un instant de silence glacial s'abat. Sourcils froncés, Moreno examine l'étrange garçon.

« La passion n'est pas une justification, dit Consuelo. Nous ressentons tous de la passion à un moment ou un autre, mais nous n'allons pas pour autant tuer des gens.

– Dmitri est parti pour les mines de sel, dit David. Il est en train de remonter des tonnes de sel pour se racheter de l'assassinat d'Ana Magdalena.

– Nous ferons en sorte de ne pas utiliser le sel de Dmitri dans notre domaine, n'est-ce pas ? » Elle jette un regard sévère à ses sœurs. « Combien de kilos de sel vaut une vie ? Peut-être pourriez-vous poser la question à votre Métra.

– Mètros, corrige Moreno.

– Je vous demande pardon : Mètros. Simón, voulez-vous profiter de notre voiture ?

– Non, merci – je suis venu à bicyclette. »

Comme l'assemblée se disperse, David le prend par la main et lui fait descendre l'escalier sombre qui mène au jardin clos derrière le musée. Sous une petite pluie, au clair de lune, le garçon débloque la porte et pénètre en rampant dans un clapier. Explosion de piaillements chez les poules. Il revient avec dans les bras un animal qui regimbe : un agneau.

« Regarde, c'est Jeremiah ! Avant, il était si grand que je n'arrivais pas à le soulever, mais Alyosha a oublié de lui donner du lait, et du coup il a rétréci ! »

Il caresse l'agneau, qui cherche à sucer son doigt.

« Personne ne rétrécit dans ce monde, David. S'il a rétréci, ce n'est pas parce que Alyosha a oublié de le nourrir, mais parce que ce n'est pas le vrai Jeremiah. C'est un nouveau Jeremiah, qui a pris la place de l'ancien qui a grandi, qui est devenu un mouton. Les gens trouvent attachants les jeunes Jeremiah, mais pas les vieux Jeremiah. Personne ne veut cajoler les vieux Jeremiah. Pour leur malheur.

– Où est le vieux Jeremiah ? Je peux le voir ?

– Le vieux Jeremiah est reparti dans les prairies avec les autres moutons. Un jour, si nous avons le temps, nous partirons le rechercher. Mais là, maintenant, nous devons assister à une conférence. »

Dehors, la pluie s'est mise à tomber dru dans la rue Hugo. Comme l'enfant et lui hésitent un moment sous le porche, ils entendent un chuchotement rauque :

« Simón ! »

Une forme enveloppée d'un manteau ou d'une couverture surgit devant eux, une main leur fait signe.

Dmitri ! Le garçon se rue sur lui et lui enserre les cuisses.

« Que diable faites-vous ici, Dmitri ? demande-t-il, lui, Simón.

– Chut ! fait Dmitri en exagérant son chuchotement. Y a-t-il un endroit où nous puissions aller ?

– Nous n'allons nulle part avec vous, dit-il en baissant la voix. Que faites-vous ici ? »

Sans répondre Dmitri lui agrippe le bras et le tire hors de la rue déserte – il est étonné par la force de cet homme – sous le porche du marchand de tabac.

« Tu t'es échappé, Dmitri ? » demande le garçon.

Ses yeux luisent dans le clair de lune.

« Oui, je me suis échappé. J'avais une affaire pendante, j'ai dû m'échapper, je n'avais pas le choix.

– Et on te recherche avec des chiens policiers ?

– Ce temps ne vaut rien pour les chiens policiers. Trop mouillé pour leur truffe. Les chiens policiers sont rentrés au chenil en attendant que la pluie cesse…

– C'est absurde, coupe Simón. Que voulez-vous de nous ?

– Nous devons parler, Simón. Vous avez toujours été un chic type, j'ai toujours pensé que je pouvais m'exprimer avec vous. Peut-on aller chez vous ? Vous n'avez pas idée de ce qu'est la vie sans un chez-soi, sans un endroit où reposer sa tête. Vous reconnaissez ce manteau ? C'est celui que vous m'avez donné. Cela m'a fait forte impression, ce don de votre manteau. Quand le monde entier m'a condamné, vous m'avez donné votre manteau et un lit pour dormir. Seul un authentique chic type est capable de ça.

– Je vous l'ai donné pour me débarrasser de vous. Maintenant, laissez-nous partir. Nous sommes pressés.

– Non ! intervient l'enfant. Parle-nous des mines de sel, Dmitri. On vous fouette vraiment dans ces mines ?

– Je pourrais raconter plein de choses sur les mines de sel, mais il faut attendre un peu. J'ai quelque chose en tête de plus urgent, à savoir la repentance. J'ai besoin de votre aide, Simón. Je ne me suis jamais repenti, vous savez. À présent je veux me repentir.

– Je pensais que c'était là l'utilité des mines de sel : des lieux de pénitence. Que faites-vous ici, alors que vous devriez être là-bas ?

– Ce n'est pas aussi simple que ça, Simón. Je peux tout expliquer, mais ça prendra du temps. Devons-nous rester blottis dans le froid et sous la pluie ?

– Peu m'importe que vous ayez froid, que vous soyez trempé. David et moi avons un rendez-vous. La dernière fois que je vous ai vu, vous étiez en partance pour les mines de sel, pour subir votre punition. Vous êtes-vous rendu dans les mines ou était-ce encore un mensonge ?

– Quand je vous ai quitté, Simón, j'avais pleinement l'intention de me rendre dans les mines de sel. C'est ce qu'ordonnait mon cœur. “Accepte ta punition comme un homme”, disait mon cœur. Mais d'autres facteurs sont survenus – “survenus”, le joli mot. D'autres facteurs se sont manifestés. C'est pourquoi, non, je ne me suis pas rendu dans les mines de sel, pas encore. Je suis désolé, David. Je t'ai déçu. Je t'ai dit que je m'y rendais, mais je n'y suis pas allé.

» La vérité, c'est que j'ai réfléchi, Simón. J'ai passé une sombre période à réfléchir à mon sort. Ce fut un choc de découvrir que je n'acceptais pas mon avenir dans les mines de sel. Un sacré choc. Ma virilité était en jeu. Si j'avais été un homme, un homme véritable, je serais parti, aucun doute là-dessus. Mais je n'étais pas un homme, j'ai découvert ça. J'étais moins qu'un homme. J'étais un lâche. C'était un fait qu'il m'a fallu constater. Un meurtrier, et de surcroît un lâche. Pouvez-vous me reprocher d'être bouleversé ? »

Lui, Simón, en a plus qu'assez.

« Viens, David. » Se tournant vers Dmitri : « Je vous préviens : je vais téléphoner à la police. »

Il s'attend à moitié à ce que le garçon proteste. Mais non : après un regard en arrière à Dmitri, le garçon le suit.

« C'est l'hôpital qui se moque de la charité ! leur crie Dmitri. J'ai bien vu comment vous regardiez Ana Magdalena, Simón ! Vous la désiriez, mais vous n'étiez pas assez viril pour elle ! »

Au beau milieu de la rue battue par la pluie, il se retourne pour écouter la tirade de Dmitri.

« Allez-y. Appelez votre précieuse police ! Et toi, David, j'espérais mieux de toi, vraiment. Je pensais que tu étais un brave petit soldat. Mais non, je vois que tu es tombé sous leur coupe – cette chienne froide d'Inés et cet homme de papier. Ils t'ont materné jusqu'à ce qu'il ne reste de toi qu'une ombre. Va-t'en ! Vous ne m'aurez jamais ! »

Comme s'il rassemblait ses forces à partir de leur silence, Dmitri émerge du porche en brandissant haut le manteau, telle une voile, et retraverse la rue en direction de l'Académie.

« Qu'est-ce qu'il va faire, Simón ? chuchote le garçon. Va-t-il tuer le señor Arroyo ?

– Je n'en ai aucune idée. Cet homme est fou. Heureusement, il n'y a personne là-bas, ils sont tous à l'Institut. »

Chapitre 22

Il a beau pédaler fort, ils arrivent en retard à la conférence. En faisant le moins de bruit possible, l'enfant et lui s'assoient, tout mouillés, au dernier rang.

« … une figure floue, ce Mètros, dit Moreno. Comme son camarade Prométhée qui apporta le feu, il n'est peut-être qu'une figure de légende. Néanmoins l'arrivée de Mètros marque un tournant dans l'histoire de l'humanité : le moment où nous avons abandonné collectivement l'ancienne façon irréfléchie, animale, d'appréhender le monde, où nous avons abandonné la quête futile d'apprendre les choses pour ce qu'elles sont, et avons commencé à voir le monde à travers ses *métra*. En concentrant notre regard sur les fluctuations des *métra*, nous nous sommes donné la capacité de découvrir de nouvelles lois, lois auxquelles même les corps célestes obéissent.

» Sur terre, de façon similaire, dans l'esprit de la nouvelle science métrique, nous avons mesuré l'humanité et, jugeant que les hommes étaient égaux, nous en avons conclu que tous les hommes devaient être égaux devant la loi. Plus d'esclaves, plus de rois, plus d'exceptions.

» Mètros le mesureur était-il un homme mauvais ? Lui et ses héritiers étaient-ils coupables d'abolir la réalité, de la remplacer par un faux-semblant, comme le proclament ses détracteurs ? Serions-nous en meilleure posture si Mètros n'était jamais né ? En regardant ce splendide Institut, dessiné par des architectes et construit par des ingénieurs élevés dans les *métra* de la statique et de la dynamique, cette position semble difficile à défendre.

» Merci pour votre attention. »

Les applaudissements du public, qui occupe presque toute la salle, sont nourris. Moreno rassemble ses notes et descend de l'estrade. Arroyo prend le microphone.

« Merci, Javier, pour cet exposé fascinant et magistral sur Mètros et son héritage, panorama que tu nous offres opportunément à la veille du recensement décennal, cette véritable orgie de mesures. Avec ton accord, je répondrai brièvement. Ensuite nous pourrons ouvrir le débat avec le public. »

Il donne un signal. Les deux enfants Arroyo se lèvent du premier rang, se défont de leurs vêtements, puis, en short, maillot et chaussons dorés, rejoignent leur père sur scène.

« La ville d'Estrella me connaît comme musicien et comme directeur de l'Académie de danse, institution où l'on ne fait pas de distinction entre danse et musique. Pourquoi ? Parce que nous croyons que la musique et la danse réunies, la musique-danse, c'est une manière particulière d'appréhender l'univers, une façon humaine autant qu'animale, la façon qui prévalait avant l'arrivée de Mètros.

» De même que nous, à l'Académie, ne faisons pas de distinction entre musique et danse, nous ne faisons pas de distinction entre corps et esprit. L'enseignement de Mètros a constitué une science nouvelle, mentale, et le savoir qu'il a apporté a donné naissance à un savoir nouveau, mental. Le mode d'appréhension le plus ancien vient du corps et de l'esprit se mouvant ensemble, corps-esprit, au rythme de la musique-danse. Dans cette danse, les vieux souvenirs refont surface, des souvenirs archaïques, un savoir que nous avons perdu quand nous avons traversé les océans pour venir ici.

» Nous nous intitulons une "académie", mais il ne s'agit pas d'une institution pour vieilles barbes. Au contraire, nos membres sont des enfants chez lesquels ces souvenirs archaïques, ces souvenirs d'une existence antérieure, sont loin d'être éteints. C'est pourquoi j'ai demandé à ces deux jeunes gens, mes fils Joaquín et Damián, élèves à l'Académie, de me rejoindre sur scène.

» L'enseignement de Mètros repose sur le nombre, mais Mètros n'a pas inventé le nombre. Les nombres existaient avant la naissance de Mètros, avant la naissance de l'humanité. Mètros n'a fait que les utiliser en les soumettant à son système. Mon épouse défunte avait l'habitude d'appeler les nombres manipulés par Mètros des "nombres fourmis", copulant sans cesse, se divisant et se multipliant indéfiniment. À travers la danse, elle renvoyait les élèves aux vrais nombres, qui sont éternels, indivisibles et indénombrables.

» Je suis musicien, mal à l'aise dans l'argumentation, comme vous le sentez peut-être. Pour vous permettre de voir à quoi ressemblait le monde avant l'arrivée de Mètros, je vais me taire, tandis que Joaquín et Damián exécuteront une double danse : la danse du Deux et la danse du Trois. Ils exécuteront ensuite la danse du Cinq, plus difficile. »

Il donne le signal. Simultanément, de part et d'autre de la scène, les garçons entament la danse du Deux et la danse du Trois. Au cours de leur chorégraphie, l'agitation qu'il ressent, lui, Simón, due à l'altercation avec Dmitri, s'apaise ; il parvient à se détendre et à prendre plaisir à leurs mouvements simples, fluides. La philosophie d'Arroyo a beau lui être plus obscure que jamais, il commence à voir de façon confuse pourquoi une danse reflète le nombre Deux et l'autre le nombre Trois, et à apercevoir, vaguement, ce que veut dire Arroyo par « danser les nombres », « appeler les nombres ».

Les danseurs achèvent leur prestation au milieu de la scène, au même moment, sur la même mesure. Ils s'arrêtent un temps ; puis, sur le signal de leur père qui les accompagne à présent à la flûte, ils entreprennent ensemble la danse du Cinq.

D'emblée il voit bien pourquoi Arroyo qualifie le Cinq de difficile : pour les danseurs, mais aussi pour les spectateurs. Avec Deux et Trois, il ressentait une force en lui – le flux de son sang, pourrait-il dire – circuler en accord avec les membres des garçons. Avec Cinq, il ne ressent rien de tel. Des figures se dessinent – il les entrevoit faiblement – mais son corps est trop abruti, trop impassible, pour les cerner et les suivre.

Il jette un coup d'œil à David à côté de lui. Le garçon fronce les sourcils ; ses lèvres bougent sans prononcer un mot.

« Il y a quelque chose qui ne va pas ? chuchote-t-il. Ils ne dansent pas comme il faut ? »

Le garçon remue la tête avec impatience.

La danse du Cinq s'achève. Les enfants Arroyo font face au public. Ils ont droit à un clapotis d'applaudissements polis, sinon perplexes. À cet instant David quitte son siège et court dans la travée. Surpris, Simón se lève à sa suite, mais il est trop tard pour l'empêcher d'escalader la scène.

« Qu'y a-t-il, jeune homme ? demande Arroyo, le sourcil sévère.

– C'est mon tour. Je veux danser le Sept.

– Pas maintenant. Pas ici. Ce n'est pas un spectacle. Va t'asseoir. »

Parmi les murmures du public, lui, Simón, monte sur scène.

« Viens, David, tu déranges tout le monde. »

Le garçon se détache de façon péremptoire.

« C'est mon tour !

– Très bien, dit Arroyo. Danse le Sept. Quand tu auras fini, je tiens à ce que tu ailles te rasseoir calmement. Tu es d'accord ? »

Sans un mot, l'enfant se débarrasse de ses chaussures. Joaquín et Damián s'écartent ; il commence à danser en silence. Arroyo l'observe, les yeux plissés de concentration, puis porte la flûte à ses lèvres. La mélodie sonne bien, juste, vrai ; cependant, Simón lui-même perçoit que c'est le danseur qui mène et le maître qui suit. D'un souvenir enfoui lui reviennent les mots « pilier de grâce », ce qui le surprend, car l'image du garçon qu'il conserve du terrain de foot est celle d'une boule d'énergie. Mais à présent, sur la scène de l'Institut, l'héritage d'Ana Magdalena se dévoile. Comme si la terre avait perdu sa force de gravité, l'enfant semble débarrassé du poids de son corps, transformé en lumière pure. La logique de la danse lui échappe complètement, et pourtant Simón sait que ce qui se déroule devant ses yeux est extraordinaire ; au silence qui s'est abattu sur l'auditorium, il devine que les gens d'Estrella jugent de même.

« Les nombres sont intégraux et sans sexe, disait Ana Magdalena ; leur façon d'aimer et de se conjuguer est au-delà de notre compréhension. À cause de cela, seuls des êtres sans sexe peuvent les appeler. » En effet, la personne qui danse devant leurs yeux n'est ni bambin ni homme, ni garçon ni fille ; il dirait même ni corps ni esprit. Les yeux clos, la bouche ouverte, David flotte entre les pas avec une grâce si fluide que le temps s'arrête. Trop captivé pour respirer, lui, Simón, murmure *in petto* : « Retiens cela ! Si jamais à l'avenir tu es tenté de douter de lui, retiens cela ! »

La danse du Sept s'achève aussi brusquement qu'elle a commencé. La flûte se tait ; la poitrine légèrement gonflée, le garçon se tourne vers Arroyo.

« Voulez-vous que je danse le Onze ?

– Pas maintenant », répond Arroyo, l'air absent.

Du fond de la salle une exclamation se répercute dans l'auditorium. Une vocifération indistincte – « Bravo » ? « Slavo » ? – mais la voix est familière, celle de Dmitri. Son cœur s'arrête. Cet homme ne cessera donc jamais de le poursuivre ?

Arroyo s'agite.

« Il est temps de revenir au propos de notre conférence, Mètros et son héritage. Avez-vous des questions à poser au señor Moreno ? »

Un gentleman d'un certain âge se lève.

« Si les bouffonneries des enfants sont terminées, maestro, j'ai deux questions. D'abord vous avez dit, señor Moreno, qu'en tant qu'héritiers de Mètros nous nous étions mesurés et avions trouvé que nous étions tous égaux. Il s'en suit, dites-vous, que nous devrions être tous égaux devant la loi. Plus personne ne devrait être au-dessus de la loi. Plus de rois, plus de surhommes, plus d'êtres exceptionnels. Mais – j'en viens à ma première question – est-ce vraiment une bonne chose que la loi ne permette aucune exception ? Si la loi est appliquée sans exception, quelle place reste-t-il à l'indulgence ? »

Moreno s'avance et grimpe sur l'estrade.

« Une question excellente et profonde. Faut-il ménager une place pour la miséricorde dans la loi ? La réponse donnée par nos législateurs est oui, il faut en effet prévoir – pour parler en termes précis – la remise de peine, *mais seulement si elle est méritée*. Le délinquant a une dette envers la société. La remise de cette dette se gagne par un travail de contrition. La souveraineté de la mesure est donc préservée : la consistance de la contrition du délinquant doit être, pour ainsi dire, pesée, et un poids équivalent déduit de la sentence. Vous aviez une seconde question… »

L'interlocuteur regarde autour de lui.

« Je serai bref. Vous n'avez pas parlé d'argent. Cependant, comme mesure universelle, l'argent est certainement le principal héritage de Mètros. Où serions-nous sans argent ? »

Avant que Moreno puisse répondre, Dmitri, tête nue, portant son manteau à lui, Simón, se précipite dans la travée et d'un seul mouvement bondit sur la scène, tout en mugissant :

« C'en est assez ! C'en est assez ! C'en est assez ! Juan Sebastián », crie-t-il – il n'a pas besoin de micro –, « je suis venu implorer votre pardon ! » Il se tourne vers le public. « Oui, j'implore le pardon de cet homme. Je sais que vous traitez d'un autre sujet, de choses importantes, mais je suis Dmitri, Dmitri le proscrit, et Dmitri ne connaît pas la honte, il est au-delà de la honte et de bien d'autres choses. » Il se retourne vers Arroyo. « Je dois vous dire, Juan Sebastián, continue-t-il d'un souffle, comme s'il avait longtemps répété son texte, que je suis récemment passé par une période sombre. J'ai même songé à en finir avec moi-même. Pourquoi ? Parce que j'en suis venu à découvrir – découverte amère – que je ne serais jamais libre tant que le poids de ma culpabilité ne serait pas ôté de mes épaules. »

Si Arroyo est déconcerté, il n'en laisse rien paraître. Carré, il fait face à Dmitri.

« Vers qui me tourner pour trouver le soulagement ? demande Dmitri. Vers la loi ? Vous avez entendu ce que cet homme vient de dire sur la loi. La loi ne prend pas en compte l'état de l'âme d'une personne. Elle ne fait que poser une équation, accorder une sentence à un crime. Prenez le cas d'Ana Magdalena, dont la vie fut écourtée d'un coup. Qu'est-ce qui donne le droit à un étranger, à un homme qui n'a jamais posé son regard sur elle, d'enfiler une robe écarlate et de déclarer : "Enfermé à perpétuité, voilà ce que valait sa vie" ? Ou bien : "Vingt-cinq ans dans les mines de sel" ? Cela n'a pas de sens ! Certains crimes ne sont pas mesurables ! Ils sont en dehors de toute échelle de valeur !

» Et ça déboucherait sur quoi, vingt-cinq ans de mines de sel ? Sur un supplice extérieur, c'est tout. Est-ce qu'un supplice extérieur annule un supplice intérieur, comme s'annulent un moins et un plus ? Non. Le supplice intérieur continue son ravage. » Sans crier gare, il tombe à genoux devant Arroyo. « Je suis coupable, Juan Sebastián. Vous le savez, je le sais. Je n'ai jamais prétendu le contraire. Je suis coupable et j'ai grand besoin de votre pardon. C'est à cette condition seulement que je serai guéri. Posez votre main sur ma tête. Dites : "Dmitri, vous m'avez fait un tort terrible, mais je vous pardonne." Dites-le. »

Arroyo garde le silence, ses traits figés de dégoût.

« Ce que j'ai fait est mal, Juan Sebastián. Je ne le nie pas, je ne tiens pas à ce qu'on l'oublie. Rappelons-nous toujours que Dmitri a fait une mauvaise action, une chose terrible. Mais cela ne peut signifier que je suis damné et rejeté dans les ténèbres du dehors. On peut sûrement m'accorder un tout petit peu de grâce. On peut certainement dire : "Dmitri ? Je me souviens de Dmitri. Il a commis une mauvaise action mais au fond de lui ce n'était pas un mauvais bougre, le vieux Dmitri." Cela me suffirait – une goutte d'eau salvatrice. Non pas pour m'absoudre, mais pour me reconnaître simplement en tant qu'homme, histoire de dire : il est toujours des nôtres. »

Il y a un léger tumulte au fond de l'auditorium. Deux policiers en uniforme descendent la travée d'un pas volontaire en direction de la scène.

Les bras en l'air, Dmitri se relève.

« Voici donc votre réponse ! crie-t-il. "Emmenez-le, bouclez-le, cet esprit gênant." Qui est responsable ? Qui a appelé la police ? Où vous cachez-vous, Simón ? Montrez-vous ! Après tout ce que j'ai enduré, pensez-vous que la prison me fasse peur ? Quoi que vous fassiez, ce ne sera jamais équivalent à ce que je me suis infligé. Ai-je l'air d'un homme heureux ? Non, je ne le suis pas. J'ai l'air d'un homme tombé au tréfonds de la misère, car c'est là que je vis, nuit et jour. Il n'y a que vous, Juan Sebastián, qui puissiez me tirer de mon puits de misère profonde, car vous êtes celui à qui j'ai causé tort. »

Les policiers se sont arrêtés au pied de la scène. Ils sont jeunes, presque des gamins, et, dans l'éclat des lumières, soudain beaucoup moins sûrs d'eux.

« Je vous ai fait du tort, Juan Sebastián, un tort immense. Pourquoi l'ai-je fait ? Je n'en ai pas la moindre idée. Non seulement je ne le sais pas, mais je ne peux pas croire que ce soit moi qui ai commis ça. C'est la vérité, la vérité vraie. Je le jure. C'est incompréhensible – vu de l'extérieur comme de l'intérieur. Si les faits ne me sautaient pas aux yeux, je serais tenté de dire avec le juge – vous vous souvenez du juge pendant le procès ? Non, bien sûr, vous n'étiez pas là –, je serais tenté de dire : "Ce n'est pas moi, c'était quelqu'un d'autre." Évidemment, ce n'est pas vrai. Ce n'est pas comme si j'étais atteint de schizophrénie, d'hébéphrénie ou de toute autre maladie qu'on voudrait me coller. Je n'ai pas divorcé de la réalité. J'ai les pieds sur terre, depuis toujours. Non : c'était bien moi. C'était bien moi. Un mystère, et pourtant pas vraiment. Un mystère qui n'est pas un mystère. Comment en suis-je arrivé, *moi*, à commettre cet acte – *moi* tout particulièrement ? Pouvez-vous m'aider à répondre à cette question, Juan Sebastián ? Quelqu'un peut-il m'aider ? »

C'est clair, l'homme est un imposteur de bout en bout. Ses remords sont artificiels et font partie d'un plan pour échapper aux mines de sel. Néanmoins, lorsque lui, Simón, cherche à imaginer comment cet homme, qui se rendait tous les jours au kiosque pour emplir ses poches de sucettes à distribuer aux enfants, a pu refermer les mains autour du cou d'albâtre d'Ana Magdalena et lui presser la vie hors du corps, il n'y arrive pas. Il n'y parvient pas, ou il recule. Ce qu'a fait cet homme n'est peut-être pas un vrai mystère, néanmoins cela reste mystérieux.

Du fond de la scène s'élève la voix du garçon :

« Pourquoi ne me poses-tu pas la question ? Tu demandes à tout le monde, mais tu ne me demandes pas à moi !

– Très juste, dit Dmitri. C'est ma faute. J'aurais dû te poser la question à toi aussi. Dis-moi, mon joli petit danseur, que dois-je faire de ma vie ? »

Rassemblant leur courage, les deux policiers entreprennent de monter sur la scène. Brusquement Arroyo leur fait signe de reculer.

« Non ! crie l'enfant. Tu dois me poser la question *pour de vrai* !

– Très bien, dit Dmitri. Je te demande pour de vrai. » Il se remet à genoux, joint les mains, se recompose le visage. « David, s'il te plaît, dis-moi – non, cela ne va pas, je n'y arrive pas. Tu es trop jeune, mon garçon. Il faut être un adulte pour comprendre l'amour, la mort et ce genre de choses.

– Tu dis toujours ça, Simón dit la même chose : "Tu ne comprends pas, tu es trop jeune." Je *peux* comprendre ! Interroge-moi, Dmitri ! *Interroge-moi !* »

Dmitri continue ses simagrées, plie et déplie ses mains, ferme les yeux, le visage sans expression.

« *Dmitri, interroge-moi !* »

À présent l'enfant hurle pour de bon.

Le public s'agite. Certains se lèvent et s'en vont. Il capte le regard de Mercedes, assise au premier rang. Elle lève la main, un geste qu'il n'arrive pas à interpréter. À ses côtés, les trois sœurs affichent un visage impassible.

Simón fait signe aux policiers.

« Ça suffit, Dmitri, arrêtez votre cirque. Il est temps que vous partiez. »

Pendant qu'un des policiers l'immobilise, l'autre lui passe les menottes.

« Et voilà, dit Dmitri de sa voix normale. Retour à l'asile. Retour dans ma cellule solitaire. Pourquoi, Simón, ne dites-vous pas à votre petit ce que vous avez derrière la tête ? Il est trop sensible, ton père ou ton oncle ou comme il veut qu'on l'appelle, pour te dire, David, qu'il souhaite que je me tranche la gorge, que mon sang coule dans la rigole. Alors on pourra lancer une enquête et conclure que la tragédie s'est produite pendant que le disparu avait le cerveau dérangé, et ce sera la fin de Dmitri. Refermons son dossier. Eh bien, laissez-moi vous dire que je ne vais pas me suicider. Je vais continuer à vivre, et je vais continuer à vous harceler, Juan Sebastián, jusqu'à ce que vous reveniez sur votre décision. » Laborieusement, il essaie de s'accroupir, tenant ses mains menottées en l'air. « Pardonnez-moi, Juan Sebastián, pardonnez-moi !

– Emmenez-le, dit Simón.

– Non ! » crie le garçon. Son visage est rouge, il respire vite. Il lève la main et la pointe de façon théâtrale. « Tu dois la ramener, Dmitri ! *Ramène-la !* »

Dmitri essaie de prendre une position assise, frotte son menton mal rasé.

« Ramener qui, jeune David ?

– Tu le sais bien ! Tu dois ramener Ana Magdalena ! »

Dmitri soupire.

« J'aimerais bien, mon jeune ami, j'aimerais bien. Crois-moi, si Ana Magdalena apparaissait ici soudain, je me baisserais pour lui laver les pieds avec des larmes de joie. Mais elle ne reviendra pas. Elle est partie. Elle appartient au passé, et le passé est à jamais derrière nous. C'est la loi de la nature. Même les étoiles ne peuvent pas nager à contre-courant du temps. »

Pendant tout le discours de Dmitri, le garçon a gardé la main levée, comme si c'était la seule façon de soutenir la force de son ordre ; mais il est clair pour lui, Simón, et peut-être pour Dmitri aussi, qu'il flanche. Les larmes débordent de ses yeux.

« Faut y aller », dit Dmitri. Il laisse les policiers le relever. « Retour chez les docteurs. "Pourquoi avez-vous agi comme ça, Dmitri ? Pourquoi ? Pourquoi ? Pourquoi ?" Mais la question ne se pose peut-être pas. C'est comme demander pourquoi un poulet est un poulet, pourquoi l'univers existe en lieu et place d'un énorme trou dans le ciel. Les choses sont comme elles sont. Ne pleure pas, mon garçon. Sois patient, attends l'autre vie, et tu reverras Ana Magdalena. Accroche-toi à cette idée.

– Je ne pleure pas, dit l'enfant.

– Mais si. Il n'y a rien de mal à une bonne crise de larmes. Ça nettoie l'organisme. »

Chapitre 23

Le jour du recensement se lève, jour de défilé chez Modas Modernas. Le garçon se réveille, indolent et renfrogné, sans appétit. Serait-il malade ? Simón lui touche le front, mais il est froid.

« As-tu vu le Sept hier soir ? demande l'enfant.

– Bien sûr. Je n'ai pas pu détacher mes yeux de toi. Tu as magnifiquement dansé. Tout le monde a pensé de même.

– Mais as-tu vu le Sept ?

– Tu veux dire le nombre Sept ? Non, je ne vois pas les nombres. C'est un défaut chez moi. Je ne vois que ce qu'il y a devant mes yeux. Tu le sais.

– Qu'allons-nous faire aujourd'hui ?

– Après toutes les tensions d'hier soir, je pense que nous devrions avoir une journée tranquille. Je pourrais suggérer que nous jetions un coup d'œil au défilé d'Inés, mais je ne crois pas que les messieurs soient les bienvenus. Nous pourrions aller chercher Bolívar, si tu veux, et l'emmener faire une promenade, à condition de ne plus être dans la rue à six heures du soir. À cause du couvre-feu. »

Il s'attend à une batterie de questions, mais le garçon ne montre aucun intérêt pour le recensement, ni pour le couvre-feu. *Où se trouve Dmitri à présent ?* La question ne vient pas non plus. A-t-il enfin disparu de leur horizon ? La période d'oubli peut-elle commencer ? Il prie pour que ce soit le cas.

Finalement, il est près de minuit quand les agents recenseurs frappent à sa porte. Il soulève dans ses bras l'enfant à moitié endormi, geignant, enveloppé dans une couverture, et le cache dans le placard.

« Pas un bruit, murmure-t-il. C'est important. Pas un bruit. »

Les recenseurs, un jeune couple, s'excusent pour leur arrivée tardive.

« Nous ne connaissons pas cette partie de la ville, dit la femme. Quel dédale tortueux de rues et de ruelles ! »

Il propose du thé, mais ils sont pressés.

« Nous avons encore une longue liste d'adresses à couvrir, dit-elle. Nous en aurons pour la nuit. »

La procédure de recensement dure très peu de temps. Il a tôt fait de remplir le formulaire. *Nombre de personnes dans la famille* : UN, note-t-il. *Situation de famille* : CÉLIBATAIRE.

Après leur départ, il libère le garçon de son réduit et le remet dans son lit, profondément endormi.

Dans la matinée, ils se rendent sans se presser chez Inés. Diego et elle en sont encore au petit déjeuner ; il ne l'a jamais vue aussi rayonnante et enjouée, intarissable sur le défilé qui – chacun l'admet – fut un grand succès. Les dames d'Estrella sont venues en masse voir les collections de printemps. Les décolletés, les tailles hautes et le simple usage du noir et du blanc ont obtenu l'approbation générale. Les préventes ont dépassé toutes les espérances.

Les yeux vitreux, le garçon écoute.

« Bois ton lait, lui enjoint Inés. Le lait te donnera des os solides.

– Simón m'a enfermé dans la penderie. Je n'arrivais pas à respirer.

– Juste pendant la visite des recenseurs, dit-il. Un gentil petit couple, très poli. David est resté silencieux comme une souris. Tout ce qu'ils ont vu, c'est un vieux célibataire tiré de son sommeil. C'était bouclé en cinq minutes. Personne ne meurt d'asphyxie en cinq minutes.

– Même chose ici, dit Inés. En tout et pour tout, cinq minutes. Pas de questions.

– De la sorte, David reste invisible, dit Simón. Félicitations, David. Tu leur as échappé à nouveau.

– Jusqu'au prochain recensement, glisse Diego.

– Jusqu'au prochain recensement, approuve Simón.

– Avec tant de millions d'âmes à compter, dit Diego, quelle différence s'ils en loupent une ?

– En effet, quelle différence ? répète-t-il, lui, Simón.

– Suis-je vraiment invisible ? demande l'enfant.

– Tu n'as pas de nom, tu n'as pas de numéro. C'est suffisant pour te rendre invisible. Mais ne t'inquiète pas, nous te voyons. Toute personne avec les yeux en face des trous peut te voir.

– Je ne suis pas inquiet », dit le garçon.

La sonnette résonne : un jeune homme, rouge et en sueur après un long trajet, apporte une lettre. Inés le fait entrer, lui offre un verre d'eau.

La lettre, adressée conjointement à Inés et Simón, vient d'Alma, la troisième des sœurs. Inés la lit à haute voix :

« “À notre retour de l'Institut, mes sœurs et moi avons parlé jusque tard dans la nuit. Personne évidemment n'aurait pu prévoir que Dmitri surgirait de la sorte. Néanmoins nous sommes déçues de la façon dont les débats ont été conduits. La faute en revient au señor Arroyo, pensons-nous, qui a invité les enfants à se produire sur scène. Cela ne plaide pas en sa faveur.

»"Tout en conservant notre plus grand respect au señor Arroyo en tant que musicien, nous sentons que le temps est venu de prendre nos distances avec l'Académie et la coterie qu'il a réunie autour de lui. C'est pourquoi je vous écris pour vous informer que, si David retournait à l'Académie, nous ne payerions plus ses frais de scolarité." »

Inés s'interrompt.

« De quoi s'agit-il ? Que s'est-il passé à l'Institut ?

– C'est une longue histoire. Le señor Moreno, l'invité d'honneur de la réception, a donné une conférence à l'Institut, à laquelle David et moi avons assisté. Après la conférence, Arroyo a fait venir ses fils sur scène pour exécuter une de leurs danses. Cela se voulait une sorte de réponse artistique à la conférence, mais il a perdu le contrôle sur les choses, qui ont sombré dans le chaos. Je vous donnerai les détails une autre fois.

– Dmitri est arrivé, explique le garçon. Il a engueulé Simón. Il a engueulé tout le monde.

– Encore Dmitri ! s'exclame Inés. Serons-nous jamais débarrassés de cet homme ? »

Elle replonge dans la lettre d'Alma :

« "Vieilles demoiselles sans enfants, mes sœurs et moi sommes peu qualifiées pour donner des conseils sur l'éducation. Il nous apparaît cependant que David est excessivement gâté. Cela lui ferait du bien, pensons-nous, si sa vivacité naturelle était de temps en temps tenue en bride.

» "Permettez-moi d'ajouter un mot personnel. David est un enfant rare. Je me souviendrai de lui avec affection, même si je ne dois pas le revoir. Saluez-le de ma part. Dites-lui que j'ai apprécié sa danse.

» "Bien à vous. Alma." »

Inés replie la lettre et la glisse sous le pot de confiture.

« Qu'est-ce que ça veut dire, je suis "excessivement gâté" ?

– Peu importe, dit Inés.

– Elles vont me reprendre les marionnettes ?

– Bien sûr que non. Elles sont à toi. »

Un long silence s'installe.

« Et maintenant ? demande-t-il, lui, Simón.

– Nous cherchons un précepteur, tranche Inés. Comme je le dis depuis le début. Une personne avec de l'expérience. Une personne qui ne va pas tolérer ces inepties. »

On lui ouvre la porte de l'Académie. Ce n'est pas Alyosha mais Mercedes, qui a repris sa canne.

« Bonjour, dit-il. Auriez-vous l'obligeance d'informer le maestro que le nouvel assistant prend son service ?

– Entrez. Le maestro s'est enfermé, comme d'habitude. Quel service allez-vous prendre ?

– Nettoyage, transport, tout ce qu'il faudra. À partir de ce matin, je suis l'homme à tout faire de l'Académie, son factotum.

– Si vous pensez ce que vous dites, le carrelage de la cuisine aurait besoin d'être briqué. Les salles de bains aussi. Pourquoi vous proposez-vous pour ce travail ? Il n'y a pas d'argent pour vous payer.

– Nous nous sommes entendus, Juan Sebastián et moi. Il n'est pas question d'argent.

– Pour un homme qui ne danse pas, vous semblez singulièrement dévoué envers Juan Sebastián et son académie. Cela signifie-t-il que votre fils va revenir ?

– Non. Sa mère s'y oppose. Elle pense que l'enfant a été laissé en friche sous la houlette de Juan Sebastián.

– Ce qui n'est pas faux.

– Ce qui n'est pas faux. Sa mère trouve qu'il est grand temps qu'il commence à suivre un enseignement normal.

– Et vous, que pensez-vous ?

– Je ne pense pas, Mercedes. Dans la famille, je suis l'idiot, l'aveugle, celui qui ne danse pas. Inés commande. David commande. Le chien commande. Je trébuche derrière eux, en espérant que le jour viendra où mes yeux s'ouvriront, où j'apercevrai le monde tel qu'il est vraiment, avec les nombres dans toute leur gloire. Le Deux, le Trois et les autres. Vous m'avez offert des cours de danse, j'ai décliné votre offre. Puis-je changer d'avis ?

– C'est trop tard. Je repars aujourd'hui. Je prends le train pour Novilla. Il fallait vous jeter à l'eau tant que c'était possible. Si vous voulez des cours, pourquoi ne pas demander à votre fils ?

– David pense que je suis réfractaire, au-delà de toute rédemption. On n'a pas le temps pour une seule leçon ? Une introduction rapide aux mystères de la danse ?

– Je vais voir ce que je peux faire. Revenez après le déjeuner. Je vais parler à Alyosha, lui demander de jouer de la flûte pour nous. Entre-temps, faites quelque chose pour vos chaussures. On ne peut pas danser avec des boots. Je ne vous promets rien, Simón. Je ne suis pas Ana Magdalena, ni une adepte du *sistema Arroyo*. Avec moi, vous n'aurez pas de visions.

– C'est très bien. Les visions viendront quand elles viendront. Ou ne viendront pas. »

Il retrouve sans difficulté le magasin de chaussures. C'est la même personne qui le sert, le grand homme à la petite moustache et au regard triste.

« Des chaussons de danse pour vous, *señor* ? » Il secoue la tête. « Nous n'en avons pas – pas à votre taille. Je ne sais que vous conseiller. Si nous ne les avons pas, aucun autre magasin d'Estrella n'en aura.

– Montrez-moi votre plus grande taille.

– La plus grande taille que nous ayons, c'est du trente-six. Pour les dames.

– Montrez-les-moi. En couleur dorée.

– Malheureusement nous n'avons du trente-six qu'en argenté.

– Argenté, donc. »

Évidemment, son pied n'entre pas dans du trente-six.

« Je les prends », dit-il.

Et il sort cinquante-neuf *reales*.

De retour dans sa chambre, il ouvre la pointe des chaussons avec une lame de rasoir, force ses pieds à entrer et noue les lacets. Ses orteils dépassent de façon obscène. Ça ira, se dit-il.

En voyant les chaussons, Mercedes éclate de rire.

« Où avez-vous trouvé ces godasses de clown ? Ôtez-les. Ce sera mieux de danser pieds nus.

– Non. J'ai payé ces chaussures de clown, je les garde.

– Juan Sebastián, viens voir ! »

Arroyo se hasarde dans la salle de danse et le salue de la tête. S'il a remarqué les chaussons, s'il le trouve drôle, il ne le montre pas. Il s'assied au piano.

« Alyosha est introuvable, dit Mercedes. Ne vous inquiétez pas, Juan Sebastián ne s'abaisse pas en jouant pour vous, il joue tous les jours pour les enfants. » Elle pose sa canne, prend position derrière lui, saisit ses avant-bras. « Fermez les yeux. Vous allez vous balancer latéralement, votre poids d'abord sur le pied gauche, ensuite sur le pied droit, alternativement. Si ça peut vous aider, imaginez que derrière vous, bougeant en même temps que vous, se trouve une jeune et belle déesse inaccessible, et non la vieille Mercedes. »

Il obéit. Arroyo commence à jouer : un air simple, un air pour enfants. Lui, Simón, ne se sent pas aussi ferme sur ses pieds qu'il l'aurait pensé, peut-être parce qu'il a sauté son petit déjeuner. Néanmoins, il se balance au rythme de la musique.

« Bien. Maintenant, avancez le pied droit, un petit pas, puis ramenez-le ; avancez ensuite le gauche et ramenez-le. Bien. Répétez ce mouvement, avant, arrière, jusqu'à ce que je vous dise d'arrêter. »

Il obéit, trébuchant parfois dans ses chaussons avec leurs semelles étrangement douces. Arroyo inverse la mélodie, fait des variations, la complique : tandis que le tempo reste le même, le petit air commence à révéler une nouvelle structure, pas à pas, comme une boule de cristal qui grossirait dans l'air. Le bonheur l'inonde ; il aimerait s'asseoir pour bien écouter.

« À présent, je vous laisse partir, Simón. Vous allez lever vos bras pour trouver votre équilibre, et vous allez continuer, pied droit avant, retour, pied gauche avant, retour, mais à chaque pas vous ferez un quart de tour à gauche. »

Il fait comme elle dit.

« Combien de temps ? demande-t-il. J'ai la tête qui tourne.

– Continuez, dit-elle. Vous allez surmonter votre vertige. »

Il obéit. Il fait frais dans le studio ; il prend conscience de l'espace au-dessus de sa tête. Mercedes recule ; seule la musique demeure. Les bras tendus, les yeux clos, glissant d'un pied sur l'autre, il décrit lentement un cercle. À l'horizon la première étoile se lève.

DU MÊME AUTEUR

Disgrâce
roman
Booker Prize
Commonwealth Prize
National Book Critics Circle Award
Prix du Meilleur Livre étranger 2002
Seuil, 2001
et « Points », nº P1035

Vers l'âge d'homme
récit autobiographique
Seuil, 2003
et « Points », nº P1266

Elizabeth Costello
Huit leçons
roman
Seuil, 2004
et « Points », nº P1454

L'Homme ralenti
roman
Seuil, 2006
et « Points », nº P1809

Doubler le cap
Essais et entretiens
Seuil, 2007

Paysage sud-africain
essai
Verdier, 2008

Journal d'une année noire
roman
Seuil, 2008
et « Points », nº P2273

L'Été de la vie
roman
Seuil, 2010
et « Points », nº P2667

De la lecture à l'écriture
Chroniques littéraires – 2000-2005
Seuil, 2012

Ici & maintenant
Correspondance avec Paul Auster (2008-2011)
Actes Sud, 2013

Une enfance de Jésus
roman
Seuil, 2013
et « Points », n° P3303

Trois histoires
nouvelles
Seuil, 2016

Une vie de province
opus
Seuil, 2017

RÉALISATION : IGS-CP À L'ISLE-D'ESPAGNAC
IMPRESSION : CPI FRANCE
DÉPÔT LÉGAL : OCTOBRE 2018. N° 138730 (3029971)
IMPRIMÉ EN FRANCE